Test di verifica della preparazione in Procedura civile

508 domande e 1524 risposte multiple di procedura civile
Aggiornato al D.lgs. n. 149\2022

Claudio Mellone

Premessa

Questa nuova edizione è stata totalmente rivista, anche nel titolo, rispetto alle versioni precedenti anche alla luce della riforma del processo civile ad opera del decreto legislativo n. 149 del 2022.
Sono state introdotte nuove domande dovute alla riforma e modificate molte di quelle esistenti e si è cambiata la struttura del lavoro. Vi sono prima le domande a risposte multipla senza indicazione della risposta esatta e poi a seguire argomento per argomento le stesse domande con le risposte dove sono indicate le risposte esatte. **Le risposte esatte sono evidenziate in grassetto.**
Si è scelto questo sistema rispetto al tradizionale che indica semplicemente quali sono i numeri per ogni domanda corrispondenti alle risposte esatte, perché più efficace anche se comporta un notevole aumento del numero di pagine del libro. In effetti piuttosto che andare a verificare volta per volta quali siano le risposte esatte andando a ricercare il numero, vedendo subito la risposta esatta riportata in grassetto si perde meno tempo e si capisce subito se si è sbagliato o meno.
Questo libro si usa al meglio nella versione cartacea, dove il lettore potrà segnare con una penna le risposte che ritiene esatte e poi verificare se ha risposto in maniera esatta.
Un'alta percentuale di risposte esatte (intorno al 90%) indicherà un buon livello di preparazione raggiunta, percentuali più basse dovranno spingere il lettore a rivedere il suo livello di preparazione.
Il libro è particolarmente indicato per verificare la propria preparazione in vista dell'esame di procedura civile e dell'esame di avvocato relativamente alla procedura civile.

Sezione prima - Il processo di cognizione e i principi del processo; 7

    Giurisdizione e competenza: Domande 7

    Giurisdizione e competenza: Risposte 8

    La competenza: Domande 10

    La competenza: Risposte 15

    Il principio della domanda corrispondenza tra il chiesto e pronunciato contradditorio: Domande 21

    Il principio della domanda corrispondenza tra il chiesto e pronunciato contradditorio: Risposte 22

    Capacità delle parti, rappresentanza, sostituzione processuale, art. 182: Domande 23

    Capacità delle parti, rappresentanza, sostituzione processuale, art. 182: Risposte 25

    Azione, teorie dell'azione, condizioni dell'azione, tipi di azione: Domande 27

    Azione, teorie dell'azione, condizioni dell'azione, tipi di azione: Risposte 29

    Litisconsorzio necessario e facoltativo, gli interventi successione nel processo: Domande ..32

    Litisconsorzio necessario e facoltativo, gli interventi successione nel processo: Risposte 36

    I termini e gli atti processuali: Domande 44

    I termini e gli atti processuali: Risposte 46

    Gli elementi della citazione. Petitum e causa petendi vocatio in ius e edictio actionis nullità della citazione:Domande 48

    Gli elementi della citazione. Petitum e causa petendi vocatio in ius e edictio actionis nullità della citazione:Risposte 51

    Notifica della citazione e nomina del giudice istruttore costituzione dell'attore e del convenuto: Domande 53

    Notifica della citazione e nomina del giudice istruttore costituzione dell'attore e del convenuto: Risposte 55

    Chiamata di un terzo in causa da parte del convenuto e dell'attore, verifiche preliminari e memorie integrative: Domande 57

    Chiamata di un terzo in causa da parte del convenuto e dell'attore, verifiche preliminari e memorie integrative: Risposte 59

    Le prove, le prove precostituite atto pubblico e scrittura privata, querela di falso e verificazione: Domande 62

Le prove, le prove precostituite atto pubblico e scrittura privata, querela di falso e verificazione: Risposte 65

Le prove costituende; confessione, giuramento, prova per testimoni. Ispezione, esperimento giudiziale consulenza tecnica, rendimento dei conti: Domande 69

Le prove costituende; confessione, giuramento, prova per testimoni. Ispezione, esperimento giudiziale consulenza tecnica, rendimento dei conti: Risposte 74

La rimessione in decisione della causa e le sentenze definitive e non definitive: Domande .. 79

La rimessione in decisione della causa e le sentenze definitive e non definitive: Risposte 82

Le ordinanze ex articoli 183 ter e quater e le ordinanze interinali: Domande 85

Le ordinanze ex articoli 183 ter e quater e le ordinanze interinali: Risposte 87

Vicende anomale del processo, contumacia, sospensione, interruzione, estinzione, riunione: Domande 90

Vicende anomale del processo, contumacia, sospensione, interruzione, estinzione, riunione:Risposte 94

Il processo innanzi al tribunale in composizione monocratica e il rito semplificato di cognizione: Domande 98

Il processo innanzi al tribunale in composizione monocratica e il rito semplificato di cognizione: Risposte 100

I mezzi d'impugnazione in generale: Domande 103

I mezzi d'impugnazione in generale: Risposte 107

Appello: Domande 111

Appello: Risposte 115

Il giudizio innanzi alla corte di cassazione: Domande 119

Il giudizio innanzi alla corte di cassazione: Risposte 124

Revocazione e opposizione di terzo: Domande 128

Revocazione e opposizione di terzo: Risposte 130

Il giudice di pace: Domande 131

Il giudice di pace: Risposte 133

Sezione seconda- Processo del lavoro e il procedimento in materia di persone, minori e famiglia. *135*

Processo del lavoro: Domande 135

Processo del lavoro: Risposte 142

Il procedimento in materia di persone, minori, famiglia: Domande **149**

Il procedimento in materia di persone, minori, famiglia: Risposte **155**

Sezione terza; i procedimenti sommari non cautelari. *161*

    Decreto ingiuntivo e convalida di sfratto: Domande **161**

    Decreto ingiuntivo e convalida di sfratto: Risposte **164**

Sezione quarta; il processo esecutivo; *167*

    Processo esecutivo: Domande **167**

    Processo esecutivo: Risposte **186**

Sezione quinta; Il processo cautelare e arbitrato. *205*

    Processo cautelare: Domande **205**

    Processo cautelare: Risposte **212**

    Arbitrato: Domande **218**

    Arbitrato: Risposte **223**

Sezione prima - Il processo di cognizione e i principi del processo;

Giurisdizione e competenza: Domande

1. Un avvocato deve iniziare una causa non di carattere penale per il suo cliente, come farà per individuare il giudice per la causa?

1. Vedrà se la situazione è tutelabile davanti a un giudice, poi vedrà se spetta a un giudice speciale, se non spetta a un giudice speciale, individuerà il giudice civile competente;
2. Si rivolgerà al giudice civile, e nel caso in cui questi non abbia giurisdizione, chiederà che la causa sia spostata davanti al giudice speciale;
3. Si rivolgerà alla pubblica amministrazione, e nel caso questa risponda che la situazione non spetta alla sua sfera di attribuzioni, si rivolgerà al Tar, e se questo declini la sua giurisdizione, si rivolgerà al giudice civile;
4. Individuerà il giudice competente e provvederà a incardinare la causa davanti a lui.

2. Tizio e Caio hanno stipulato un contratto con una clausola compromissoria, per far risolvere un'eventuale controversia derivante dal contratto da arbitri; che natura avrà il provvedimento degli arbitri?

1. Di volontaria giurisdizione, visto che gli arbitri, anche se non sono giudici togati, sono chiamati a risolvere un affare.
2. Contrattuale, in caso di contestazioni si potranno rivolgere al giudice;
3. Contenziosa, è equiparabile a una sentenza;

3. C'è una causa in corso, siamo alla fine del processo di primo grado, ma una parte ritiene che il giudice non abbia giurisdizione, cosa deve fare?

1. Non può eccepire il difetto di giurisdizione perché è decaduto dal poterlo fare, visto che è già trascorsa la prima udienza;
2. Può sollevare davanti al giudice la relativa eccezione di difetto di giurisdizione, nonostante il processo di primo grado sia nella fase terminale;
3. Si rivolge alla Corte D'Appello, per far dichiarare il difetto di giurisdizione;
4. Fa immediata istanza al giudice che ritiene avere giurisdizione facendo valere la traslatio iudicii.

4. Siamo davanti alla Corte D'appello e l'attore nel giudizio di primo grado ma appellato davanti al giudice di appello si rende conto che l'appello può essergli nocivo. Poiché sa di aver incardinato il processo davanti a un giudice sfornito di giurisdizione decide di sollevare il difetto di giurisdizione innanzi al giudice di appello, lo può fare?

1. Sì, perché il difetto di giurisdizione può essere eccepito in ogni stato e grado del processo;
2. No, perché non è stato oggetto di specifico motivo di impugnazione da parte sua;
3. No, è consentito all'appellante se oggetto di specifico motivo di impugnazione, ma non all'appellato attore in primo grado.

5. C'è una causa in corso, una delle parti ritiene che il giudice non abbia giurisdizione, ma non vuole sollevare davanti a lui la relativa eccezione, cosa deve fare

1. Può rivolgersi alla Corte di Cassazione, con ricorso, proponendo il regolamento di giurisdizione ma solo prima che la causa sia decisa nel merito in primo grado;
2. Può solo sollevare la relativa eccezione innanzi al giudice della causa in corso;
3. Può depositare ricorso innanzi alla Corte D'Appello, e poi ricorrere alla Cassazione.

6. C'è stata una sentenza non definitiva in primo grado che ha deciso una questione processuale, ma una delle parti vuole comunque proporre il regolamento ex art. 41, può farlo?

1. No, perché, ex art. 41, la sentenza di primo grado impedisce la proposizione del regolamento;
2. Sì, perché solo una sentenza di merito impedisce la proposizione del regolamento;
3. No, ma potrà impugnare la sentenza in appello e poi proporre il regolamento ex at. 41 innanzi alla Cassazione.

7. Come si distingue la giurisdizione dalla competenza?

1. La giurisdizione è decisa sempre dalla Corte di Cassazione, mentre la competenza spetta solo alla Corte D'Appello.
2. La giurisdizione fa riferimento a diritti soggettivi, mentre la competenza a interessi legittimi;
3. La giurisdizione è la quantità di potere giurisdizionale tra giudici appartenenti a ordini diversi, mentre la competenza fa riferimento a giudici appartenenti allo stesso ordine;

>>

Giurisdizione e competenza: Risposte

1. Un avvocato deve iniziare una causa non di carattere penale per il suo cliente, come farà per individuare il giudice per la causa?

1. Vedrà se la situazione è tutelabile davanti a un giudice, poi vedrà se spetta a un giudice speciale, se non spetta a un giudice speciale, individuerà il giudice civile competente;
2. Si rivolgerà al giudice civile, e nel caso in cui questi non abbia giurisdizione, chiederà che la causa sia spostata davanti al giudice speciale;
3. Si rivolgerà alla pubblica amministrazione, e nel caso questa risponda che la situazione non spetta alla sua sfera di attribuzioni, si rivolgerà al Tar, e se questo declini la sua giurisdizione, si rivolgerà al giudice civile;
4. Individuerà il giudice competente e provvederà a incardinare la causa davanti a lui.

2. Tizio e Caio hanno stipulato un contratto con una clausola compromissoria, per far risolvere un'eventuale controversia derivante dal contratto da arbitri; che natura avrà il provvedimento degli arbitri?

1. Di volontaria giurisdizione, visto che gli arbitri, anche se non sono giudici togati, sono chiamati a risolvere un affare.

2. Contrattuale, in caso di contestazioni si potranno rivolgere al giudice;
3. Contenziosa, è equiparabile a una sentenza.

3. C'è una causa in corso, siamo alla fine del processo di primo grado, ma una parte ritiene che il giudice non abbia giurisdizione, cosa deve fare?

1. Non può eccepire il difetto di giurisdizione perché è decaduto dal poterlo fare, visto che è già trascorsa la prima udienza;
2. Può sollevare davanti al giudice la relativa eccezione di difetto di giurisdizione, nonostante il processo di primo grado sia nella fase terminale;
3. Si rivolge alla Corte D'Appello, per far dichiarare il difetto di giurisdizione;
4. Fa immediata istanza al giudice che ritiene avere giurisdizione facendo valere la traslatio iudicii.

4. Siamo davanti alla Corte D'appello e l'attore nel giudizio di primo grado ma appellato davanti al giudice di appello si rende conto che l'appello può essergli nocivo. Poiché sa di aver incardinato il processo davanti a un giudice sfornito di giurisdizione decide di sollevare il difetto di giurisdizione innanzi al giudice di appello, lo può fare?

1. Sì, perché il difetto di giurisdizione può essere eccepito in ogni stato e grado del processo;
2. No, perché non è stato oggetto di specifico motivo di impugnazione da parte sua;
3. No, è consentito all'appellante se oggetto di specifico motivo di impugnazione, ma non all'appellato attore in primo grado.

5. C'è una causa in corso, una delle parti ritiene che il giudice non abbia giurisdizione, ma non vuole sollevare davanti a lui la relativa eccezione, cosa deve fare

1. Può rivolgersi alla Corte di Cassazione, con ricorso, proponendo il regolamento di giurisdizione ma solo prima che la causa sia decisa nel merito in primo grado;
2. Può solo sollevare la relativa eccezione innanzi al giudice della causa in corso;
3. Può depositare ricorso innanzi alla Corte D'Appello, e poi ricorrere alla Cassazione.

6. C'è stata una sentenza non definitiva in primo grado che ha deciso una questione processuale, ma una delle parti vuole comunque proporre il regolamento ex art. 41, può farlo?

1. No, perché, ex art. 41, la sentenza di primo grado impedisce la proposizione del regolamento;
2. Sì, perché solo una sentenza di merito impedisce la proposizione del regolamento;
3. No, ma potrà impugnare la sentenza in appello e poi proporre il regolamento ex at. 41 innanzi alla Cassazione.

7. Come si distingue la giurisdizione dalla competenza?

1. La giurisdizione è decisa sempre dalla Corte di Cassazione, mentre la competenza spetta solo alla Corte D'Appello.
2. La giurisdizione fa riferimento a diritti soggettivi, mentre la competenza a interessi legittimi;

3. La giurisdizione è la quantità di potere giurisdizionale tra giudici appartenenti a ordini diversi, mentre la competenza fa riferimento a giudici appartenenti allo stesso ordine.

La competenza: Domande

1. Un signore ha un problema con un suo vicino circa l'apposizione dei termini, e valuta che la sua causa sia di valore di 30.000 euro, a chi si rivolge?

1. Al tribunale, visto che si tratta di causa relativa a beni immobili;
2. Al giudice di pace, visto si tratta di competenza esclusiva;
3. Al giudice di pace, considerando che si tratta comunque di una causa entro i 30.000 euro.

2. Tizio aveva parcheggiato regolarmente la sua auto nuova pagata 24.000 euro, ma un camion per la forte velocità sbanda distruggendo l'auto del povero Tizio. Tizio incarica quindi il suo avvocato di procedure per ottenere il risarcimento dei danni per 24.000 euro davanti a quale giudice si dovrà svolgere il giudizio?

1. Innanzi al giudice di pace competente per valore;
2. Innanzi al tribunale visto che la competenza per valore dei giudice di pace è fino a 20.000 euro.
3. Innanzi al tribunale visto che la competenza del giudice di pace è fino a 10.000 euro.

3. Tizio deve proporre due domande contro la stessa persona relative a beni mobili, una la determina per un valore di 10 euro, mentre l'altra non la determina, e pensa di proporre la domanda davanti al giudice di pace, ha fatto bene?

1. Sì, visto che due domande non si sommano tra di loro, e ognuna rientra nella competenza del giudice di pace, una per la sua massima competenza, 10.000 euro, e l'altra di soli 10 euro.
2. Sì, visto che essendo la prima domanda di soli 10 euro, proponendo la domanda davanti al giudice di pace implicitamente vuole complessivamente 10.000 euro;
3. No, non determinando il valore di una domanda questa si presume nei limiti della competenza massima del giudice adito, e sommandola con l'altra andrà sempre oltre la competenza del giudice di pace;

4. Tizio, che abita a Palermo, ha in incidente stradale a Catania, con Caio, che abita a Bolzano. Potrà citare Caio a Palermo?

1. No, ma potrà citarlo a Catania o a Bolzano;
2. Sì, perché vista la distanza, la legge lo protegge dal fatto che il convenuto risieda così lontano da lui e dal luogo dell'incidente;
3. Sì, perché l'incidente è comunque accaduto in Sicilia, e ex art. 20, può scegliere tra Palermo e Bolzano.

5. Tizio, ha notificato una citazione a Sempronio, nel suo luogo di residenza, rispettando la competenza per territorio secondo quanto stabilisce l'articolo 18.
Notificata la citazione, però, Sempronio si trasferisce in un altro luogo, idoneo a radicare la competenza per territorio di un altro tribunale, e lo stesso Sempronio si preoccupa di comunicare immediatamente a Tizio il suo cambio di residenza, invitandolo a notificare la nuova citazione presso questo nuovo tribunale, cosa

possibile visto che il trasferimento di residenza è avvenuto addirittura prima che lo stesso tizio si costituisse in tribunale, cosa deve fare Tizio?

1. Preso atto della comunicazione di Sempronio, rinotifica la citazione presso la nuova residenza di Tizio, e si va a costituire innanzi al tribunale competente secondo la nuova residenza di Tizio.
2. In seguito alla comunicazione di Sempronio, non notifica nuovamente la citazione, ma si va a costituire innanzi al tribunale indicatogli da Tizio;
3. Non tener conto della comunicazione di Sempronio e continuare il giudizio davanti al primo tribunale;

6. Tizio ha notificato una citazione a Sempronio, per una causa che dovrebbe svolgersi innanzi al tribunale di Roma, Sempronio però è residente a Napoli, e ritiene quindi che il tribunale competente per territorio sia a Napoli e non Roma; di conseguenza solleva nella sua comparsa di risposta l'eccezione di incompetenza per territorio, sostenendo semplicemente che il tribunale di Roma non è competente per territorio; che cosa farà il giudice?

1. Accoglierà l'eccezione, perché è evidente che competente per territorio è il tribunale di Napoli vista la residenza di Sempronio;
2. Rigetterà l'eccezione, perché Sempronio non ha indicato anche qual è, secondo lui, il tribunale competente;
3. Sospenderà il processo, e rimetterà la questione innanzi alla corte di cassazione, per stabilire chi sia il giudice competente per territorio.

7. Tizio, notifica una citazione a Sempronio, chiamandolo davanti al tribunale per una causa relativa a beni mobili per un valore complessivo di € 4900; Sempronio alla prima udienza non contesta il difetto di competenza del valore, che cosa potrà fare il giudice?

1. Rilevare incompetenza per valore d'ufficio, ma solo fino alla prima udienza;
2. Chiedere a Sempronio se vuole eccepire l'incompetenza per valore, visto che la relativa eccezione spetta solo al convenuto;
3. Pur accorgendosi della sua incompetenza per valore, e ritenendo che la relativa eccezione non è stata sollevata dal convenuto Sempronio nonostante che la comparsa di risposta sia stata tempestivamente depositata, prosegue nel giudizio e decide nel merito.

8. Tizio, cita in giudizio Sempronio davanti al tribunale di Milano, ma Sempronio ritiene che sia competente il giudice di pace di Milano e non il tribunale sollevando la relativa eccezione di incompetenza per valore nella comparsa di risposta tempestivamente depositata; di fronte a tale eccezione cosa dovrà fare il giudice istruttore?

1. Pur ritenendo fondata l'eccezione sollevata al convenuto, la accantona, per deciderla insieme al merito con gli altri giudici del collegio nella fase della decisione.
2. Decide direttamente la questione in udienza sulla competenza;
3. Dichiara in udienza di non avere il potere di decidere la questione sulla competenza, e automaticamente rimette la questione davanti al collegio per la decisione sulla competenza;
4. Se ritiene fondata l'eccezione, rimettere parti davanti al collegio per la decisione della questione relativa alla competenza;

9. *Tizio, attore, è stato dichiarato soccombente dal collegio in merito a un'eccezione d'incompetenza per territorio sollevata dal convenuto Sempronio; il tribunale, infatti, ha ritenuto competente per territorio altro tribunale, che cosa potrà fare Tizio?*

1. Impugnare la decisione del tribunale in appello;
2. Impugnare la decisione del tribunale unicamente con regolamento necessario di competenza innanzi alla corte di cassazione;
3. Proporre istanza innanzi al tribunale che si è dichiarato incompetente, al fine di fargli riconsiderare la decisione già presa.

10. *Sempronio, convenuto in giudizio davanti al tribunale da Tizio, solleva nei termini l'eccezione d'incompetenza per valore innanzi al giudice istruttore; il giudice istruttore ritenendo non fondata l'eccezione sollevata da Sempronio, la accantona, decidendo poi in fase di decisione e insieme agli altri due giudici del collegio, la soccombenza di Sempronio sia per quanto riguarda il merito del giudizio, sia per quanto riguarda l'eccezione di competenza da lui sollevata nel corso del giudizio; Sempronio allora decide di impugnare la sentenza del tribunale in appello, ma vuole anche impugnare la decisione relativa alla competenza innanzi alla corte di cassazione con regolamento di competenza, può farlo?*

1. No, se Sempronio ha già proposto appello, non potrà poi proporre regolamento di competenza innanzi alla corte di cassazione;
2. Sì, può farlo perché la corte di appello si occuperà solo della causa relativamente alle questioni di merito, mentre la corte di cassazione si occuperà esclusivamente delle questioni relative alla competenza;
3. Si, può farlo, ma il giudice dell'appello sospenderà il giudizio in attesa della decisione della corte di cassazione sulla competenza.

11. *Tizio e Caio sono parti di un giudizio innanzi al giudice di pace, ma il giudice di pace si ritiene incompetente per valore, e rimette le parti innanzi al tribunale, che però si ritiene a sua volta incompetente; che cosa potrà fare il giudice del tribunale davanti al quale le parti hanno riassunto il processo?*

1. Condannare le parti a una sanzione pecuniaria in quanto pur essendo evidente che il tribunale è incompetente, invece di impugnare la decisione del giudice di pace con regolamento di competenza, hanno deciso di riassumere la causa innanzi allo stesso tribunale, facendogli così perdere tempo.
2. Rimettere le parti davanti al giudice di pace, senza che quest'ultimo possa contestare la sua decisione, visto che il tribunale è superiore come giudice rispetto al giudice di pace;
3. Sollevare il regolamento di competenza d'ufficio;

12. *Tizio cita in giudizio Sempronio, ma contro di lui propone due domande, di cui una è principale, e l'altra è accessoria, e lo cita innanzi al tribunale. Sempronio però si costituisce in giudizio ed eccepisce l'incompetenza per territorio del tribunale adito da Tizio, sostenendo che solo per la domanda principale vi sia una competenza per territorio dello stesso tribunale, mentre per la domanda accessoria la competenza per territorio spetta ad altro giudice, cosa che poi il giudice verificherà essere vera, che cosa dovrà fare il giudice?*

1. Rigettare l'eccezione di Sempronio, perché in questo caso la domanda accessoria è attratta del foro della domanda principale;

2. Accogliere l'eccezione di Sempronio, dividere le cause connesse, e rimettere le parti davanti al tribunale competente per territorio per la decisione della domanda accessoria;
3. Dichiararsi incompetente sia dalla domanda principale che per l'accessoria per territorio, e considerando che si tratta di cause inscindibili, rimettere le parti per entrambe le domande davanti al tribunale indicato dal convenuto Sempronio.

13. Tizio cita in giudizio Sempronio innanzi al giudice di pace, per una causa di valore complessivo di € 4.000 relativa a beni mobili; Sempronio si costituisce in giudizio, e chiama in garanzia Mevio, ma contro di lui propone una domanda di garanzia di un valore complessivo di € 8.000, cosa dovrà fare il giudice di pace?

1. Tratterà tutte e due le cause, anche se incompetente per valore per la domanda di Sempronio, visto che l'articolo 32 gli permette di derogare ai normali criteri di competenza;
2. Considerando che la domanda di Sempronio supera la sua competenza per valore rimette entrambe le parti innanzi al tribunale;
3. Tratterà solo la causa relativa alla domanda dell'attore, condannando eventualmente il convenuto Sempronio al pagamento di € 4.000, e rimetterà lo stesso Sempronio e Mevio innanzi al tribunale per la decisione sulla domanda di garanzia.

14. Tizio cita in giudizio Sempronio, Mevio, e Gracco, tutti quanti innanzi lo stesso tribunale, ma residenti in luoghi diversi tanto da radicare le diverse competenze per territorio.
Sempronio è citato, per il pagamento di una somma per un suo debito, Mevio, in quanto debitore in solido per lo stesso debito, e Gracco per il risarcimento del danno relativo a un sinistro stradale di cui lo stesso Gracco è ritenuto responsabile. Gracco, costituitosi in giudizio, eccepisce l'incompetenza per territorio, e lo stesso fa Mevio, perché anche lui risiede in un luogo diverso rispetto a quello del tribunale indicato da Tizio, mentre Sempronio, residente luogo in cui si trova il tribunale competente per territorio, non solleva alcuna eccezione; che cosa farà il giudice?

1. Accoglierà l'eccezione di Gracco, ma respingerà l'eccezione di Mevio applicando la regola prevista dall'articolo 33;
2. Respingerà le eccezioni di Gracco e Mevio, applicando la regola prevista dall'articolo 33;
3. Accoglierà sia l'eccezione di Gracco, sia quella di Mevio, stabilendo che è competente solo in merito al giudizio contro Sempronio.

15. Tizio cita in giudizio Sempronio, chiedendogli di pagargli una somma di euro 4000 per alimenti; Sempronio, però, eccepisce di non essere parente di Tizio, e chiede che la questione sia decisa con efficacia di giudicato; cosa dovrà fare il giudice di pace innanzi al quale si sta svolgendo la causa?

1. Decide la causa proposta da Tizio del valore complessivo di € 4000, e condanna, nel caso, Sempronio al pagamento della somma con riserva delle sue eccezioni, rimettendo successivamente le parti innanzi al tribunale della discussione della questione pregiudiziale.
2. Sospende il processo relativamente alla causa di € 4000, e deciderà autonomamente la domanda pregiudiziale relativa alla parentela;
3. Accertato che si tratti proprio di una questione di accertamento incidentale, rimetterà entrambe le parti innanzi al tribunale per decidere sia la domanda dei € 4000, sia la questione pregiudiziale sulla parentela;

16. *Tizio cita Sempronio in giudizio, per un credito dal valore di € 1.000, innanzi al giudice di pace, e come prova della sua domanda deposita una cambiale a firma dello stesso Sempronio per l'importo di € 1.000; Sempronio si costituisce in giudizio, ed eccepisce in compensazione un contro credito del valore di € 12.000, e chiede che il giudice accerti il suo credito in modo da poter dichiarare la compensazione; che cosa può fare il giudice di pace?*

1. Decide entrambe le cause proposte dalle parti, sostenendo che l'articolo 35 gli dà il potere di derogare ai normali criteri di competenza;
2. Rimette tutta la causa innanzi al tribunale, visto che lui non è competente per l'eccezione di compensazione;
3. Visto che in ogni caso il credito di Tizio è facilmente accertabile, poiché provato da una cambiale, condanna comunque Sempronio al pagamento della somma di € 1.000, con riserva delle sue eccezioni, e rimette le parti innanzi al tribunale per l'accertamento del credito di € 12.000 di Sempronio e per l'eventuale dichiarazione di compensazione;
4. Sospende il giudizio relativo alla domanda di Tizio, e rimette le parti innanzi al tribunale per la decisione sulla compensazione.

17. *Tizio cita Sempronio in giudizio, per un credito dal valore di € 1.000, innanzi al giudice di pace, e come prova della sua domanda deposita una cambiale a firma dello stesso Sempronio per l'importo di € 1.000; Sempronio si costituisce in giudizio, ed eccepisce in compensazione un contro credito del valore di € 18.000, e chiede non solo che il giudice accerti il suo credito in modo da poter dichiarare la compensazione, ma che l'attore Tizio sia condannato al pagamento della differenza per € 17.000, che cosa potrà fare il giudice di pace?*

1. Considerando che il credito di Tizio è facilmente accertabile, perché è provato da una cambiale, condanna Sempronio al pagamento della somma di € 1.000, con riserva delle sue eccezioni, rimettendo le parti innanzi al tribunale per la decisione sulla domanda riconvenzionale;
2. Rimette tutta la questione innanzi al tribunale che dovrà decidere sia per la domanda di Tizio, sia per la domanda di Sempronio;
3. Dispone la separazione delle cause, e rimettendo le parti innanzi al tribunale solo per la decisione della domanda riconvenzionale;
4. Decide sia la domanda principale, che la domanda riconvenzionale, ma rigetta la domanda di Sempronio, sostenendo che lo stesso Sempronio non poteva proporre domanda riconvenzionale nel giudizio, visto che questa domanda non è collegata alla domanda principale per il petitum o la causa petendi, così come dispone l'articolo 36.

18. *Tizio propone domanda contro Caio per una questione relativa a un risarcimento del danno per una causa non riguardante la circolazione stradale per un valore complessivo di € 11.000 innanzi al giudice di pace, ma poi ripropone la stessa questione con una distinta citazione e sempre contro Caio innanzi al tribunale, perché si è reso conto che la competenza per valore spetta in realtà al tribunale e non al giudice di pace; innanzi al tribunale, però, Caio eccepisce la litispendenza, chiedendo che la causa sia cancellata dal ruolo. È corretta la posizione di Caio?*

1. Sì, perché per la litispendenza è necessario vedere solamente qual è la causa che è iniziata per prima, e nel caso di specie la prima citazione è stata fatta davanti al giudice di pace;

2. No, il tribunale non può dichiarare la litispendenza, perché è lui il giudice competente, semmai sarà giudice di pace a dover dichiarare la litispendenza, perché se è vero che è stato adito per primo, è anche vero che lui non è competente per la domanda di € 11.000,
3. No, la causa dovrà essere comunque decisa dal tribunale, che la riunirà insieme all'altra che è stata proposta innanzi al giudice di pace.

19. Tizio propone domanda contro Caio per una questione relativa a un risarcimento del danno non dovuto a circolazione da veicoli e natati per un valore complessivo di € 4.000 innanzi al giudice di pace, ma poi ripropone la stessa questione con una distinta citazione e sempre contro Caio innanzi al tribunale chiedendo però un risarcimento del danno per il valore complessivo di € 11.000; che cosa farà il giudice di pace?

1. Dichiarare la continenza di cause, ma poiché lui è stato adito per primo, chiederà al tribunale di dichiarare la continenza, affinché sia lui a trattare entrambe le cause;
2. Dichiarare la continenza di cause, ma poiché lui non è competente per la causa di € 11.000, anche se è stato adito per primo, rimetterà le parti davanti al tribunale;
3. Trattare la causa che gli è stata proposta per € 4000, e, nonostante l'eccezione sollevata dal convenuto, non tenere in nessun conto il secondo giudizio è stato proposto innanzi al tribunale

20. Tizio propone davanti al giudice una domanda relativa a un risarcimento di un danno contro Caio; successivamente però propone innanzi ad altro giudice una domanda, sempre contro Caio, che rispetto alla prima si atteggia come principale. Il giudice della prima causa si accorge, perché questo risulta dagli atti, che vi è in corso un'altra causa innanzi ad altro giudice relativa alla questione principale, che cosa da fare?

1. Poiché la sua causa è accessoria, mentre quella proposta innanzi all'altro giudice è principale, obbligatoriamente con ordinanza dichiara la connessione, e rimette le parti innanzi al giudice della causa principale affinché questi possa decidere anche sulla domanda accessoria.
2. Con ordinanza informa il giudice della causa principale della precedente pendenza della sua causa, e lo invita a dichiarare la connessione, in modo da poter decidere lui anche la causa principale, in quanto è stato il primo giudice ad essere adito;
3. Può rimettere le parti innanzi al giudice la domanda principale, anche se lui è stato adito per primo.

>>>

La competenza: Risposte

1. Un signore ha un problema con un suo vicino circa l'apposizione dei termini, e valuta che la sua causa sia di valore di 30.000 euro, a chi si rivolge?

1. Al tribunale, visto che si tratta di causa relativa a beni immobili;
2. Al giudice di pace, visto si tratta di competenza esclusiva;-
3. Al giudice di pace, considerando che si tratta comunque di una causa entro i 30.000 euro.

2. Tizio aveva parcheggiato regolarmente la sua auto nuova pagata 24.000 euro, ma un camion per la forte velocità sbanda distruggendo l'auto del povero Tizio. Tizio incarica quindi il suo avvocato di procedere per ottenere il risarcimento dei danni per 24.000 euro davanti a quale giudice si dovrà svolgere il giudizio?

1. Innanzi al giudice di pace competente per valore;
2. Innanzi al tribunale visto che la competenza per valore dei giudice di pace è fino a 20.000 euro.
3. Innanzi al tribunale visto che la competenza del giudice di pace è fino a 10.000 euro.

3. Tizio deve proporre due domande contro la stessa persona relative a beni mobili, una la determina per un valore di 10 euro, mentre l'altra non la determina, e pensa di proporre la domanda davanti al giudice di pace, ha fatto bene?

1. Sì, visto che due domande non si sommano tra di loro, e ognuna rientra nella competenza del giudice di pace, una per la sua massima competenza, 10.000 euro, e l'altra di soli 10 euro.
2. Sì, visto che essendo la prima domanda di soli 10 euro, proponendo la domanda davanti al giudice di pace implicitamente vuole complessivamente 10.000 euro;
3. No, non determinando il valore di una domanda questa si presume nei limiti della competenza massima del giudice adito, e sommandola con l'altra andrà sempre oltre la competenza del giudice di pace;

4. Tizio, che abita a Palermo, ha in incidente stradale a Catania, con Caio, che abita a Bolzano. Potrà citare Caio a Palermo?

1. No, ma potrà citarlo a Catania o a Bolzano;
2. Sì, perché vista la distanza, la legge lo protegge dal fatto che il convenuto risieda così lontano da lui e dal luogo dell'incidente;
3. Sì, perché l'incidente è comunque accaduto in Sicilia, e ex art. 20, può scegliere tra Palermo e Bolzano.

*5. Tizio, ha notificato una citazione a Sempronio, nel suo luogo di residenza, rispettando la competenza per territorio secondo quanto stabilisce l'articolo 18.
Notificata la citazione, però, Sempronio si trasferisce in un altro luogo, idoneo a radicare la competenza per territorio di un altro tribunale, e lo stesso Sempronio si preoccupa di comunicare immediatamente a Tizio il suo cambio di residenza, invitandolo a notificare la nuova citazione presso questo nuovo tribunale, cosa possibile visto che il trasferimento di residenza è avvenuto addirittura prima che lo stesso tizio si costituisse in tribunale, cosa deve fare Tizio?*

1. Preso atto della comunicazione di Sempronio, rinotifica la citazione presso la nuova residenza di Tizio, e si va a costituire innanzi al tribunale competente secondo la nuova residenza di Tizio.
2. In seguito alla comunicazione di Sempronio, non notifica nuovamente la citazione, ma si va a costituire innanzi al tribunale indicatogli da Tizio;
3. Non tener conto della comunicazione di Sempronio e continuare il giudizio davanti al primo tribunale.

6. Tizio ha notificato una citazione a Sempronio, per una causa che dovrebbe svolgersi innanzi al tribunale di Roma, Sempronio però è residente a Napoli, e ritiene quindi che il tribunale competente per territorio sia a Napoli e non Roma; di conseguenza solleva nella sua comparsa di risposta l'eccezione di incompetenza per territorio, sostenendo semplicemente che il tribunale di Roma non è competente per territorio; che cosa farà il giudice?

1. Accoglierà l'eccezione, perché è evidente che competente per territorio è il tribunale di Napoli vista la residenza di Sempronio;
2. Rigetterà l'eccezione, perché Sempronio non ha indicato anche qual è, secondo lui, il tribunale competente;
3. Sospenderà il processo, e rimetterà la questione innanzi alla corte di cassazione, per stabilire chi sia il giudice competente per territorio.

7. *Tizio, notifica una citazione a Sempronio, chiamandolo davanti al tribunale per una causa relativa a beni mobili per un valore complessivo di € 4900; Sempronio alla prima udienza non contesta il difetto di competenza del valore, che cosa potrà fare il giudice?*

1. Rilevare incompetenza per valore d'ufficio, ma solo fino alla prima udienza;
2. Chiedere a Sempronio se vuole eccepire l'incompetenza per valore, visto che la relativa eccezione spetta solo al convenuto;
3. Pur accorgendosi della sua incompetenza per valore, e ritenendo che la relativa eccezione non è stata sollevata dal convenuto Sempronio nonostante che la comparsa di risposta sia stata tempestivamente depositata, prosegue nel giudizio e decide nel merito.

8. *Tizio, cita in giudizio Sempronio davanti al tribunale di Milano, ma Sempronio ritiene che sia competente il giudice di pace di Milano e non il tribunale sollevando la relativa eccezione di incompetenza per valore nella comparsa di risposta tempestivamente depositata; di fronte a tale eccezione cosa dovrà fare il giudice istruttore?*

1. Pur ritenendo fondata l'eccezione sollevata al convenuto, la accantona, per deciderla insieme al merito con gli altri giudici del collegio nella fase della decisione.
2. Decide direttamente la questione in udienza sulla competenza;
3. Dichiara in udienza di non avere il potere di decidere la questione sulla competenza, e automaticamente rimette la questione davanti al collegio per la decisione sulla competenza;
4. Se ritiene fondata l'eccezione, rimettere parti davanti al collegio per la decisione della questione relativa alla competenza;

9. *Tizio, attore, è stato dichiarato soccombente dal collegio in merito a un'eccezione d'incompetenza per territorio sollevata dal convenuto Sempronio; il tribunale, infatti, ha ritenuto competente per territorio altro tribunale, che cosa potrà fare Tizio?*

1. Impugnare la decisione del tribunale in appello;
2. Impugnare la decisione del tribunale unicamente con regolamento necessario di competenza innanzi alla corte di cassazione;
3. Proporre istanza innanzi al tribunale che si è dichiarato incompetente, al fine di fargli riconsiderare la decisione già presa.

10. Sempronio, convenuto in giudizio davanti al tribunale da Tizio, solleva nei termini l'eccezione d'incompetenza per valore innanzi al giudice istruttore; il giudice istruttore ritenendo non fondata l'eccezione sollevata da Sempronio, la accantona, decidendo poi in fase di decisione e insieme agli altri due giudici del collegio, la soccombenza di Sempronio sia per quanto riguarda il merito del giudizio, sia per quanto riguarda l'eccezione di competenza da lui sollevata nel corso del giudizio; Sempronio allora decide di impugnare la sentenza del tribunale in appello, ma vuole anche impugnare la decisione relativa alla competenza innanzi alla corte di cassazione con regolamento di competenza, può farlo?

1. No, se Sempronio ha già proposto appello, non potrà poi proporre regolamento di competenza innanzi alla corte di cassazione;
2. Sì, può farlo perché la corte di appello si occuperà solo della causa relativamente alle questioni di merito, mentre la corte di cassazione si occuperà esclusivamente delle questioni relative alla competenza;
3. Si, può farlo, ma il giudice dell'appello sospenderà il giudizio in attesa della decisione della corte di cassazione sulla competenza.

11. Tizio e Caio sono parti di un giudizio innanzi al giudice di pace, ma il giudice di pace si ritiene incompetente per valore, e rimette le parti innanzi al tribunale, che però si ritiene a sua volta incompetente; che cosa potrà fare il giudice del tribunale davanti al quale le parti hanno riassunto il processo?

1. Condannare le parti a una sanzione pecuniaria in quanto pur essendo evidente che il tribunale è incompetente, invece di impugnare la decisione del giudice di pace con regolamento di competenza, hanno deciso di riassumere la causa innanzi allo stesso tribunale, facendogli così perdere tempo.
2. Rimettere le parti davanti al giudice di pace, senza che quest'ultimo possa contestare la sua decisione, visto che il tribunale è superiore come giudice rispetto al giudice di pace;
3. Sollevare il regolamento di competenza d'ufficio;

12. Tizio cita in giudizio Sempronio, ma contro di lui propone due domande, di cui una è principale, e l'altra è accessoria, e lo cita innanzi al tribunale. Sempronio però si costituisce in giudizio ed eccepisce l'incompetenza per territorio del tribunale adito da Tizio, sostenendo che solo per la domanda principale vi sia una competenza per territorio dello stesso tribunale, mentre per la domanda accessoria la competenza per territorio spetta ad altro giudice, cosa che poi il giudice verificherà essere vera, che cosa dovrà fare il giudice?

1. Rigettare l'eccezione di Sempronio, perché in questo caso la domanda accessoria è attratta del foro della domanda principale;
2. Accogliere l'eccezione di Sempronio, dividere le cause connesse, e rimettere le parti davanti al tribunale competente per territorio per la decisione della domanda accessoria;
3. Dichiararsi incompetente sia dalla domanda principale che per l'accessoria per territorio, e considerando che si tratta di cause inscindibili, rimettere le parti per entrambe le domande davanti al tribunale indicato dal convenuto Sempronio.

13. Tizio cita in giudizio Sempronio innanzi al giudice di pace, per una causa di valore complessivo di € 4.000 relativa a beni mobili; Sempronio si costituisce in giudizio, e chiama in garanzia Mevio, ma contro di lui propone una domanda di garanzia di un valore complessivo di € 8.000, cosa dovrà fare il giudice di pace?

1. Tratterà tutte e due le cause, anche se incompetente per valore per la domanda di Sempronio, visto che l'articolo 32 gli permette di derogare ai normali criteri di competenza;
2. Considerando che la domanda di Sempronio supera la sua competenza per valore rimette entrambe le parti innanzi al tribunale;
3. Tratterà solo la causa relativa alla domanda dell'attore, condannando eventualmente il convenuto Sempronio al pagamento di € 4.000, e rimetterà lo stesso Sempronio e Mevio innanzi al tribunale per la decisione sulla domanda di garanzia.

14. Tizio cita in giudizio Sempronio, Mevio, e Gracco, tutti quanti innanzi lo stesso tribunale, ma residenti in luoghi diversi tanto da radicare le diverse competenze per territorio.
Sempronio è citato, per il pagamento di una somma per un suo debito, Mevio, in quanto debitore in solido per lo stesso debito, e Gracco per il risarcimento del danno relativo a un sinistro stradale di cui lo stesso Gracco è ritenuto responsabile. Gracco, costituitosi in giudizio, eccepisce l'incompetenza per territorio, e lo stesso fa Mevio, perché anche lui risiede in un luogo diverso rispetto a quello del tribunale indicato da Tizio, mentre Sempronio, residente luogo in cui si trova il tribunale competente per territorio, non solleva alcuna eccezione; che cosa farà il giudice?

1. Accoglierà l'eccezione di Gracco, ma respingerà l'eccezione di Mevio applicando la regola prevista dall'articolo 33;
2. Respingerà le eccezioni di Gracco e Mevio, applicando la regola prevista dall'articolo 33;
3. Accoglierà sia l'eccezione di Gracco, sia quella di Mevio, stabilendo che è competente solo in merito al giudizio contro Sempronio.

15. Tizio cita in giudizio Sempronio, chiedendogli di pagargli una somma di euro 4000 per alimenti; Sempronio, però, eccepisce di non essere parente di Tizio, e chiede che la questione sia decisa con efficacia di giudicato; cosa dovrà fare il giudice di pace innanzi al quale si sta svolgendo la causa?

1. Decide la causa proposta da Tizio del valore complessivo di € 4000, e condanna, nel caso, Sempronio al pagamento della somma con riserva delle sue eccezioni, rimettendo successivamente le parti innanzi al tribunale della discussione della questione pregiudiziale.
2. Sospende il processo relativamente alla causa di € 4000, e deciderà autonomamente la domanda pregiudiziale relativa alla parentela;
3. Accertato che si tratti proprio di una questione di accertamento incidentale, rimetterà entrambe le parti innanzi al tribunale per decidere sia la domanda dei € 4000, sia la questione pregiudiziale sulla parentela;

16. Tizio cita Sempronio in giudizio, per un credito dal valore di € 1.000, innanzi al giudice di pace, e come prova della sua domanda deposita una cambiale a firma dello stesso Sempronio per l'importo di € 1.000; Sempronio si costituisce in giudizio, ed eccepisce in compensazione un contro credito del valore di € 12.000, e chiede che il giudice accerti il suo credito in modo da poter dichiarare la compensazione; che cosa può fare il giudice di pace?

1. Decide entrambe le cause proposte dalle parti, sostenendo che l'articolo 35 gli dà il potere di derogare ai normali criteri di competenza;
2. Rimette tutta la causa innanzi al tribunale, visto che lui non è competente per l'eccezione di compensazione;

3. Visto che in ogni caso il credito di Tizio è facilmente accertabile, poiché provato da una cambiale, condanna comunque Sempronio al pagamento della somma di € 1.000, con riserva delle sue eccezioni, e rimette le parti innanzi al tribunale per l'accertamento del credito di € 12.000 di Sempronio e per l'eventuale dichiarazione di compensazione;
4. Sospende il giudizio relativo alla domanda di Tizio, e rimette le parti innanzi al tribunale per la decisione sulla compensazione.

17. Tizio cita Sempronio in giudizio, per un credito dal valore di € 1.000, innanzi al giudice di pace, e come prova della sua domanda deposita una cambiale a firma dello stesso Sempronio per l'importo di € 1.000; Sempronio si costituisce in giudizio, ed eccepisce in compensazione un contro credito del valore di € 18.000, e chiede non solo che il giudice accerti il suo credito in modo da poter dichiarare la compensazione, ma che l'attore Tizio sia condannato al pagamento della differenza per € 17.000, che cosa potrà fare il giudice di pace?

1. Considerando che il credito di Tizio è facilmente accertabile, perché è provato da una cambiale, condanna Sempronio al pagamento della somma di € 1.000, con riserva delle sue eccezioni, rimettendo le parti innanzi al tribunale per la decisione sulla domanda riconvenzionale;
2. Rimette tutta la questione innanzi al tribunale che dovrà decidere sia per la domanda di Tizio, sia per la domanda di Sempronio;
3. Dispone la separazione delle cause, e rimettendo le parti innanzi al tribunale solo per la decisione della domanda riconvenzionale;
4. Decide sia la domanda principale, che la domanda riconvenzionale, ma rigetta la domanda di Sempronio, sostenendo che lo stesso Sempronio non poteva proporre domanda riconvenzionale nel giudizio, visto che questa domanda non è collegata alla domanda principale per il petitum o la causa petendi, così come dispone l'articolo 36.

18. Tizio propone domanda contro Caio per una questione relativa a un risarcimento del danno per una causa non riguardante la circolazione stradale per un valore complessivo di € 11.000 innanzi al giudice di pace, ma poi ripropone la stessa questione con una distinta citazione e sempre contro Caio innanzi al tribunale, perché si è reso conto che la competenza per valore spetta in realtà al tribunale e non al giudice di pace; innanzi al tribunale, però, Caio eccepisce la litispendenza, chiedendo che la causa sia cancellata dal ruolo. È corretta la posizione di Caio?

1. Sì, perché per la litispendenza è necessario vedere solamente qual è la causa che è iniziata per prima, e nel caso di specie la prima citazione è stata fatta davanti al giudice di pace;
2. No, il tribunale non può dichiarare la litispendenza, perché è lui il giudice competente, semmai sarà giudice di pace a dover dichiarare la litispendenza, perché se è vero che è stato adito per primo, è anche vero che lui non è competente per la domanda di € 11.000,
3. No, la causa dovrà essere comunque decisa dal tribunale, che la riunirà insieme all'altra che è stata proposta innanzi al giudice di pace.

19. Tizio propone domanda contro Caio per una questione relativa a un risarcimento del danno non dovuto a circolazione da veicoli e natati per un valore complessivo di € 4.000 innanzi al giudice di pace, ma poi ripropone la stessa questione con una distinta citazione e sempre contro Caio innanzi al tribunale chiedendo però un risarcimento del danno per il valore complessivo di € 11.000; che cosa farà il giudice di pace?

1. Dichiarare la continenza di cause, ma poiché lui è stato adito per primo, chiederà al tribunale di dichiarare la continenza, affinché sia lui a trattare entrambe le cause;
2. Dichiarare la continenza di cause, ma poiché lui non è competente per la causa di € 11.000, anche se è stato adito per primo, rimetterà le parti davanti al tribunale;
3. Trattare la causa che gli è stata proposta per € 4000, e, nonostante l'eccezione sollevata dal convenuto, non tenere in nessun conto il secondo giudizio è stato proposto innanzi al tribunale

20. Tizio propone davanti al giudice una domanda relativa a un risarcimento di un danno contro Caio; successivamente però propone innanzi ad altro giudice una domanda, sempre contro Caio, che rispetto alla prima si atteggia come principale. Il giudice della prima causa si accorge, perché questo risulta dagli atti, che vi è in corso un'altra causa innanzi ad altro giudice relativa alla questione principale, che cosa da fare?

1. Poiché la sua causa è accessoria, mentre quella proposta innanzi all'altro giudice è principale, obbligatoriamente con ordinanza dichiara la connessione, e rimette le parti innanzi al giudice della causa principale affinché questi possa decidere anche sulla domanda accessoria.
2. Con ordinanza informa il giudice della causa principale della precedente pendenza della sua causa, e lo invita a dichiarare la connessione, in modo da poter decidere lui anche la causa principale, in quanto è stato il primo giudice ad essere adito;
3. Può rimettere le parti innanzi al giudice la domanda principale, anche se lui è stato adito per primo.

Il principio della domanda corrispondenza tra il chiesto e pronunciato contraddittorio: Domande

1. Nel nostro ordinamento è possibile derogare al principio della domanda?

1. Si, ma le eccezioni sono molto rare;
2. No, si tratta di un principio costituzionale e non solo possibili deroghe;
3. Sì, in ogni caso.

2. Considerando quanto afferma l'articolo 112 del codice di procedura civile, è possibile che il giudice sollevi delle eccezioni d'ufficio?

1. Si, in ogni caso il giudice può sollevare eccezioni d'ufficio.
2. No, il giudice non può mai sollevare eccezioni d'ufficio;
3. Si, l'articolo 112 prevede espressamente questa ipotesi, ma non sono frequenti i casi in cui il giudice possa sollevare eccezioni d'ufficio;

3. In base a quanto afferma l'articolo 112 del giudice è vincolato alla domanda così come prospettata dalle parti, questo vincolo per il giudice è assoluto?

1. Il vincolo del giudice è assoluto, il giudice quindi in nessun caso può ritenere che dai fatti indicati dalle parti derivino conseguenze diverse da quelle che le stesse parti hanno indicato;
2. Il giudice è vincolato solo ai fatti che le parti hanno prospettato, ma non anche alle conseguenze giuridiche che le parti vogliono far discendere da quei fatti;
3. Se si legge attentamente l'articolo 112, si scopre che in realtà il giudice è vincolato solo minimamente ai fatti indicati dalle parti, e quindi ha non solo il potere di applicare conseguenze giuridiche diverse rispetto a

quelle indicate dalle parti, ma di giudicare sempre anche su fatti che le parti non gli hanno in alcun modo prospettato.

4. È possibile derogare al principio del contraddittorio?

1. No, non è mai possibile derogare al principio del contraddittorio in quanto è specificamente tutelato dall'articolo 111 della costituzione;
2. Si, è possibile la deroga, per esempio nelle ipotesi di decreto ingiuntivo;
3. Si è possibile, ma solo quando le parti espressamente e attraverso un atto scritto vi abbiano rinunziato.

5. Cosa deve fare il giudice quando decide di porre a fondamento delle decisione una questione rilevata d'ufficio?

1. Decide la questione ed emette il provvedimento;
2. Convoca le parti in udienza e gli illustra la sua posizione;
3. Riserva la decisione assegnando alle parti termine non inferiore a 20 gg. e non superiore a 40 gg. dalla comunicazione per il deposito di memorie, termini previsti a pena di nullità.

>>>

Il principio della domanda corrispondenza tra il chiesto e pronunciato contraddittorio: Risposte

1. Nel nostro ordinamento è possibile derogare al principio della domanda?

1. Si, ma le eccezioni sono molto rare;
2. No, si tratta di un principio costituzionale e non solo possibili deroghe;
3. Sì, in ogni caso.

2. Considerando quanto afferma l'articolo 112 del codice di procedura civile, è possibile che il giudice sollevi delle eccezioni d'ufficio?

1. Si, in ogni caso il giudice può sollevare eccezioni d'ufficio.
2. No, il giudice non può mai sollevare eccezioni d'ufficio;
3. Si, l'articolo 112 prevede espressamente questa ipotesi, ma non sono frequenti i casi in cui il giudice possa sollevare eccezioni d'ufficio;

3. In base a quanto afferma l'articolo 112 del giudice è vincolato alla domanda così come prospettata dalle parti, questo vincolo per il giudice è assoluto?

1. Il vincolo del giudice è assoluto, il giudice quindi in nessun caso può ritenere che dai fatti indicati dalle parti derivino conseguenze diverse da quelle che le stesse parti hanno indicato;
2. Il giudice è vincolato solo ai fatti che le parti hanno prospettato, ma non anche alle conseguenze giuridiche che le parti vogliono far discendere da quei fatti;
3. Se si legge attentamente l'articolo 112, si scopre che in realtà il giudice è vincolato solo minimamente ai fatti indicati dalle parti, e quindi ha non solo il potere di applicare conseguenze giuridiche diverse rispetto a

quelle indicate dalle parti, ma di giudicare sempre anche su fatti che le parti non gli hanno in alcun modo prospettato.

4. È possibile derogare al principio del contraddittorio?

1. No, non è mai possibile derogare al principio del contraddittorio in quanto è specificamente tutelato dall'articolo 111 della costituzione;
2. Si, è possibile la deroga, per esempio nelle ipotesi di decreto ingiuntivo;
3. Si è possibile, ma solo quando le parti espressamente e attraverso un atto scritto vi abbiano rinunziato.

5. Cosa deve fare il giudice quando decide di porre a fondamento delle decisione una questione rilevata d'ufficio?

1. Decide la questione ed emette il provvedimento;
2. Convoca le parti in udienza e gli illustra la sua posizione;
3. Riserva la decisione assegnando alle parti termine non inferiore a 20 gg. e non superiore a 40 gg. dalla comunicazione per il deposito di memorie, termini previsti a pena di nullità.

Capacità delle parti, rappresentanza, sostituzione processuale, art. 182: Domande

1. Che cosa sono la capacità processuale e la capacità di essere parte?

1. La capacità processuale e la capacità di essere parte sostanzialmente coincidono, perché si riuniscono sempre in capo ad un solo soggetto, sono delle figure di ambito strettamente processuale e non trovano corrispondenza nell'ambito del diritto sostanziale;
2. Possiamo definire la capacità di essere parte come l'attitudine ad essere parte di un processo, e quindi corrisponde alla capacità giuridica, mentre la capacità processuale è l'attitudine a svolgere un ruolo attivo in un processo, e quindi corrisponde alla capacità di agire;
3. La capacità processuale indica la possibilità di essere parte attiva in un processo, e si acquista con il 18° anno di età, mentre la capacità di essere parte spetta esclusivamente all'avvocato che è l'unico, salvi i casi previsti dalla legge, a poter rappresentare la parte del processo.

2. Parlare di rappresentanza nel processo fa intendere esclusivamente l'ipotesi in cui una parte debba avvalersi dell'opera di un avvocato?

1. No, di solito come è possibile farsi rappresentare per il compimento di attività giuridiche, è anche possibile che un soggetto possa scegliere un rappresentante che lo sostituisca in un processo, soggetto che poi dovrà avvalersi di un avvocato di poter stare in giudizio.
2. Sì, e questo perché, salvi i casi previsti dalla legge e che fanno riferimento esclusivamente per il rito ordinario al giudizio incardinato dinanzi al giudice di pace, in un processo bisogna necessariamente farsi rappresentare da un avvocato;
3. In realtà non è proprio possibile la rappresentanza in un processo, perché la legge vuole che nel processo solo la parte personalmente vi possa stare, mentre la rappresentanza all'avvocato è esclusivamente di natura tecnica.

3. *È possibile concedere a un soggetto una procura generale affinché questi possa fare tutte le cause di cui è interessato il rappresentato?*

1. Si è possibile e in tutti i casi, e ciò perché il principio fondamentale di autonomia privata permette ad un qualsiasi soggetto di nominare un'altra persona come rappresentante generale non solo dal punto di vista sostanziale, ma anche dal punto di vista processuale.
2. No non è possibile, perché il nostro ordinamento pur ammettendo la rappresentanza in giudizio, vuole che per ogni causa sia rilasciata una procura speciale al rappresentante;
3. Si è possibile, ma solo quando il rappresentante sia un institore, oppure rappresenti un soggetto che non ha residenza o domicilio in Italia;

4. *Quando il giudice rileva un difetto di rappresentanza di assistenza di autorizzazione è obbligato o meno a sanare questa situazione?*

1. Si è obbligato, ma la sanatoria non avrà efficacia retroattiva, ma avrà effetto solo dal momento in cui il giudice avrà emesso il relativo provvedimento di sanatoria;
2. Si è obbligato, e la sanatoria ha efficacia retroattiva;
3. Si è obbligato, ma la sanatoria avrà effetto solo dal momento in cui la parte avrà effettivamente posto rimedio al difetto di rappresentanza di assistenza o di autorizzazione.

5. *E se il giudice verifica che gli atti e documenti sono difettosi?*

1. Invita le parti a completare o mettere in regola tali atti;
2. Non ne tiene conto a causa del loro vizio;
3. Emette sanzione nei confronti della parte che ha depositato o prodotto gli atti o documenti difettosi.

6. *Per aversi sostituzione processuale è necessario che la parte sostituita rilasci procura speciale al sostituto?*

1. No, la sostituzione processuale si caratterizza proprio per il fatto di essere prevista solo nei casi espressamente indicati dalla legge;
2. Sì, non è possibile che un soggetto si sostituisca un altro se non sia stato autorizzato dal sostituto, e ciò in applicazione dei principi generali in tema di rappresentanza;
3. La sostituzione processuale si caratterizza per il fatto che in alcune ipotesi la legge autorizza terzo a sostituirsi all'avente diritto in un processo, ma tale diritto non è assoluto, perché possiamo avere casi di sostituzione processuale dove è necessaria la procura da parte del sostituito, e casi sostituzione processuale dove la parte può agire autonomamente, cioè senza alcuna procura da parte del titolare del diritto.

7. *Nel caso di rappresentanza di enti non riconosciuti, la persona fisica che materialmente agisce nel giudizio agirà per se stessa oppure come rappresentanza dell'ente?*

1. Gli enti non riconosciuti non hanno personalità giuridica, e di conseguenza non hanno capacità di essere parte; la persona che sta in giudizio in loro vece rappresenta sì l'ente, ma è lei la vera parte del giudizio in quanto la sentenza finale non potrà essere riferita a un ente che non ha personalità giuridica.

2. Anche se gli enti non riconosciuti non hanno personalità giuridica, è anche vero che dalla lettura dell'articolo 75 e dall'orientamento dominante in dottrina e giurisprudenza, si evince che la persona fisica che rappresenta l'ente non riconosciuto non è in giudizio per se stessa, ma come rappresentante dell'ente, che è quindi la vera parte del giudizio;
3. La dottrina è ormai giunta alla conclusione che anche l'ente non riconosciuto ha piena capacità giuridica, ma vi è comunque una differenza con l'ente riconosciuto; di conseguenza gli effetti della sentenza ricadranno sia sull'ente non riconosciuto, sia sulla persona fisica che rappresenta l'ente, che risponderanno in solido e in ogni caso dell'eventuale esito sfavorevole del giudizio.

>>>

Capacità delle parti, rappresentanza, sostituzione processuale, art. 182: Risposte

1. Che cosa sono la capacità processuale e la capacità di essere parte?

1. La capacità processuale e la capacità di essere parte sostanzialmente coincidono, perché si riuniscono sempre in capo ad un solo soggetto, sono delle figure di ambito strettamente processuale e non trovano corrispondenza nell'ambito del diritto sostanziale;
2. Possiamo definire la capacità di essere parte come l'attitudine ad essere parte di un processo, e quindi corrisponde alla capacità giuridica, mentre la capacità processuale è l'attitudine a svolgere un ruolo attivo in un processo, e quindi corrisponde alla capacità di agire;
3. La capacità processuale indica la possibilità di essere parte attiva in un processo, e si acquista con il 18° anno di età, mentre la capacità di essere parte spetta esclusivamente all'avvocato che è l'unico, salvi i casi previsti dalla legge, a poter rappresentare la parte del processo.

2. Parlare di rappresentanza nel processo fa intendere esclusivamente l'ipotesi in cui una parte debba avvalersi dell'opera di un avvocato?

1. No, di solito come è possibile farsi rappresentare per il compimento di attività giuridiche, è anche possibile che un soggetto possa scegliere un rappresentante che lo sostituisca in un processo, soggetto che poi dovrà avvalersi di un avvocato di poter stare in giudizio.
2. Sì, e questo perché, salvi i casi previsti dalla legge e che fanno riferimento esclusivamente per il rito ordinario al giudizio incardinato dinanzi al giudice di pace, in un processo bisogna necessariamente farsi rappresentare da un avvocato;
3. In realtà non è proprio possibile la rappresentanza in un processo, perché la legge vuole che nel processo solo la parte personalmente vi possa stare, mentre la rappresentanza all'avvocato è esclusivamente di natura tecnica.

3. È possibile concedere a un soggetto una procura generale affinché questi possa fare tutte le cause di cui è interessato il rappresentato?

1. Si è possibile e in tutti i casi, e ciò perché il principio fondamentale di autonomia privata permette ad un qualsiasi soggetto di nominare un'altra persona come rappresentante generale non solo dal punto di vista sostanziale, ma anche dal punto di vista processuale.

2. No non è possibile, perché il nostro ordinamento pur ammettendo la rappresentanza in giudizio, vuole che per ogni causa sia rilasciata una procura speciale al rappresentante;
3. Si è possibile, ma solo quando il rappresentante sia un institore, oppure rappresenti un soggetto che non ha residenza o domicilio in Italia;

4. Quando il giudice rileva un difetto di rappresentanza di assistenza di autorizzazione è obbligato o meno a sanare questa situazione?

1. Si è obbligato, ma la sanatoria non avrà efficacia retroattiva, ma avrà effetto solo dal momento in cui il giudice avrà emesso il relativo provvedimento di sanatoria;
2. Si è obbligato, e la sanatoria ha efficacia retroattiva;
3. Si è obbligato, ma la sanatoria avrà effetto solo dal momento in cui la parte avrà effettivamente posto rimedio al difetto di rappresentanza di assistenza o di autorizzazione.

5. E se il giudice verifica che gli atti e documenti sono difettosi?

1. Invita le parti a completare o mettere in regola tali atti;
2. Non ne tiene conto a causa del loro vizio;
3. Emette sanzione nei confronti della parte che ha depositato o prodotto gli atti o documenti difettosi.

6. Per aversi sostituzione processuale è necessario che la parte sostituita rilasci procura speciale al sostituto?

1. No, la sostituzione processuale si caratterizza proprio per il fatto di essere prevista solo nei casi espressamente indicati dalla legge;
2. Sì, non è possibile che un soggetto si sostituisca un altro se non sia stato autorizzato dal sostituto, e ciò in applicazione dei principi generali in tema di rappresentanza;
3. La sostituzione processuale si caratterizza per il fatto che in alcune ipotesi la legge autorizza terzo a sostituirsi all'avente diritto in un processo, ma tale diritto non è assoluto, perché possiamo avere casi di sostituzione processuale dove è necessaria la procura da parte del sostituito, e casi sostituzione processuale dove la parte può agire autonomamente, cioè senza alcuna procura da parte del titolare del diritto.

7. Nel caso di rappresentanza di enti non riconosciuti, la persona fisica che materialmente agisce nel giudizio agirà per se stessa oppure come rappresentanza dell'ente?

1. Gli enti non riconosciuti non hanno personalità giuridica, e di conseguenza non hanno capacità di essere parte; la persona che sta in giudizio in loro vece rappresenta sì l'ente, ma è lei la vera parte del giudizio in quanto la sentenza finale non potrà essere riferita a un ente che non ha personalità giuridica.
2. Anche se gli enti non riconosciuti non hanno personalità giuridica, è anche vero che dalla lettura dell'articolo 75 e dall'orientamento dominante in dottrina e giurisprudenza, si evince che la persona fisica che rappresenta l'ente non riconosciuto non è in giudizio per se stessa, ma come rappresentante dell'ente, che è quindi la vera parte del giudizio;
3. La dottrina è ormai giunta alla conclusione che anche l'ente non riconosciuto ha piena capacità giuridica, ma vi è comunque una differenza con l'ente riconosciuto; di conseguenza gli effetti della sentenza ricadranno sia sull'ente non riconosciuto, sia sulla persona fisica che rappresenta l'ente, che risponderanno in solido e in ogni caso dell'eventuale esito sfavorevole del giudizio.

Azione, teorie dell'azione, condizioni dell'azione, tipi di azione: Domande

1. L'azione e il diritto sostanziale sono la stessa cosa?

1. No, l'articolo 24 della costituzione rende ormai evidente che azione e diritto sostanziale sono fenomeni giuridici diversi;
2. Sì, in definitiva sono la stessa cosa cioè due facce della stessa medaglia perché sarebbe inconcepibile pensare a un delitto di azione senza il diritto sostanziale;
3. Solo nei casi previsti dalla legge possiamo ritenere che vi sia questa identità, mentre tutti gli altri casi si applica la regola individuata dall'articolo 24 la costituzione.

2. Nel nostro ordinamento trovano cittadinanza le cosiddette teorie moniste?

1. No, l'articolo 24 la costituzione distingue nettamente diritto ed azione, e del resto tali teorie non sono basate su solide argomentazioni logiche;
2. Non vi è nessun ostacolo di ordine concettuale e costituzionale ad ammettere l'esistenza di dette teorie, anche considerando che tali teorie affondano le loro radici nel diritto romano, che è il fondamento dell'attuale diritto dell'Europa continentale;
3. Le teorie moniste sono di due tipi, quelle che ritengono che esista solo l'azione e non il diritto sostanziale, e quelle che al contrario ritengono che esista solo il diritto sostanziale ma non l'azione. Sono quelle del primo tipo, aderenti al modello il diritto romano sono ammesse, mentre le seconde non trovano cittadinanza nel nostro ordinamento.

3. Delle tre teorie dell'azione, quale si accetta al nostro ordinamento?

1. L'unica teoria che trova cittadinanza nostro ordinamento, e che ha le maggiori basi normative, è quella dell'azione in senso astratto, perché è vero che un soggetto per quanto possa proporre una domanda priva di fondamento, metterà in moto il meccanismo giurisdizionale; le altre due teorie, invece, non trovano alcun fondamento normativo del nostro ordinamento.
2. È assurdo affermare che tre teorie così contrastanti tra di loro possono contemporaneamente trovare cittadinanza nel nostro ordinamento, e quindi l'unica teoria accettata dal nostro ordinamento è la seconda, cioè l'azione come diritto ottenere un provvedimento di merito;
3. Tutte tre le teorie trovano fondamento in precise norme del codice civile e di procedura civile, e quindi possiamo affermare che tutte tre hanno cittadinanza nel nostro ordinamento.

4. Chi è la parte che ha interesse ad agire?

1. La risposta è diversa a seconda delle teorie che si accettano nel nostro ordinamento, secondo la teoria che vede l'azione come il diritto ad ottenere un provvedimento sul merito, ha interesse ad agire la parte che afferma di essere titolare del diritto;
2. La risposta è diversa a seconda delle teorie che si accettano nel nostro ordinamento, secondo la teoria che vede l'azione come il diritto ad ottenere un provvedimento sul merito, ha interesse ad agire la parte che è stata lesa nella sua situazione di fatto e di diritto;
3. La risposta è diversa a seconda delle teorie che si accettano, secondo la teoria che vede l'azione come il diritto ad ottenere un provvedimento sul merito, ha interesse ad agire la parte che afferma di essere lesa nella sua situazione di fatto e di diritto;

5. Chi è la parte che ha la legittimazione agire?

1. La risposta è diversa a seconda delle teorie che si accettano nel nostro ordinamento, secondo la teoria che vede l'azione come il diritto ad ottenere un provvedimento sul merito, legittimato ad agire è il titolare del diritto fatto valere in giudizio;
2. La risposta è diversa a seconda delle teorie che si accettano nel nostro ordinamento, secondo la teoria che vede l'azione come il diritto ad ottenere un provvedimento sul merito, legittimato ad agire è colui che si afferma essere titolare del diritto fatto valere in giudizio;
3. La risposta diversa a seconda delle teorie sull'azione che si accettano nel nostro ordinamento, secondo la teoria che vede l'azione come diritto ad ottenere un provvedimento sul merito, legittimato ad agire è colui che afferma di essere stato leso in una sua posizione di fatto e di diritto.

6. Per le diverse teorie sull'azione, sono anche diverse le condizioni dell'azione?

1. Le diverse teorie sull'azione hanno in comune le condizioni dell'azione, ma non tutte, e le condizioni dell'azione in comune, anche se indicate con gli stessi nomi, sono profondamente diverse tra di loro in merito al loro contenuto;
2. Le condizioni dell'azione sono in numero variabile a seconda del tipo di teoria sull'azione considerata, ma, comunque, il contenuto delle singole condizioni, è uguale per tutte e tre le teorie;
3. Dipende dal tipo di teoria, ve ne sono alcune che esprimono allo stesso modo le singole condizioni dell'azione, mentre sono delle altre che le in modo diverso.

7. Quale la differenza tra le azioni di cognizione e le azioni esecutive?

1. Le azioni cognizione hanno come base comune un accertamento, mentre nelle azioni esecutive questa accertamento si ha per già effettuato, essendo solo necessario mettere in pratica ciò che dispone il titolo esecutivo;
2. Pur essendo diverse fra di loro, le azioni di cognizione e le azioni esecutive hanno in comune il nucleo dell'accertamento, anche se è vero che nelle azioni esecutive prevale la parte materiale e concreta dell'azione civile;
3. La differenza tra azioni cognizione e azioni esecutive è enorme, in quanto le azioni cognizione hanno sia la caratteristica dell'accertamento, sia la caratteristica della concreta attuazione di quanto contenuto all'accertamento, mentre azioni esecutive sono residuali e vengono esercitate solo nei casi in cui sia fallita la parte esecutiva dell'azione di accertamento.

8. Abbiamo un solo tipo di azioni di cognizione come abbiamo un solo tipo di azione esecutiva e cautelare?

1. No, perché le azioni di cognizione si distinguono in due sottotipi.
2. Sì, le azioni cognizione sono di un unico tipo, come le azioni esecutive e cautelari, e ciò perché non si capirebbe una differenza così netta di disciplina tra tipi di azione che sono tutte contenute nel codice civile e di procedura civile;
3. No, le azioni cognizione si distinguono in tre sottotipi.

9. Come si distingue l'azione di condanna da quella costitutiva?

1. Le azioni di condanna e quelle costitutive sono sostanzialmente equivalenti, perché in entrambi casi il convenuto è condannato al pagamento delle spese processuali;
2. L'azione di condanna ha come nucleo essenziale un accertamento, cui si aggiunge la condanna del convenuto, mentre l'azione costitutiva va a modificare direttamente delle situazioni giuridiche nel senso della loro nascita, modifica, estinzione.
3. L'azione costitutiva mira a costituire un titolo esecutivo che potrà essere azionato dal creditore in caso di inadempimento del debitore, mentre l'azione di condanna incide sul contenuto del diritto vantato dall'attore, nel senso che questo potrà costituirsi, estinguersi, modificarsi, grazie all'azione di condanna.

10. L'interesse ad agire deve sempre essere accertato dal giudice nell'ambito di un processo?

1. Dipende dal tipo di azione, nell'azione costitutiva e di condanna, interesse ad agire è il presupposto dallo stesso legislatore; il giudice quindi accerterà autonomamente l'interesse ad agire solo nelle azioni di accertamento;
2. L'articolo 100 del codice di procedura civile dispone che per proporre domanda o per contraddire ad essa è necessario avervi interesse, e quindi il giudice dovrà sempre autonomamente accertare la presenza dell'interesse ad agire.
3. Solo nelle azioni costitutive e di condanna sarà necessario accertare autonomamente l'interesse ad agire, perché è evidente che se ad esempio nell'azione di condanna il creditore è in realtà talmente ricco da non avere bisogno del danaro del debitore, è chiaro che il giudice dovrà verificare in quella specifica occasione se la prestazione del debitore gli sarà effettivamente utile, e quindi il suo interesse ad agire.

>>

Azione, teorie dell'azione, condizioni dell'azione, tipi di azione: Risposte

1. L'azione e il diritto sostanziale sono la stessa cosa?

1. No, l'articolo 24 della costituzione rende ormai evidente che azione e diritto sostanziale sono fenomeni giuridici diversi;
2. Sì, in definitiva sono la stessa cosa cioè due facce della stessa medaglia perché sarebbe inconcepibile pensare a un delitto di azione senza il diritto sostanziale;
3. Solo nei casi previsti dalla legge possiamo ritenere che vi sia questa identità, mentre tutti gli altri casi si applica la regola individuata dall'articolo 24 la costituzione.

2. Nel nostro ordinamento trovano cittadinanza le cosiddette teorie moniste?

1. No, l'articolo 24 la costituzione distingue nettamente diritto ed azione, e del resto tali teorie non sono basate su solide argomentazioni logiche;
2. Non vi è nessun ostacolo di ordine concettuale e costituzionale ad ammettere l'esistenza di dette teorie, anche considerando che tali teorie affondano le loro radici nel diritto romano, che è il fondamento dell'attuale diritto dell'Europa continentale;
3. Le teorie moniste sono di due tipi, quelle che ritengono che esista solo l'azione e non il diritto sostanziale, e quelle che al contrario ritengono che esista solo il diritto sostanziale ma non l'azione. Sono quelle del primo tipo, aderenti al modello il diritto romano sono ammesse, mentre le seconde non trovano cittadinanza nel nostro ordinamento.

3. Delle tre teorie dell'azione, quale si accetta al nostro ordinamento?

1. L'unica teoria che trova cittadinanza nostro ordinamento, e che ha le maggiori basi normative, è quella dell'azione in senso astratto, perché è vero che un soggetto per quanto possa proporre una domanda priva di fondamento, metterà in moto il meccanismo giurisdizionale; le altre due teorie, invece, non trovano alcun fondamento normativo del nostro ordinamento.
2. È assurdo affermare che tre teorie così contrastanti tra di loro possono contemporaneamente trovare cittadinanza nel nostro ordinamento, e quindi l'unica teoria accettata dal nostro ordinamento è la seconda, cioè l'azione come diritto ottenere un provvedimento di merito;
3. Tutte tre le teorie trovano fondamento in precise norme del codice civile e di procedura civile, e quindi possiamo affermare che tutte tre hanno cittadinanza nel nostro ordinamento;

4. Chi è la parte che ha interesse ad agire?

1. La risposta è diversa a seconda delle teorie che si accettano nel nostro ordinamento, secondo la teoria che vede l'azione come il diritto ad ottenere un provvedimento sul merito, ha interesse ad agire la parte che afferma di essere titolare del diritto;
2. La risposta è diversa a seconda delle teorie che si accettano nel nostro ordinamento, secondo la teoria che vede l'azione come il diritto ad ottenere un provvedimento sul merito, ha interesse ad agire la parte che è stata lesa nella sua situazione di fatto e di diritto;
3. La risposta è diversa a seconda delle teorie che si accettano, secondo la teoria che vede l'azione come il diritto ad ottenere un provvedimento sul merito, ha interesse ad agire la parte che afferma di essere lesa nella sua situazione di fatto e di diritto;

5.Chi è la parte che ha la legittimazione agire?

1. La risposta è diversa a seconda delle teorie che si accettano nel nostro ordinamento, secondo la teoria che vede l'azione come il diritto ad ottenere un provvedimento sul merito, legittimato ad agire è il titolare del diritto fatto valere in giudizio;
2 La risposta è diversa a seconda delle teorie che si accettano nel nostro ordinamento, secondo la teoria che vede l'azione come il diritto ad ottenere un provvedimento sul merito, legittimato ad agire è colui che si afferma essere titolare del diritto fatto valere in giudizio;
3. La risposta diversa a seconda delle teorie sull'azione che si accettano nel nostro ordinamento, secondo la teoria che vede l'azione come diritto ad ottenere un provvedimento sul merito, legittimato ad agire è colui che afferma di essere stato leso in una sua posizione di fatto e di diritto.

6. Per le diverse teorie sull'azione, sono anche diverse le condizioni dell'azione?

1. Le diverse teorie sull'azione hanno in comune le condizioni dell'azione, ma non tutte, e le condizioni dell'azione in comune, anche se indicate con gli stessi nomi, sono profondamente diverse tra di loro in merito al loro contenuto;
2. Le condizioni dell'azione sono in numero variabile a seconda del tipo di teoria sull'azione considerata, ma, comunque, il contenuto delle singole condizioni, è uguale per tutte e tre le teorie;
3. Dipende dal tipo di teoria, ve ne sono alcune che esprimono allo stesso modo le singole condizioni dell'azione, mentre sono delle altre che le in modo diverso .

7. Quale la differenza tra le azioni di cognizione e le azioni esecutive?

1. Le azioni cognizione hanno come base comune un accertamento, mentre nelle azioni esecutive questa accertamento si ha per già effettuato, essendo solo necessario mettere in pratica ciò che dispone il titolo esecutivo;
2. Pur essendo diverse fra di loro, le azioni di cognizione e le azioni esecutive hanno in comune il nucleo dell'accertamento, anche se è vero che nelle azioni esecutive prevale la parte materiale e concreta dell'azione civile;
3. La differenza tra azioni cognizione e azioni esecutive è enorme, in quanto le azioni cognizione hanno sia la caratteristica dell'accertamento, sia la caratteristica della concreta attuazione di quanto contenuto all'accertamento, mentre azioni esecutive sono residuali e vengono esercitate solo nei casi in cui sia fallita la parte esecutiva dell'azione di accertamento.

8. Abbiamo un solo tipo di azioni di cognizione come abbiamo un solo tipo di azione esecutiva e cautelare?

1. No, perché le azioni di cognizione si distinguono in due sottotipi.
2. Sì, le azioni cognizione sono di un unico tipo, come le azioni esecutive e cautelari, e ciò perché non si capirebbe una differenza così netta di disciplina tra tipi di azione che sono tutte contenute nel codice civile e di procedura civile;
3. No, le azioni cognizione si distinguono in tre sottotipi;

9. Come si distingue l'azione di condanna da quella costitutiva?

1. Le azioni di condanna e quelle costitutive sono sostanzialmente equivalenti, perché in entrambi casi il convenuto è condannato al pagamento delle spese processuali;
2. L'azione di condanna ha come nucleo essenziale un accertamento, cui si aggiunge la condanna del convenuto, mentre l'azione costitutiva va a modificare direttamente delle situazioni giuridiche nel senso della loro nascita, modifica, estinzione.
3. L'azione costitutiva mira a costituire un titolo esecutivo che potrà essere azionato dal creditore in caso di inadempimento del debitore, mentre l'azione di condanna incide sul contenuto del diritto vantato dall'attore, nel senso che questo potrà costituirsi, estinguersi, modificarsi, grazie all'azione di condanna.

10. L'interesse ad agire deve sempre essere accertato dal giudice nell'ambito di un processo?

1. Dipende dal tipo di azione, nell'azione costitutiva e di condanna, interesse ad agire è il presupposto dallo stesso legislatore; il giudice quindi accerterà autonomamente l'interesse ad agire solo nelle azioni di accertamento;
2. L'articolo 100 del codice di procedura civile dispone che per proporre domanda o per contraddire ad essa è necessario avervi interesse, e quindi il giudice dovrà sempre autonomamente accertare la presenza dell'interesse ad agire.
3. Solo nelle azioni costitutive e di condanna sarà necessario accertare autonomamente l'interesse ad agire, perché è evidente che se ad esempio nell'azione di condanna il creditore è in realtà talmente ricco da non avere bisogno del danaro del debitore, è chiaro che il giudice dovrà verificare in quella specifica occasione se la prestazione del debitore gli sarà effettivamente utile, e quindi il suo interesse ad agire.

Litisconsorzio necessario e facoltativo, gli interventi successione nel processo: Domande

***1.** Quando in un processo si verifica l'ipotesi del litisconsorzio?*

1. Quando il processo riguarda situazioni che coinvolgono delle società.
2. Quando pur essendoci nel processo due parti vi sono più domande da decidere;
3. Quando sono presenti nel processo più di due parti.

***2.** Quando il giudice dispone la chiamata in causa del litisconsorte del pretermesso?*

1. La chiamata del litisconsorte pretermesso si ha quando il giudice ritiene che vi sia un'ipotesi di litisconsorzio necessario, e ciò può accadere o da un'analisi della situazione giuridica presente nel processo, o perché la legge espressamente ritiene che quella situazione realizzi un'ipotesi di litisconsorzio necessario.
2. La chiamata del litisconsorte del pretermesso si ha quando giudice ritiene che la causa sia connessa quella della parte non presente per comunanza relativa al petitum oppure alla causa petendi;
3. La chiamata del litisconsorte del pretermesso si ha quando il giudice ritiene semplicemente opportuna la partecipazione del litisconsorte, per estendergli l'efficacia di giudicato.

***3.** Cosa deve fare il giudice una volta che rileva che non è presente una parte necessaria del processo?*

1. Ne dispone la chiamata che, se non effettuata comporterà l'estinzione del processo; la chiamata sarà effettuata dalla parte più diligente;
2. Provvederà ad informare la cancelleria del tribunale, che disporrà d'ufficio la chiamata del litisconsorte;
3. Separerà la posizione delle parti presenti da quella che non è presente nel processo, disponendo la trattazione autonoma del giudizio solamente per la parte della causa relativa alle parti che sono presenti;

***4.** Cosa succede se non è osservato l'ordine del giudice circa la chiamata del litisconsorte pretermesso?*

1. Se nel termine non è effettuata la chiamata, il processo proseguirà comunque il suo corso, perché il termine fissato dal giudice per la chiamata del litisconsorte non è perentorio.

2. Se nel termine indicato dal giudice non è effettuata la chiamata del litisconsorte pretermesso, il processo si estinguerà, ma l'estinzione non potrà essere rilevata d'ufficio dal giudice, ma solo su specifica eccezione della parte che vi abbia interesse;
3. Se nel termine indicato dal giudice non è effettuata la chiamata, si avrà l'estinzione del processo, e l'estinzione opererà diritto.

***5.** In caso di litisconsorzio facoltativo è obbligatoria la chiamata della parte non costituita nel giudizio da parte del giudice?*

1. Sì, è obbligatoria, ma il giudice sarà obbligato a far chiamare il litisconsorte facoltativo solo quando le parti congiuntamente ne facciano espressa richiesta.
2. Sì, è obbligatoria perché se la legge prevede dei particolari criteri di collegamento fra le varie cause facenti capo a soggetti diversi, previsti dall'articolo 103, il giudice una volta individuati, dovrà ordinare la chiamata anche del litisconsorte facoltativo;

3. No, non è obbligatoria, perché siamo in un'ipotesi diversa rispetto a quella del litisconsorzio necessario.

6. *Nel caso in cui in un incidente stradale un automobilista abbia ferito due persone, queste per quale motivo potrebbero agire tutte due contro l'automobilista?*

1. Possono agire perché in tal caso abbiamo un'ipotesi di litisconsorzio necessario, e quindi non solo possono ma devono agire necessariamente tutti e due insieme per evitare giudicati contraddittori.
2. Possono agire perché vi è un collegamento tra le due situazioni dei danneggiati relativo al petitum;
3. Possono agire perché vi è un collegamento tra le due situazioni dei danneggiati relativo alla causa petendi.

7. *Nel caso in cui il litisconsorzio facoltativo sia originario, è possibile ordinare la separazione delle cause connesse?*

1. Si è possibile, ma non sempre, in generale non sarà possibile ordinare la separazione delle cause connesse quando queste siano dipendenti le una dalle altre;
2. No, non è possibile perché se le cause sono iniziate insieme, è evidente la volontà delle parti che siano tutte decise dello stesso processo;
3. Si è possibile, ma solo quando il giudice ritenga che la connessione tra le due cause è talmente lieve da rendere totalmente inutile la loro trattazione congiunta.

8. *Quando abbiamo l'ipotesi di intervento volontario?*

1. Abbiamo ipotesi di intervento volontario tutte le volte in cui una parte di sua iniziativa decide di intervenire in un qualsiasi processo, per far pesare la sua opinione sui fatti di causa;
2. Sono i casi previsti dall'articolo 105, e si hanno quando una parte esterna al processo, decide di intervenire, perché la sua posizione è comunque collegata a quella delle parti già presenti, o per il petitum o per la causa petendi o perché ha un interesse.
3. Abbiamo ipotesi di intervento volontario tutte le volte in cui il giudice operi nell'ambito della giurisdizione volontaria, e quindi agisca volontariamente circa la chiamata di un terzo.

9. *Il secondo comma dell'articolo 105 prevede un particolare tipo di intervento, detto intervento adesivo dipendente, da che cosa si distingue questo intervento rispetto agli altri due sempre previsti dall'articolo 105?*

1. Questo intervento si distingue dagli altri due perché è solo in parte volontario, in quanto il giudice, di fronte alla costituzione cancelleria della parte che intende intervenire, dovrà preventivamente dare il suo assenso;
2. Questo intervento si distingue perché non vi è una vera e propria ipotesi di comunanza di causa, ma un semplice interesse della parte che intende intervenire, in genere si parla di situazione in cui la parte interviene per evitare l'efficacia riflessa della sentenza, mentre altri ritengono che più che parlarsi di efficacia riflessa, si debba parlare di rapporto di pregiudizialità-dipendenza.
3. Questo tipo di intervento si distingue dagli altri due perché ha contemporaneamente ad oggetto, in merito alla comunanza di causa, sia il petitum sia la causa petendi, mentre negli altri due casi l'intervento sarà giustificato o solo dal petitum oppure solamente dalla causa petendi;

10. *Comunemente si dice che l'intervento principale previsto dal primo comma dell'articolo 105 è un'opposizione di terzo anticipata, come mai?*

1. La ragione sta nel fatto che la parte che interviene in giudizio ha una sua posizione non solamente autonoma, ma, di regola, anche incompatibile con le parti che sono già in causa, ed è per questo che potrebbe anche non intervenire e proporre poi successivamente l'opposizione di terzo ex articolo 404;
2. Si parla di opposizione di terzo anticipata, perché quando interviene una parte ex articolo 105 primo comma in relazione all'intervento volontario, cioè quando si interviene nei confronti di tutte le parti, il giudice dovrà sospendere il processo in corso e trattare la posizione della parte che è intervenuta secondo le regole previste dall'articolo 404, cioè secondo le regole previste per l'opposizione di terzo;
3. Si parla di opposizione di terzo anticipata perché la parte che interviene potrà poi successivamente, quando il giudice avrà pronunciato la sentenza scegliere, al posto dell'appello, la strada dell'opposizione di terzo ex articolo 404.

11. *In base a quali motivazioni una parte potrà chiedere la chiamata in causa di un terzo?*

1. La chiamata del terzo in causa è espressamente prevista solamente nell'ipotesi della chiamata in garanzia, e per ragioni di pregiudizialità dipendenza, nel senso che la parte che chiama ha solamente l'interesse di estendere l'efficacia della sentenza nei confronti del terzo;
2. La chiamata in causa di un terzo potrà essere richiesta per la comunanza di causa tra la posizione della parte che chiama, e quella del terzo che è chiamato; la chiamata poi potrebbe essere effettuata anche in garanzia, mentre è dubbio che si possa effettuare la chiamata solo per ragioni di pregiudizialità dipendenza;
3. La chiamata in causa del terzo può essere effettuata per ragioni di comunanza di causa o di garanzia, ma sia per l'attore sia per il convenuto, solamente dopo che il giudice l'avrà autorizzata.

12. *Quando il giudice potrà ordinare la chiamata in causa di un terzo?*

1. Il giudice ordinerà la chiamata in causa del terzo ex articolo 107, quando ritenga che la posizione del terzo sia di litisconsorzio necessario.
2. Il giudice ordinerà la chiamata in causa del terzo quando una delle parti gli faccia un'espressa richiesta;
3. Secondo la lettera dell'articolo 107, la chiamata in causa del terzo da parte del giudice sarà ordinata in ipotesi di comunanza di causa, in definitiva in questa ipotesi si ha una violazione del principio la domanda.

13. *Quando il garantito potrà chiedere l'estromissione dal processo?*

1. Secondo quanto dispone la legge, l'estromissione del garantito potrà avvenire solamente se il garante compare e accetta di assumere la causa, ma si ritiene che questa ipotesi possa riguardare solo i casi di garanzia reale;
2. Secondo quanto dispone la legge, l'estromissione del garantito potrà avvenire solamente se il garante compare e accetta di assumere la causa, ma si ritiene che questa ipotesi possa riguardare solo i casi di chiamata in garanzia dell'assicurazione in caso di sinistro stradale;
3. Secondo quanto dispone la legge, l'estromissione del garantito potrà avvenire solamente se il garante compare e accetta di assumere la causa, ma si ritiene che questa ipotesi riguardi tutti casi in cui il garante compaia in giudizio, indipendentemente dai rapporti che vi sono tra lui e il garantito.

14. *Quando l'obbligato potrà chiedere l'estromissione dal processo ex articolo 109?*

1. L'obbligato potrà chiedere l'estromissione dal processo quando è certo di dover comunque eseguire la prestazione, e di conseguenza con questo suo comportamento libererà le parti dal dover provare i fatti costitutivi del loro diritto.
2. L'obbligato potrà chiedere l'estromissione dal processo, accettata dalle altre due parti, quando dichiari di non avere più interesse a proseguire il giudizio; in tal caso il giudice disporrà l'estromissione dell'obbligato, avvertendolo però che potrà sempre essere richiamato in giudizio nel momento in cui le parti, o una parte sola, ne faranno espressa richiesta;
3. Questa estromissione dell'obbligato potrà aversi solo nel caso in cui due o più parti reclamino contemporaneamente la prestazione da parte dell'obbligato, che dovrà anche dichiararsi pronto ad eseguire la prestazione nei confronti di chi ne avrà diritto; in tal caso depositerà la cosa o la somma dovuta.

15. L'articolo 110 parlando della successione a titolo universale nel processo, parla dell'ipotesi in cui la parte viene meno per morte od altra causa; a cosa si riferisce quando parla di altra causa?

1. Il riferimento è sempre alle persone fisiche, che possono venir meno per morte, o per altra causa, e qui si fa il caso di una persona fisica che abbia perso la capacità di agire, come quando sia stata interdetta. In tal caso il processo prosegue con il successore universale, cioè con il soggetto che ha la tutela della persona interdetta.
2. Il riferimento è alle persone fisiche cui è stata tolta la capacità giuridica;
3. Il riferimento è agli enti e non alle persone fisiche, che ovviamente vengono meno per morte ma non per altra causa.

16. Che succede quando nel corso di un processo si vende l'oggetto del diritto su cui verteva lo stesso oggetto?

1. Il processo è sospeso, per dar modo all'acquirente del bene di intervenire nel processo.
2. L'alienante sarà automaticamente estromesso dal processo, e al posto suo sarà chiamato l'acquirente del bene;
3. Il processo prosegue comunque fra le parti originarie, ma all'acquirente del bene ha il diritto di intervenire nel processo, o può essere chiamato da una delle parti o anche dal giudice che sia conoscenza, dagli atti processuali, del trasferimento.

17. La sentenza pronunciata fra le parti originarie spiega sempre i suoi effetti nei confronti successore a titolo particolare?

1. In realtà bisogna tener presente gli effetti della trascrizione della domanda giudiziale, rispetto alla trascrizione dell'acquisto di un bene immobile, e del possesso in buona fede conseguito dall'acquirente che ignorava l'esistenza del processo; solo in questi due casi la sentenza non spiegherà effetti nei confronti del successore a titolo particolare;
2. La sentenza pronunciata fra le parti originarie produce i suoi effetti nei confronti del successore a titolo particolare solo quando questi sia intervenuto o sia stato chiamato nel processo;
3. La sentenza spiegherà i suoi effetti nei confronti del successore a titolo particolare, solo nel caso in cui questa gli sia favorevole, mentre se gli è sfavorevole, non gli potrà essere opposta.

>>

Litisconsorzio necessario e facoltativo, gli interventi successione nel processo: Risposte

1. Quando in un processo si verifica l'ipotesi del litisconsorzio?

1. Quando il processo riguarda situazioni che coinvolgono delle società.
2. Quando pur essendoci nel processo due parti vi sono più domande da decidere;
3. Quando sono presenti nel processo più di due parti.

2. Quando il giudice dispone la chiamata in causa del litisconsorte del pretermesso?

1. La chiamata del litisconsorte pretermesso si ha quando il giudice ritiene che vi sia un'ipotesi di litisconsorzio necessario, e ciò può accadere o da un'analisi della situazione giuridica presente nel processo, o perché la legge espressamente ritiene che quella situazione realizzi un'ipotesi di litisconsorzio necessario.
2. La chiamata del litisconsorte del pretermesso si ha quando giudice ritiene che la causa sia connessa quella della parte non presente per comunanza relativa al petitum oppure alla causa petendi;
3. La chiamata del litisconsorte del pretermesso si ha quando il giudice ritiene semplicemente opportuna la partecipazione del litisconsorte, per estendergli l'efficacia di giudicato.

3. Cosa deve fare il giudice una volta che rileva che non è presente una parte necessaria del processo?

1. Ne dispone la chiamata che, se non effettuata comporterà l'estinzione del processo; la chiamata sarà effettuata dalla parte più diligente;
2. Provvederà ad informare la cancelleria del tribunale, che disporrà d'ufficio la chiamata del litisconsorte;
3. Separerà la posizione delle parti presenti da quella che non è presente nel processo, disponendo la trattazione autonoma del giudizio solamente per la parte della causa relativa alle parti che sono presenti.

4. Cosa succede se non è osservato l'ordine del giudice circa la chiamata del litisconsorte pretermesso?

1. Se nel termine non è effettuata la chiamata, il processo proseguirà comunque il suo corso, perché il termine fissato dal giudice per la chiamata del litisconsorte non è perentorio.

2. Se nel termine indicato dal giudice non è effettuata la chiamata del litisconsorte pretermesso, il processo si estinguerà, ma l'estinzione non potrà essere rilevata d'ufficio dal giudice, ma solo su specifica eccezione della parte che vi abbia interesse;
3. Se nel termine indicato dal giudice non è effettuata la chiamata, si avrà l'estinzione del processo, e l'estinzione opererà diritto.

5. In caso di litisconsorzio facoltativo è obbligatoria la chiamata della parte non costituita nel giudizio da parte del giudice?

1. Sì, è obbligatoria, ma il giudice sarà obbligato a far chiamare il litisconsorte facoltativo solo quando le parti congiuntamente ne facciano espressa richiesta.
2. Sì, è obbligatoria perché se la legge prevede dei particolari criteri di collegamento fra le varie cause facenti capo a soggetti diversi, previsti dall'articolo 103, il giudice una volta individuati, dovrà ordinare la chiamata anche del litisconsorte facoltativo;

3. No, non è obbligatoria, perché siamo in un'ipotesi diversa rispetto a quella del litisconsorzio necessario.

6. Nel caso in cui in un incidente stradale un automobilista abbia ferito due persone, queste per quale motivo potrebbero agire tutte due contro l'automobilista?

1. Possono agire perché in tal caso abbiamo un'ipotesi di litisconsorzio necessario, e quindi non solo possono ma devono agire necessariamente tutti e due insieme per evitare giudicati contraddittori.
2. Possono agire perché vi è un collegamento tra le due situazioni dei danneggiati relativo al petitum;
3. Possono agire perché vi è un collegamento tra le due situazioni dei danneggiati relativo alla causa petendi.

7. Nel caso in cui il litisconsorzio facoltativo sia originario, è possibile ordinare la separazione delle cause connesse?

1. Si è possibile, ma non sempre, in generale non sarà possibile ordinare la separazione delle cause connesse quando queste siano dipendenti le una dalle altre;
2. No, non è possibile perché se le cause sono iniziate insieme, è evidente la volontà delle parti che siano tutte decise dello stesso processo;
3. Si è possibile, ma solo quando il giudice ritenga che la connessione tra le due cause è talmente lieve da rendere totalmente inutile la loro trattazione congiunta.

8. Quando abbiamo l'ipotesi di intervento volontario?

1. Abbiamo ipotesi di intervento volontario tutte le volte in cui una parte di sua iniziativa decide di intervenire in un qualsiasi processo, per far pesare la sua opinione sui fatti di causa;
2. Sono i casi previsti dall'articolo 105, e si hanno quando una parte esterna al processo, decide di intervenire, perché la sua posizione è comunque collegata a quella delle parti già presenti, o per il petitum o per la causa petendi o perché ha un interesse.
3. Abbiamo ipotesi di intervento volontario tutte le volte in cui il giudice operi nell'ambito della giurisdizione volontaria, e quindi agisca volontariamente circa la chiamata di un terzo.

9. Il secondo comma dell'articolo 105 prevede un particolare tipo di intervento, detto intervento adesivo dipendente, da che cosa si distingue questo intervento rispetto agli altri due sempre previsti dall'articolo 105?

1. Questo intervento si distingue dagli altri due perché è solo in parte volontario, in quanto il giudice, di fronte alla costituzione cancelleria della parte che intende intervenire, dovrà preventivamente dare il suo assenso;
2. Questo intervento si distingue perché non vi è una vera e propria ipotesi di comunanza di causa, ma un semplice interesse della parte che intende intervenire, in genere si parla di situazione in cui la parte interviene per evitare l'efficacia riflessa della sentenza, mentre altri ritengono che più che parlarsi di efficacia riflessa, si debba parlare di rapporto di pregiudizialità-dipendenza.
3. Questo tipo di intervento si distingue dagli altri due perché ha contemporaneamente ad oggetto, in merito alla comunanza di causa, sia il petitum sia la causa petendi, mentre negli altri due casi l'intervento sarà giustificato o solo dal petitum oppure solamente dalla causa petendi;

10. Comunemente si dice che l'intervento principale previsto dal primo comma dell'articolo 105 è un'opposizione di terzo anticipata, come mai?

1. La ragione sta nel fatto che la parte che interviene in giudizio ha una sua posizione non solamente autonoma, ma, di regola, anche incompatibile con le parti che sono già in causa, ed è per questo che potrebbe anche non intervenire e proporre poi successivamente l'opposizione di terzo ex articolo 404;
2. Si parla di opposizione di terzo anticipata, perché quando interviene una parte ex articolo 105 primo comma in relazione all'intervento volontario, cioè quando si interviene nei confronti di tutte le parti, il giudice dovrà sospendere il processo in corso e trattare la posizione della parte che è intervenuta secondo le regole previste dall'articolo 404, cioè secondo le regole previste per l'opposizione di terzo;
3. Si parla di opposizione di terzo anticipata perché la parte che interviene potrà poi successivamente, quando il giudice avrà pronunciato la sentenza scegliere, al posto dell'appello, la strada dell'opposizione di terzo ex articolo 404.

11. In base a quali motivazioni una parte potrà chiedere la chiamata in causa di un terzo?

1. La chiamata del terzo in causa è espressamente prevista solamente nell'ipotesi della chiamata in garanzia, e per ragioni di pregiudizialità dipendenza, nel senso che la parte che chiama ha solamente l'interesse di estendere l'efficacia della sentenza nei confronti del terzo;
2. La chiamata in causa di un terzo potrà essere richiesta per la comunanza di causa tra la posizione della parte che chiama, e quella del terzo che è chiamato; la chiamata poi potrebbe essere effettuata anche in garanzia, mentre è dubbio che si possa effettuare la chiamata solo per ragioni di pregiudizialità dipendenza;
3. La chiamata in causa del terzo può essere effettuata per ragioni di comunanza di causa o di garanzia, ma sia per l'attore sia per il convenuto, solamente dopo che il giudice l'avrà autorizzata.

12. Quando il giudice potrà ordinare la chiamata in causa di un terzo?

1. Il giudice ordinerà la chiamata in causa del terzo ex articolo 107, quando ritenga che la posizione del terzo sia di litisconsorzio necessario.
2. Il giudice ordinerà la chiamata in causa del terzo quando una delle parti gli faccia un'espressa richiesta;
3. Secondo la lettera dell'articolo 107, la chiamata in causa del terzo da parte del giudice sarà ordinata in ipotesi di comunanza di causa, in definitiva in questa ipotesi si ha una violazione del principio la domanda.

13. Quando il garantito potrà chiedere l'estromissione dal processo?

1. Secondo quanto dispone la legge, l'estromissione del garantito potrà avvenire solamente se il garante compare e accetta di assumere la causa, ma si ritiene che questa ipotesi possa riguardare solo i casi di garanzia reale;
2. Secondo quanto dispone la legge, l'estromissione del garantito potrà avvenire solamente se il garante compare e accetta di assumere la causa, ma si ritiene che questa ipotesi possa riguardare solo i casi di chiamata in garanzia dell'assicurazione in caso di sinistro stradale;

3. Secondo quanto dispone la legge, l'estromissione del garantito potrà avvenire solamente se il garante compare e accetta di assumere la causa, ma si ritiene che questa ipotesi riguardi tutti casi in cui il garante compaia in giudizio, indipendentemente dai rapporti che vi sono tra lui e il garantito.

14. Quando l'obbligato potrà chiedere l'estromissione dal processo ex articolo 109?

1. L'obbligato potrà chiedere l'estromissione dal processo quando è certo di dover comunque eseguire la prestazione, e di conseguenza con questo suo comportamento libererà le parti dal dover provare i fatti costitutivi del loro diritto.
2. L'obbligato potrà chiedere l'estromissione dal processo, accettata dalle altre due parti, quando dichiari di non avere più interesse a proseguire il giudizio; in tal caso il giudice disporrà l'estromissione dell'obbligato, avvertendolo però che potrà sempre essere richiamato in giudizio nel momento in cui le parti, o una parte sola, ne faranno espressa richiesta;
3. Questa estromissione dell'obbligato potrà aversi solo nel caso in cui due o più parti reclamino contemporaneamente la prestazione da parte dell'obbligato, che dovrà anche dichiararsi pronto ad eseguire la prestazione nei confronti di chi ne avrà diritto; in tal caso depositerà la cosa o la somma dovuta.

15. L'articolo 110 parlando della successione a titolo universale nel processo, parla dell'ipotesi in cui la parte viene meno per morte od altra causa; a cosa si riferisce quando parla di altra causa?

1. Il riferimento è sempre alle persone fisiche, che possono venir meno per morte, o per altra causa, e qui si fa il caso di una persona fisica che abbia perso la capacità di agire, come quando sia stata interdetta. In tal caso il processo prosegue con il successore universale, cioè con il soggetto che ha la tutela della persona interdetta.
2. Il riferimento è alle persone fisiche cui è stata tolta la capacità giuridica;
3. Il riferimento è agli enti e non alle persone fisiche, che ovviamente vengono meno per morte ma non per altra causa.

16. Che succede quando nel corso di un processo si vende l'oggetto del diritto su cui verteva lo stesso oggetto?

1. Il processo è sospeso, per dar modo all'acquirente del bene di intervenire nel processo.
2. L'alienante sarà automaticamente estromesso dal processo, e al posto suo sarà chiamato l'acquirente del bene;
3. Il processo prosegue comunque fra le parti originarie, ma all'acquirente del bene ha il diritto di intervenire nel processo, o può essere chiamato da una delle parti o anche dal giudice che sia conoscenza, dagli atti processuali, del trasferimento.

17. La sentenza pronunciata fra le parti originarie spiega sempre i suoi effetti nei confronti successore a titolo particolare?

1. In realtà bisogna tener presente gli effetti della trascrizione della domanda giudiziale, rispetto alla trascrizione dell'acquisto di un bene immobile, e del possesso in buona fede conseguito dall'acquirente che ignorava l'esistenza del processo; solo in questi due casi la sentenza non spiegherà effetti nei confronti del successore a titolo particolare;

2. La sentenza pronunciata fra le parti originarie produce i suoi effetti nei confronti del successore a titolo particolare solo quando questi sia intervenuto o sia stato chiamato nel processo;
3. La sentenza spiegherà i suoi effetti nei confronti del successore a titolo particolare, solo nel caso in cui questa gli sia favorevole, mentre se gli è sfavorevole, non gli potrà essere opposta.

Spese processuali e giudicato: Domande

1. È sempre vero che il giudice condanna la parte soccombente alle spese del processo?

1. No, non è sempre vero, il giudice non condannerà la parte soccombente nel processo, quando riscontrerà che la parte vittoriosa è in condizioni economiche tali da poter sopportare le spese del processo, fermo restando il suo diritto ad ottenere quanto gli spetta secondo quanto accertato nel processo di merito.
2. Sì, la parte soccombente è in ogni caso condannata alle spese del processo proprio perché si è vista riconosciuta il torto in merito al processo stesso, e quindi sarebbe assurdo che le spese del processo andassero a gravare sulla parte che poi è risultata vittoriosa, cioè sulla parte che ha dimostrato di avere ragione;
3. No, non è sempre vero, per esempio il giudice se accoglie la domanda in misura non superiore all'eventuale proposta conciliativa, condanna la parte che rifiutato la proposta senza giustificato motivo al pagamento delle spese del processo maturate dopo la formulazione della proposta, e tale parte potrebbe essere anche la parte vittoriosa del processo.

2. Che significa dire che il giudice compensa le spese del processo tra le parti?

1. Sono casi particolari in cui il giudice per particolari ragioni, per esempio soccombenza reciproca, decide che le spese del processo non saranno accollate all'una o all'altra parte, ma ogni parte non sarà rimborsata delle spese del processo ha fino a quel momento anticipato;
2. La compensazione delle spese che fa il giudice alle parti, riguarda casi molto particolari, e fa riferimento ai casi in cui abbiano partecipato processo alcune parti che non abbiano i mezzi economici sufficienti per poter poi sopportare il costo delle spese processuali; in tal caso le spese del processo saranno compensate dal giudice con ordinanza, e tali spese graveranno sullo Stato.
3. La compensazione delle spese spetta in realtà a una sola parte, la parte vittoriosa, quando si accerti che l'altra parte non ha i mezzi necessari per pagare le spese processuali; in tal caso il giudice con ordinanza dispone la compensazione delle spese per la parte vittoriosa, facendo gravare i relativi costi sullo Stato.

3. Abbiamo visto che in certi casi il giudice può compensare le spese tra le parti, e abbiamo visto anche che niente c'entrano le condizioni economiche delle parti, ma allora quando il giudice può realmente compensare le spese tra le parti?

1. Se vi è soccombenza reciproca o concorrano gravi ed eccezionali ragioni espressamente indicate nella motivazione;
2. Se vi è soccombenza reciproca ovvero nel caso di assoluta novità della questione trattata o mutamento della giurisprudenza rispetto alle questioni dirimenti;
3. Se vi è soccombenza reciproca o la parte vittoriosa ha rifiutato la proposta conciliativa avanzata dall'altra parte. In tal caso il giudice compensa le spese quando riscontra che la proposta avanzata appariva comunque adeguata nel momento in cui fu avanzata.

4. *Nel caso di responsabilità aggravata il giudice aumenterà in via percentuale il risarcimento del danno già riconosciuto alla parte vittoriosa?*

1. In questi casi vi è un'ulteriore voce di risarcimento del danno, che si aggiunge a quello che eventualmente già è stato riconosciuto dal giudice;
2. Sì, la responsabilità aggravata comporta un aumento percentuale di risarcimento del danno già riconosciuto alla parte vittoriosa, l'entità della percentuale è stabilita discrezionalmente dal giudice con ordinanza;
3. No, in questi casi il giudice si rifarà, per determinare l'entità del risarcimento del danno, a delle tabelle pubblicate dal consiglio superiore della magistratura.

5. *In caso di condanna alle spese con l'ulteriore condanna alla spese per responsabilità aggravata il giudice può anche condannare la stessa parte a una sanzione pecuniaria?*

1. No, con il risarcimento del danno si esauriscono i poteri del giudice previsti in questi casi.
2. Sì, il giudice può anche condannare il responsabile come sanzione amministrativa al pagamento di una somma, a favore dell'altra determinata un via equitativa;
3. Sì il giudice irroga al responsabile una sanzione a favore della cassa delle ammende da 500 a 5.000 euro.

6. *Che cosa s'intende dire quando si afferma che la sentenza è passata in cosa giudicata formale?*

1. Si intende dire che per impugnare la sentenza, sarà necessario seguire le forme previste dalla legge;
2. Si intende dire che la sentenza non è più suscettibile di essere impugnata con i mezzi d'impugnazione ordinari;
3. Si intende dire che la sentenza non potrà in nessun caso essere impugnata, nemmeno con i mezzi impugnazione straordinari.

7. *Che cosa s'intende dire quando si afferma che la sentenza è passata cosa giudicata sostanziale?*

1. Si intende dire che il giudice è riuscito ad accertare la sostanza della questione, ma tale sostanza potrà sempre essere rimessa in discussione con una nuova sentenza che produca un nuovo accertamento di merito;
2. Si intende dire, e si presuppone, che la sentenza sia già passata in cosa giudicata formale, e di conseguenza l'eventuale accertamento di merito contenuto della stessa sentenza fa stato fra le parti gli eredi degli aventi causa;
3. La sentenza è passata in cosa giudicata sostanziale quando le parti abbiano dichiarato espressamente e concordemente che non intendono più portare alla cognizione del giudice quel particolare diritto che è stato già oggetto del processo.

8. Una *sentenza passata in cosa giudicata formale passa sempre anche in cosa giudicata sostanziale?*

1. No, perché una sentenza per passare dalla cosa giudicata formale alla cosa giudicata sostanziale richiede uno specifico provvedimento da parte del collegio, che le dia tale efficacia.
2. Sì, poiché non si vede come la sentenza che sia passata in cosa giudicata formale non passi poi automaticamente in cosa giudicata sostanziale;
3. No, perché se la sentenza ha un contenuto strettamente processuale, e quindi senza alcun accertamento di merito, passerà in cosa giudicata formale ma non in quella sostanziale.

>>

Spese processuali e giudicato: Risposte

1. È sempre vero che il giudice condanna la parte soccombente alle spese del processo?

1. No, non è sempre vero, il giudice non condannerà la parte soccombente nel processo, quando riscontrerà che la parte vittoriosa è in condizioni economiche tali da poter sopportare le spese del processo, fermo restando il suo diritto ad ottenere quanto gli spetta secondo quanto accertato nel processo di merito.
2. Sì, la parte soccombente è in ogni caso condannata alle spese del processo proprio perché si è vista riconosciuta il torto in merito al processo stesso, e quindi sarebbe assurdo che le spese del processo andassero a gravare sulla parte che poi è risultata vittoriosa, cioè sulla parte che ha dimostrato di avere ragione;
3. No, non è sempre vero, per esempio il giudice se accoglie la domanda in misura non superiore all'eventuale proposta conciliativa, condanna la parte che rifiutato la proposta senza giustificato motivo al pagamento delle spese del processo maturate dopo la formulazione della proposta, e tale parte potrebbe essere anche la parte vittoriosa del processo.

2. Che significa dire che il giudice compensa le spese del processo tra le parti?

1. Sono casi particolari in cui il giudice per particolari ragioni, per esempio soccombenza reciproca, decide che le spese del processo non saranno accollate all'una o all'altra parte, ma ogni parte non sarà rimborsata delle spese del processo ha fino a quel momento anticipato;
2. La compensazione delle spese che fa il giudice alle parti, riguarda casi molto particolari, e fa riferimento ai casi in cui abbiano partecipato processo alcune parti che non abbiano i mezzi economici sufficienti per poter poi sopportare il costo delle spese processuali; in tal caso le spese del processo saranno compensate dal giudice con ordinanza, e tali spese graveranno sullo Stato;
3. La compensazione delle spese spetta in realtà a una sola parte, la parte vittoriosa, quando si accerti che l'altra parte non ha i mezzi necessari per pagare le spese processuali; in tal caso il giudice con ordinanza dispone la compensazione delle spese per la parte vittoriosa, facendo gravare i relativi costi sullo Stato.

3. Abbiamo visto che in certi casi il giudice può compensare le spese tra le parti, e abbiamo visto anche che niente c'entrano le condizioni economiche delle parti, ma allora quando il giudice può realmente compensare le spese tra le parti?

1. Se vi è soccombenza reciproca o concorrano gravi ed eccezionali ragioni espressamente indicate nella motivazione;
2. Se vi è soccombenza reciproca ovvero nel caso di assoluta novità della questione trattata o mutamento della giurisprudenza rispetto alle questioni dirimenti;
3. Se vi è soccombenza reciproca o la parte vittoriosa ha rifiutato la proposta conciliativa avanzata dall'altra parte. In tal caso il giudice compensa le spese quando riscontra che la proposta avanzata appariva comunque adeguata nel momento in cui fu avanzata.

4. Nel caso di responsabilità aggravata il giudice aumenterà in via percentuale il risarcimento del danno già riconosciuto alla parte vittoriosa?

1. In questi casi vi è un'ulteriore voce di risarcimento del danno, che si aggiunge a quello che eventualmente già è stato riconosciuto dal giudice;
2. Sì, la responsabilità aggravata comporta un aumento percentuale di risarcimento del danno già riconosciuto alla parte vittoriosa, l'entità della percentuale è stabilita discrezionalmente dal giudice con ordinanza;
3. No, in questi casi il giudice si rifarà, per determinare l'entità del risarcimento del danno, a delle tabelle pubblicate dal consiglio superiore della magistratura.

5. In caso di condanna alle spese con l'ulteriore condanna alla spese per responsabilità aggravata il giudice può anche condannare la stessa parte a una sanzione pecuniaria?

1. No, con il risarcimento del danno si esauriscono i poteri del giudice previsti in questi casi.
2. Sì, il giudice può anche condannare il responsabile come sanzione amministrativa al pagamento di una somma, a favore dell'altra determinata un via equitativa;
3. Sì il giudice irroga al responsabile una sanzione a favore della cassa delle ammende da 500 a 5.000 euro.

6. Che cosa s'intende dire quando si afferma che la sentenza è passata in cosa giudicata formale?

1. Si intende dire che per impugnare la sentenza, sarà necessario seguire le forme previste dalla legge;
2. Si intende dire che la sentenza non è più suscettibile di essere impugnata con i mezzi d'impugnazione ordinari;
3. Si intende dire che la sentenza non potrà in nessun caso essere impugnata, nemmeno con i mezzi impugnazione straordinari.

7. Che cosa s'intende dire quando si afferma che la sentenza è passata cosa giudicata sostanziale?

1. Si intende dire che il giudice è riuscito ad accertare la sostanza della questione, ma tale sostanza potrà sempre essere rimessa in discussione con una nuova sentenza che produca un nuovo accertamento di merito;
2. Si intende dire, e si presuppone, che la sentenza sia già passata in cosa giudicata formale, e di conseguenza l'eventuale accertamento di merito contenuto della stessa sentenza fa stato fra le parti gli eredi degli aventi causa;
3. La sentenza è passata in cosa giudicata sostanziale quando le parti abbiano dichiarato espressamente e concordemente che non intendono più portare alla cognizione del giudice quel particolare diritto che è stato già oggetto del processo.

8. Una sentenza passata in cosa giudicata formale passa sempre anche in cosa giudicata sostanziale?

1. No, perché una sentenza per passare dalla cosa giudicata formale alla cosa giudicata sostanziale richiede uno specifico provvedimento da parte del collegio, che le dia tale efficacia.
2. Sì, poiché non si vede come la sentenza che sia passata in cosa giudicata formale non passi poi automaticamente in cosa giudicata sostanziale;
3. No, perché se la sentenza ha un contenuto strettamente processuale, e quindi senza alcun accertamento di merito, passerà in cosa giudicata formale ma non in quella sostanziale.

I termini e gli atti processuali: Domande

1. Che funzione hanno i termini?

1. I termini servono a scandire in maniera rigida le varie fasi del processo; di conseguenza il mancato rispetto di un qualsiasi termine comporterà un blocco del processo.
2. I termini servono alle parti a capire quanto durerà il processo. Consultando i termini potranno sapere con certezza la durata massima e minima del processo stesso;
3. I termini sono gli snodi sui quali si svolge il processo; senza di questi il processo potrebbe durare in maniera indeterminata.

2. *Che cosa significa dire che un termine è perentorio?*

1. Termine perentorio vuol dire che deve essere rispettato, ma è possibile su richiesta della parte, e prima della sua scadenza, ottenere una proroga;
2. Quando un termine è perentorio vuol dire che ad esso è collegato una decadenza;
3. Il termine è perentorio quando è stabilito dalla legge, o quando le parti che lo chiedono al giudice di comune accordo.

3. *L'articolo 121 del codice di procedura civile pone il principio della libertà delle forme degli atti di parte, come deve essere inteso questo principio?*

1. Il principio deve essere inteso nel senso che quando la legge non preveda un atto debba essere redatto in forma scritta, potrà essere compiuto nella forma più idonea per il raggiungimento allo scopo, per esempio oralmente;
2. Il principio deve essere inteso nel senso del contenuto forma, cioè nel senso che quando la legge non preveda un particolare schema per la redazione dell'atto, questo potrà essere redatto con lo schema più idoneo per il raggiungimento dello scopo;
3. Il principio, in realtà non trova pratica applicazione, perché la legge prevede sempre lo schema attraverso cui devono essere redatti gli atti processuali.

4. *L'articolo 131 parla nella forma degli atti del giudice, cioè dei provvedimenti, e ribadisce il principio della libertà delle forme, come va inteso questo principio?*

1. La libertà delle forme va intesa nel senso che il giudice può scegliere durante il corso il processo, che tipo di provvedimento adottare, e ciò in omaggio al principio del libero convincimento del giudice, costituendo le ipotesi in cui la legge prevede il singolo provvedimento solo fattispecie di carattere residuale.
2. La legge non può prevedere in tutti i casi la forma che deve prendere un provvedimento del giudice, cioè sentenza ordinanza o decreto, e quindi lo stesso articolo 131, prevedendo questo caso, dispone che nei casi in cui la legge non preveda la forma dell'atto, il giudice lo redigerà in forma idonea al raggiungimento allo scopo;
3. È vero che l'articolo 131 parla la libertà delle forme anche in relazione ai provvedimenti del giudice, ma in realtà la legge dice sempre quale forma deve avere un certo provvedimento del giudice, e di conseguenza non trova applicazione in merito ai provvedimenti il principio della libertà delle forme.

5. *L'articolo 156 del codice di procedura civile prevede i casi di nullità assoluta, e cioè i casi in cui un provvedimento è nullo, imponendo al giudice il dovere circa la pronuncia di nullità, questo è vero in tutti casi?*

1. Trattandosi di nullità assoluta è evidente che il legislatore ha ritenuto che un atto con un simile vizio non possa mai produrre effetti, e quindi giudice in ogni caso dovrà dichiarare la nullità di tale atto non essendogli lasciato un potere discrezionale circa la scelta se dichiararla o meno;
2. No, perché la nullità non può essere pronunciata, anche se esistente e accertata, quando l'atto nonostante la nullità, abbia raggiunto comunque il suo scopo;
3. In realtà l'articolo 156 non pone un limite invalicabile alla dichiarazione di nullità, perché il giudice, anche se rileva la nullità di carattere assoluto, non la pronuncia quando si rende conto che tale nullità non ha portato particolari problemi sulla funzionalità del processo, e ciò potrebbe accadere, ad esempio, come applicazione pratica, nell'ipotesi prevista dall'articolo 164 sulla nullità della citazione, dove il giudice potrebbe anche non pronunciare la nullità quando si renda conto che il convenuto che non si sia costituito, abbia tenuto tale comportamento per motivi diversi rispetto alla nullità della stessa citazione.

6. *Cosa deve fare il giudice una volta che rileva la nullità?*

1. Il giudice con ordinanza convoca le parti, e in contraddittorio con loro, dichiara la nullità dell'atto, e concorda con le parti gli effetti di tale nullità ha avuto sugli atti consequenziali.
2. Bisogna distinguere tra la nullità assoluta e nullità relativa; per quanto riguarda la nullità assoluta il giudice dispone la rinnovazione degli atti nulli, è anche di quelli in cui la nullità si estende, per quanto riguarda invece la nullità relativa, eccepita correttamente dalla parte secondo quanto stabilisce l'articolo 157, il giudice valuterà caso per caso se tale nullità ha avuto un'effettiva incidenza sulla funzionalità del processo, e solo in questo caso dichiarare la nullità dell'atto e degli atti consequenziali;
3. Il giudice una volta rilevata la nullità, dispone la rinnovazione degli atti nulli e anche di quelli cui la nullità si estende;

7. *Nullità della notificazione e nullità della citazione hanno lo stesso regime?*

1. No, perché per la nullità della citazione ci sono le regole dell'articolo 164, mentre per la nullità della notificazione di sole regole previste dall'articolo 160;
2. Sì, perché si tratta in definitiva di situazioni equivalenti, visto che in entrambi i casi il riferimento è sempre alla citazione, e quindi giudice potrebbe pronunciare indifferentemente i provvedimenti previsti dall'articolo 164, oppure quelli previsti dall'articolo 160;
3. Sì, hanno lo stesso regime processuale, ma la parte che si ritiene danneggiata potrà indifferentemente far valere l'una o l'altra nullità, o entrambe senza pregiudizio per i suoi diritti.

8. *Se né il giudice né le parti si rendono conto della nullità di un atto, cosa si potrà fare contro la sentenza che è stata pronunciata dal giudice nell'ignoranza sull'esistenza della causa di nullità assoluta?*

1. La sentenza potrà essere impugnata facendo valere proprio il motivo di nullità dell'atto non rilevato dal giudice;
2. Poiché nessuna delle parti ha rilevato la nullità, implicitamente vuol dire che hanno fatto acquiescenza a tale nullità, e quindi la sentenza, per quanto nulla, non potrà essere impugnata producendo così i suoi effetti;

3. La sentenza pronunciata in seguito ad un atto nullo non rilevato dal giudice, sarà perfettamente valida, e non potrà essere impugnata, tuttavia la parte che si ritenga danneggiata dalla nullità dell'atto e dalla conseguente nullità della sentenza, potrà proporre autonomo giudizio per far accertare che quella sentenza era nulla in seguito alla nullità dell'atto presupposto.

9. Che succede se la sentenza passa in giudicato nonostante fosse nulla?

1. Il passaggio in giudicato la sentenza nulla, non ne sana i relativi vizi, ma bisogna distinguere caso per caso i vizi che impediscono il passaggio in giudicato la sentenza, che quindi potrà essere comunque impugnata, dei vizi che non impediscono il passaggio in giudicato della sentenza;
2. Il passaggio in giudicato della sentenza produce la sanatoria dei vizi della sentenza, salvo il caso in cui la stessa sentenza non avesse la sottoscrizione da parte del giudice;
3. Si può affermare che proprio l'esistenza di un vizio impedisce il passaggio in giudicato di una sentenza, proprio perché la nullità, secondo quanto dispone l'articolo 159, travolge non solo l'atto nullo, ma anche quelli dipendenti e successivi all'atto nullo stesso, e, applicando tale principio la stessa sentenza, che con tale vizio è assolutamente inidonea a passare in giudicato.

>>>

I termini e gli atti processuali: Risposte

1.Che funzione hanno i termini?

1. I termini servono a scandire in maniera rigida le varie fasi del processo; di conseguenza il mancato rispetto di un qualsiasi termine comporterà un blocco del processo.
2. I termini servono alle parti a capire quanto durerà il processo. Consultando i termini potranno sapere con certezza la durata massima e minima del processo stesso;
3. I termini sono gli snodi sui quali si svolge il processo; senza di questi il processo potrebbe durare in maniera indeterminata.

2. Che cosa significa dire che un termine è perentorio?

1. Termine perentorio vuol dire che deve essere rispettato, ma è possibile su richiesta della parte, e prima della sua scadenza, ottenere una proroga;
2. Quando un termine è perentorio vuol dire che ad esso è collegato una decadenza;
3. Il termine è perentorio quando è stabilito dalla legge, o quando le parti che lo chiedono al giudice di comune accordo.

3. L'articolo 121 del codice di procedura civile pone il principio della libertà delle forme degli atti di parte, come deve essere inteso questo principio?

1. Il principio deve essere inteso nel senso che quando la legge non preveda un atto debba essere redatto in forma scritta, potrà essere compiuto nella forma più idonea per il raggiungimento allo scopo, per esempio oralmente;

2. Il principio deve essere inteso nel senso del contenuto forma, cioè nel senso che quando la legge non preveda un particolare schema per la redazione dell'atto, questo potrà essere redatto con lo schema più idoneo per il raggiungimento dello scopo;
3. Il principio, in realtà non trova pratica applicazione, perché la legge prevede sempre lo schema attraverso cui devono essere redatti gli atti processuali.

4. L'articolo 131 parla nella forma degli atti del giudice, cioè dei provvedimenti, e ribadisce il principio della libertà delle forme, come va inteso questo principio?

1. La libertà delle forme va intesa nel senso che il giudice può scegliere durante il corso il processo, che tipo di provvedimento adottare, e ciò in omaggio al principio del libero convincimento del giudice, costituendo le ipotesi in cui la legge prevede il singolo provvedimento solo fattispecie di carattere residuale.
2. La legge non può prevedere in tutti i casi la forma che deve prendere un provvedimento del giudice, cioè sentenza ordinanza o decreto, e quindi lo stesso articolo 131, prevedendo questo caso, dispone che nei casi in cui la legge non preveda la forma dell'atto, il giudice lo redigerà in forma idonea al raggiungimento allo scopo;
3. È vero che l'articolo 131 parla la libertà delle forme anche in relazione ai provvedimenti del giudice, ma in realtà la legge dice sempre quale forma deve avere un certo provvedimento del giudice, e di conseguenza non trova applicazione in merito ai provvedimenti il principio della libertà delle forme.

5. L'articolo 156 del codice di procedura civile prevede i casi di nullità assoluta, e cioè i casi in cui un provvedimento è nullo, imponendo al giudice il dovere circa la pronuncia di nullità, questo è vero in tutti casi?

1. Trattandosi di nullità assoluta è evidente che il legislatore ha ritenuto che un atto con un simile vizio non possa mai produrre effetti, e quindi giudice in ogni caso dovrà dichiarare la nullità di tale atto non essendogli lasciato un potere discrezionale circa la scelta se dichiararla o meno;
2. No, perché la nullità non può essere pronunciata, anche se esistente e accertata, quando l'atto nonostante la nullità, abbia raggiunto comunque il suo scopo;
3. In realtà l'articolo 156 non pone un limite invalicabile alla dichiarazione di nullità, perché il giudice, anche se rileva la nullità di carattere assoluto, non la pronuncia quando si rende conto che tale nullità non ha portato particolari problemi sulla funzionalità del processo, e ciò potrebbe accadere, ad esempio, come applicazione pratica, nell'ipotesi prevista dall'articolo 164 sulla nullità della citazione, dove il giudice potrebbe anche non pronunciare la nullità quando si renda conto che il convenuto che non si sia costituito, abbia tenuto tale comportamento per motivi diversi rispetto alla nullità della stessa citazione.

6. Cosa deve fare il giudice una volta che rileva la nullità?

1. Il giudice con ordinanza convoca le parti, e in contraddittorio con loro, dichiara la nullità dell'atto, e concorda con le parti gli effetti di tale nullità ha avuto sugli atti consequenziali.
2. Bisogna distinguere tra la nullità assoluta e nullità relativa; per quanto riguarda la nullità assoluta il giudice dispone la rinnovazione degli atti nulli, è anche di quelli in cui la nullità si estende, per quanto riguarda invece la nullità relativa, eccepita correttamente dalla parte secondo quanto stabilisce l'articolo 157, il giudice valuterà caso per caso se tale nullità ha avuto un'effettiva incidenza sulla funzionalità del processo, e solo in questo caso dichiarare la nullità dell'atto e degli atti consequenziali;

3. Il giudice una volta rilevata la nullità, dispone la rinnovazione degli atti nulli e anche di quelli cui la nullità si estende.

7. Nullità della notificazione e nullità della citazione hanno lo stesso regime?

1. No, perché per la nullità della citazione ci sono le regole dell'articolo 164, mentre per la nullità della notificazione di sole regole previste dall'articolo 160;
2. Sì, perché si tratta in definitiva di situazioni equivalenti, visto che in entrambi i casi il riferimento è sempre alla citazione, e quindi giudice potrebbe pronunciare indifferentemente i provvedimenti previsti dall'articolo 164, oppure quelli previsti dall'articolo 160;
3. Sì, hanno lo stesso regime processuale, ma la parte che si ritiene danneggiata potrà indifferentemente far valere l'una o l'altra nullità, o entrambe senza pregiudizio per i suoi diritti.

8. Se né il giudice né le parti si rendono conto della nullità di un atto, cosa si potrà fare contro la sentenza che è stata pronunciata dal giudice nell'ignoranza sull'esistenza della causa di nullità assoluta?

1. La sentenza potrà essere impugnata facendo valere proprio il motivo di nullità dell'atto non rilevato dal giudice;
2. Poiché nessuna delle parti ha rilevato la nullità, implicitamente vuol dire che hanno fatto acquiescenza a tale nullità, e quindi la sentenza, per quanto nulla, non potrà essere impugnata producendo così i suoi effetti;
3. La sentenza pronunciata in seguito ad un atto nullo non rilevato dal giudice, sarà perfettamente valida, e non potrà essere impugnata, tuttavia la parte che si ritenga danneggiata dalla nullità dell'atto e dalla conseguente nullità della sentenza, potrà proporre autonomo giudizio per far accertare che quella sentenza era nulla in seguito alla nullità dell'atto presupposto.

9. Che succede se la sentenza passa in giudicato nonostante fosse nulla?

1. Il passaggio in giudicato la sentenza nulla, non ne sana i relativi vizi, ma bisogna distinguere caso per caso i vizi che impediscono il passaggio in giudicato la sentenza, che quindi potrà essere comunque impugnata, dei vizi che non impediscono il passaggio in giudicato della sentenza;
2. Il passaggio in giudicato della sentenza produce la sanatoria dei vizi della sentenza, salvo il caso in cui la stessa sentenza non avesse la sottoscrizione da parte del giudice;
3. Si può affermare che proprio l'esistenza di un vizio impedisce il passaggio in giudicato di una sentenza, proprio perché la nullità, secondo quanto dispone l'articolo 159, travolge non solo l'atto nullo, ma anche quelli dipendenti e successivi all'atto nullo stesso, e, applicando tale principio la stessa sentenza, che con tale vizio è assolutamente inidonea a passare in giudicato.

Gli elementi della citazione. Petitum e causa petendi vocatio in ius e edictio actionis nullità della citazione:Domande

1. Nel processo civile quando si parla di petitum si fa riferimento a un solo concetto?

1. Il petitum è unico, e fa sempre riferimento all'oggetto del processo.
2. Il petitum può essere inteso in due modi diversi, e cioè come petitum-fatto, e cioè l'indicazione dei fatti posti a fondamento della domanda, e petitum oggetto, cioè come il bene della vita voluto dall'attore.

3. No, si parla normalmente di petitum immediato e petitum immediato, il petitum mediato fa riferimento all'oggetto del processo, mentre petitum immediato è il provvedimento richiesto giudice.

2. Come può essere intesa la causa petendi?

1. La causa petendi può essere intesa in due modi diversi, e cioè come indicazione dei fatti indicati dall'attore, e come indicazione del bene della vita che l'attore chiede al convenuto;
2. La causa petendi può essere intesa in due modi diversi, e cioè nell'indicazione dei fatti lesivi, e nell'indicazione del rapporto giuridico;
3. La causa petendi è unica, e si identifica esclusivamente nel rapporto giuridico portato alla cognizione del giudice da parte dell'attore.

3. Quali sono le conseguenze della mancata indicazione la causa petendi?

1. Dipende da cosa intendiamo per causa petendi, di regola la mancata indicazione dei fatti porterà alla nullità della citazione, mentre la mancata indicazione delle norme di legge da applicare a un certo fatto, e quindi in definitiva del rapporto giuridico, non porterà alla nullità della citazione a meno che questa mancata indicazione del rapporto non renda impossibile l'individuazione del fatto stesso;
2. Non è pensabile che sia possibile iniziare un giudizio senza indicare la causa petendi comunque intesa;
3. La mancata indicazione della causa petendi integra un vizio della citazione sanabile d'ufficio da parte del giudice.

4. Che cosa sono la vocatio in ius e la edictio actionis?

1. Entrambi gli elementi sono in realtà dei modi convenzionali per individuare, senza distinzioni particolari, tutti gli elementi della citazione, la distinzione serve, più che altro, a far intendere che la citazione sarà sempre nulla quando manchino tutti e due questi elementi.
2. Indicano i modi attraverso cui l'attore può far conoscere al convenuto il luogo e il giorno della causa, in particolare la vocatio in ius serve a far conoscere l'oggetto la domanda, e la edictio actionis indica invece esclusivamente la causa petendi;
3. Indicano gli elementi più importanti della citazione, la vocatio in ius indica tutti gli elementi che permettono di chiamare correttamente il convenuto, mentre la edictio actionis indica gli elementi relativi all'oggetto, e alle ragioni della domanda intesa come i fatti della causa.

5. È importante che l'attore indichi in citazione la data di udienza?

1. Sì, senza tale indicazione la citazione stessa sarà nulla;
2. No, non è importante perché la data della prima udienza è fissata ufficio dal giudice dopo che l'attore avrà depositato in cancelleria la citazione;
3. Si è importante, ma la sua mancanza può essere sanata d'ufficio attraverso l'iniziativa del giudice, che verificato che l'attore non ha indicato la data della prima udienza, convocherà le parti per fissarne una d'ufficio.

6. Che cosa significa dire che la citazione nulla per vizi della vocatio in ius?

1. Quando la citazione nulla per vizi della vocatio in ius, vuol dire che manca uno qualsiasi degli elementi dell'articolo 163;
2. In generale ex articolo 164, la citazione è nulla per vizi della vocatio in ius per vizi relativi alla chiamata in giudizio, ma non tutti vizi della vocatio in ius comportano nullità della citazione, ma solo quelli indicati dall'articolo 164.
3. È un modo convenzionale adottato dai giuristi, per indicare i casi in cui la citazione non è stata regolarmente notificata.

7. *E' possibile sanare la citazione per vizi relativi alla vocatio in ius, e, se si, con quale efficacia?*

1. Sì, è possibile sanare tali vizi, la sanatoria avrà efficacia retroattiva;
2. Si è possibile sanare questi vizi, ma la sanatoria non avrà efficacia retroattiva, ma avrà efficacia solo dal momento in cui è stata notificata la nuova citazione;
3. Poiché si tratta di vizi relativi alla chiamata, sono talmente gravi che non permettono sanatoria; di fronte a questa situazione il giudice dovrà cancellare la causa dal ruolo, e l'attore dovrà notificare nuovamente la citazione per incardinare un nuovo processo.

8. *Nel caso di vizi della vocatio in ius cosa comporta la costituzione del convenuto?*

1. La costituzione del convenuto è del tutto irrilevante, poiché i vizi della vocatio in ius sono di una tale rilevanza che non permettono al giudice di instaurare un regolare contraddittorio; di conseguenza di fronte alla costituzione convenuto il giudice in tutti i casi in fisserà la data di una nuova udienza per permettere il regolare contraddittorio con il convenuto.
2. La costituzione convenuto sana tutti vizi con efficacia retroattiva, e ciò accadrà anche quando il convenuto avrà avuto un termine di comparizione troppo breve, e anche quando abbia eccepito tale situazione al giudice, perché costituendosi e comparendo in udienza avrà implicitamente accettato la causa nello stato in cui si trova;
3. La costituzione al convenuto sana tutti vizi della citazione con efficacia retroattiva, ma se il convenuto eccepisce di avere avuto termini di costituzione troppo brevi, oppure la mancanza dell'avvertimento, il giudice fisserà la nuova udienza nel rispetto dei termini;

9. *E' possibile sanare la citazione per vizi della edictio actionis, e, se si, con quale efficacia?*

1. La sanatoria è possibile, ma senza efficacia retroattiva.
2. La sanatoria possibile, e questa è automatica quando il convenuto si costituisce in giudizio; in tal caso la sanatoria avrà anche efficacia retroattiva;
3. È impossibile sanare una citazione che abbia tali vizi, perché l'attore non indicando i fatti posti alla base della domanda e l'oggetto, rende impossibile individuare la tipologia di causa proposta davanti al giudice. In tal caso il giudice non dovrà fare altro che cancellare la causa dal ruolo.

10. *Torniamo alla citazione, l'attore nella citazione deve anche indicare se è stata soddisfatta un'eventuale condizione di procedibilità prevista dalla legge?*

1. No, anche se l'ordinamento prevede che vi siano delle condizioni di procedibilità, come la mediazione e la negoziazione assistita, l'attore non ha alcun onere di indicarne il loro soddisfacimento, visto che il giudice le verificherà d'ufficio;

2. Sì, deve farlo;
3. Solo quando le leggi speciali relative alle condizioni di procedibilità la prevedono.

>>

Gli elementi della citazione. Petitum e causa petendi vocatio in ius e edictio actionis nullità della citazione:Risposte

1. Nel processo civile quando si parla di petitum si fa riferimento a un solo concetto?

1. Il petitum è unico, e fa sempre riferimento all'oggetto del processo.
2. Il petitum può essere inteso in due modi diversi, e cioè come petitum-fatto, e cioè l'indicazione dei fatti posti a fondamento della domanda, e petitum oggetto, cioè come il bene della vita voluto dall'attore.
3. No, si parla normalmente di petitum immediato e petitum immediato, il petitum mediato fa riferimento all'oggetto del processo, mentre petitum immediato è il provvedimento richiesto giudice.

2. Come può essere intesa la causa petendi?

1. La causa petendi può essere intesa in due modi diversi, e cioè come indicazione dei fatti indicati dall'attore, e come indicazione del bene della vita che l'attore chiede al convenuto;
2. La causa petendi può essere intesa in due modi diversi, e cioè nell'indicazione dei fatti lesivi, e nell'indicazione del rapporto giuridico.
3. La causa petendi è unica, e si identifica esclusivamente nel rapporto giuridico portato alla cognizione del giudice da parte dell'attore.

3. Quali sono le conseguenze della mancata indicazione la causa petendi?

1. Dipende da cosa intendiamo per causa petendi, di regola la mancata indicazione dei fatti porterà alla nullità della citazione, mentre la mancata indicazione delle norme di legge da applicare a un certo fatto, e quindi in definitiva del rapporto giuridico, non porterà alla nullità della citazione a meno che questa mancata indicazione del rapporto non renda impossibile l'individuazione del fatto stesso;
2. Non è pensabile che sia possibile iniziare un giudizio senza indicare la causa petendi comunque intesa;
3. La mancata indicazione della causa petendi integra un vizio della citazione sanabile d'ufficio da parte del giudice.

4. Che cosa sono la vocatio in ius e la edictio actionis?

1. Entrambi gli elementi sono in realtà dei modi convenzionali per individuare, senza distinzioni particolari, tutti gli elementi della citazione, la distinzione serve, più che altro, a far intendere che la citazione sarà sempre nulla quando manchino tutti e due questi elementi.
2. Indicano i modi attraverso cui l'attore può far conoscere al convenuto il luogo e il giorno della causa, in particolare la vocatio in ius serve a far conoscere l'oggetto la domanda, e la edictio actionis indica invece esclusivamente la causa petendi;

3. Indicano gli elementi più importanti della citazione, la vocatio in ius indica tutti gli elementi che permettono di chiamare correttamente il convenuto, mentre la edictio actionis indica gli elementi relativi all'oggetto, e alle ragioni della domanda intesa come i fatti della causa;

5. È importante che l'attore indichi in citazione la data di udienza?

1. Sì, senza tale indicazione la citazione stessa sarà nulla;
2. No, non è importante perché la data della prima udienza è fissata ufficio dal giudice dopo che l'attore avrà depositato in cancelleria la citazione;
3. Si è importante, ma la sua mancanza può essere sanata d'ufficio attraverso l'iniziativa del giudice, che verificato che l'attore non ha indicato la data della prima udienza, convocherà le parti per fissarne una d'ufficio.

6. Che cosa significa dire che la citazione nulla per vizi della vocatio in ius?

1. Quando la citazione nulla per vizi della vocatio in ius, vuol dire che manca uno qualsiasi degli elementi dell'articolo 163;
2. In generale ex articolo 164, la citazione è nulla per vizi della vocatio in ius per vizi relativi alla chiamata in giudizio, ma non tutti vizi della vocatio in ius comportano nullità della citazione, ma solo quelli indicati dall'articolo 164.
3. È un modo convenzionale adottato dai giuristi, per indicare i casi in cui la citazione non è stata regolarmente notificata.

7. E' possibile sanare la citazione per vizi relativi alla vocatio in ius, e, se si, con quale efficacia?

1. Sì, è possibile sanare tali vizi, la sanatoria avrà efficacia retroattiva;
2. Si è possibile sanare questi vizi, ma la sanatoria non avrà efficacia retroattiva, ma avrà efficacia solo dal momento in cui è stata notificata la nuova citazione;
3. Poiché si tratta di vizi relativi alla chiamata, sono talmente gravi che non permettono sanatoria; di fronte a questa situazione il giudice dovrà cancellare la causa dal ruolo, e l'attore dovrà notificare nuovamente la citazione per incardinare un nuovo processo.

8. Nel caso di vizi della vocatio in ius cosa comporta la costituzione del convenuto?

1. La costituzione del convenuto è del tutto irrilevante, poiché i vizi della vocatio in ius sono di una tale rilevanza che non permettono al giudice di instaurare un regolare contraddittorio; di conseguenza di fronte alla costituzione convenuto il giudice in tutti i casi in fisserà la data di una nuova udienza per permettere il regolare contraddittorio con il convenuto.
2. La costituzione convenuto sana tutti vizi con efficacia retroattiva, e ciò accadrà anche quando il convenuto avrà avuto un termine di comparizione troppo breve, e anche quando abbia eccepito tale situazione al giudice, perché costituendosi e comparendo in udienza avrà implicitamente accettato la causa nello stato in cui si trova;
3. La costituzione al convenuto sana tutti vizi della citazione con efficacia retroattiva, ma se il convenuto eccepisce di avere avuto termini di costituzione troppo brevi, oppure la mancanza dell'avvertimento, il giudice fisserà la nuova udienza nel rispetto dei termini;

9. E' possibile sanare la citazione per vizi della edictio actionis, e, se si, con quale efficacia?

1. La sanatoria è possibile, ma senza efficacia retroattiva.
2. La sanatoria possibile, e questa è automatica quando il convenuto si costituisce in giudizio; in tal caso la sanatoria avrà anche efficacia retroattiva;
3. È impossibile sanare una citazione che abbia tali vizi, perché l'attore non indicando i fatti posti alla base della domanda e l'oggetto, rende impossibile individuare la tipologia di causa proposta davanti al giudice. In tal caso il giudice non dovrà fare altro che cancellare la causa dal ruolo.

10. Torniamo alla citazione, l'attore nella citazione deve anche indicare se è stata soddisfatta un'eventuale condizione di procedibilità prevista dalla legge?

1. No, anche se l'ordinamento prevede che vi siano delle condizioni di procedibilità, come la mediazione e la negoziazione assistita, l'attore non ha alcun onere di indicarne il loro soddisfacimento, visto che il giudice le verificherà d'ufficio;
2. Sì, deve farlo;
3. Solo quando le leggi speciali relative alle condizioni di procedibilità la prevedono.

Notifica della citazione e nomina del giudice istruttore costituzione dell'attore e del convenuto: Domande

1. Che cosa dovrà fare l'attore dopo aver notificato la citazione?

1. Entro 10 giorni dalla notifica dovrà costituirsi in giudizio;
2. Dopo aver notificato la citazione avrà terminato il suo compito; successivamente si presenterà insieme al convenuto davanti al giudice istruttore che lui stesso ha indicato dal giorno indicato; il giudice verificato in citazione che il giorno sia quello indicato dall'attore, procederà ad istruire la causa;
3. Dopo aver notificato la citazione, invierà un avviso al convenuto, confermandogli il giorno e la data dell'udienza.

2. Quando l'attore dovrà fissare la data della prima udienza?

1. L'attore dovrà lasciare, se la notifica deve essere eseguita in Italia, almeno 120 giorni tra la data della notifica della citazione, e la data della prima udienza di comparizione ex articolo 183, se la notifica deve farsi all'estero il termine sale a 150 giorni;
2. Come già visto prima, l'attore si limiterà a depositare la citazione nella cancelleria del tribunale, mentre la data della prima udienza sarà fissata ufficio dal giudice;
3. La legge lascia piena discrezionalità all'attore nel fissare la data della prima udienza di comparizione e trattazione, ma lo stesso attore deve comunque fare in modo che il convenuto possa avere il tempo sufficiente per difendersi. Se fissa la data della prima udienza troppo ravvicinata, il convenuto potrà eccepire tale eventualità, e, ex articolo 164, il giudice fisserà la data di una nuova prima udienza nei termini sufficienti affinché il convenuto possa difendersi.

3. L'attore può chiedere al giudice di abbreviare fino alla metà i termini di comparizione previsti dalla legge?

1. Sì, ma solo per le cause che richiedono pronta spedizione;

2. No, non lo può fare;
3. Sì ma solo se il rispetto dei termini ordinati potrebbe arrecargli un danno grave e irreparabile.

4. *Chi nomina il giudice istruttore?*

1. Come già si è visto è l'attore che fissa la data della prima udienza, e indica anche il giudice istruttore che tratterà la causa; di conseguenza sarà lui a nominare il giudice istruttore;
2. Il presidente del tribunale, dopo aver ricevuto il fascicolo da parte del cancelliere, se non ritiene di istruire egli stesso la causa, nominerà il giudice istruttore;
3. Si tratta di un falso problema, in tutti tribunali vi sono i giudici istruttori, ai quali, per sorteggio onde evitare favoritismi, sono attribuite le cause. L'unico correttivo sta nel fatto che non possono attribuirsi ad un giudice istruttore un numero eccessivo di cause rispetto agli altri.

5. *Il giudice una volta nominato può differire la data d'udienza fissata dall'attore in un massimo di 45 giorni entro 5 giorni dalla presentazione del fascicolo del processo?*

1. No, non lo può fare;
2. Sì, sempre;
3. Sì, ma solo se la causa è complessa.

6. *Quando deve costituirsi il convenuto in tribunale?*

1. Il convenuto deve costituirsi almeno 70 giorni prima della data della prima udienza;
2. Il convenuto deve costituirsi almeno 20 giorni prima della data della prima udienza;
3. Il convenuto può costituirsi anche direttamente alla prima udienza, senza incorrere in decadenze.

7. *Se il convenuto non si costituisce nei termini stabiliti dalla legge quali saranno le conseguenze?*

1. Il convenuto non andrà incontro ad alcuna decadenza.
2. Il convenuto andrà incontro ad una serie di decadenze, non potrà più eccepire l'incompetenza del giudice, spiegare domanda riconvenzionale, chiamare un terzo in causa;
3. Il convenuto andrà incontro ad una serie di decadenze, non potrà più eccepire l'incompetenza del giudice, spiegare domanda riconvenzionale, chiamare un terzo in causa, e non potrà sollevare tutte le eccezioni di rito e di merito non rilevabili d'ufficio.

8. *Che succede se le parti costituite non si presentano alla prima udienza?*

1. Il giudice verificata l'assenza delle parti, disporrà la cancellazione della causa dal ruolo, ma il processo potrà essere riassunto entro tre mesi dalla data di cancellazione dalla parte più diligente;
2. Il giudice fisserà la data di una nuova udienza, di cui sarà data comunicazione alle parti; se nemmeno in questa udienza le parti si presenteranno la causa sarà cancellata dal ruolo e il processo si estinguerà;
3. Il giudice verificata la mancata comparizione delle parti fisserà la data di una nuova udienza, di cui sarà data comunicazione alle parti. Se nemmeno in questa udienza le parti compariranno, ordinerà la cancellazione della causa dal ruolo, ma il processo potrà essere riassunto nel termine di tre mesi dalla data della cancellazione; in mancanza si avrà l'estinzione del processo.

9. *Si può ordinare l'accompagnamento coattivo del convenuto che non si costituisce e non si presenta in udienza?*

1. Sì, si agisce in analogia a quanto previsto per la mancata comparizione del testimone;
2. No, ma l'accompagnamento può essere disposto dal presidente del tribunale su ricorso dell'attore costituito;
3. No, il convenuto può scegliere se costituirsi e comparire.

>>

Notifica della citazione e nomina del giudice istruttore costituzione dell'attore e del convenuto: Risposte

1. Che cosa dovrà fare l'attore dopo aver notificato la citazione?

1. Entro 10 giorni dalla notifica dovrà costituirsi in giudizio;
2. Dopo aver notificato la citazione avrà terminato il suo compito; successivamente si presenterà insieme al convenuto davanti al giudice istruttore che lui stesso ha indicato dal giorno indicato; il giudice verificato in citazione che il giorno sia quello indicato dall'attore, procederà ad istruire la causa;
3. Dopo aver notificato la citazione, invierà un avviso al convenuto, confermandogli il giorno e la data dell'udienza.

2. Quando l'attore dovrà fissare la data della prima udienza?

1. L'attore dovrà lasciare, se la notifica deve essere eseguita in Italia, almeno 120 giorni tra la data della notifica della citazione, e la data della prima udienza di comparizione ex articolo 183, se la notifica deve farsi all'estero il termine sale a 150 giorni;
2. Come già visto prima, l'attore si limiterà a depositare la citazione nella cancelleria del tribunale, mentre la data della prima udienza sarà fissata ufficio dal giudice;
3. La legge lascia piena discrezionalità all'attore nel fissare la data della prima udienza di comparizione e trattazione, ma lo stesso attore deve comunque fare in modo che il convenuto possa avere il tempo sufficiente per difendersi. Se fissa la data della prima udienza troppo ravvicinata, il convenuto potrà eccepire tale eventualità, e, ex articolo 164, il giudice fisserà la data di una nuova prima udienza nei termini sufficienti affinché il convenuto possa difendersi.

3. L'attore può chiedere al giudice di abbreviare fino alla metà i termini di comparizione previsti dalla legge?

1. Sì, ma solo per le cause che richiedono pronta spedizione;
2. No, non lo può fare;
3. Sì ma solo se il rispetto dei termini ordinati potrebbe arrecargli un danno grave e irreparabile.

4. Chi nomina il giudice istruttore?

1. Come già si è visto è l'attore che fissa la data della prima udienza, e indica anche il giudice istruttore che tratterà la causa; di conseguenza sarà lui a nominare il giudice istruttore;

2. Il presidente del tribunale, dopo aver ricevuto il fascicolo da parte del cancelliere, se non ritiene di istruire egli stesso la causa, nominerà il giudice istruttore;
3. Si tratta di un falso problema, in tutti tribunali vi sono i giudici istruttori, ai quali, per sorteggio onde evitare favoritismi, sono attribuite le cause. L'unico correttivo sta nel fatto che non possono attribuirsi ad un giudice istruttore un numero eccessivo di cause rispetto agli altri.

5. Il giudice una volta nominato può differire la data d'udienza fissata dall'attore in un massimo di 45 giorni entro 5 giorni dalla presentazione del fascicolo del processo?

1. No, non lo può fare;
2. Sì, sempre;
3. Sì, ma solo se la causa è complessa.

6. Quando deve costituirsi il convenuto in tribunale?

1. Il convenuto deve costituirsi almeno 70 giorni prima della data della prima udienza;
2. Il convenuto deve costituirsi almeno 20 giorni prima della data della prima udienza;
3. Il convenuto può costituirsi anche direttamente alla prima udienza, senza incorrere in decadenze.

7. Se il convenuto non si costituisce nei termini stabiliti dalla legge quali saranno le conseguenze?

1. Il convenuto non andrà incontro ad alcuna decadenza.
2. Il convenuto andrà incontro ad una serie di decadenze, non potrà più eccepire l'incompetenza del giudice, spiegare domanda riconvenzionale, chiamare un terzo in causa;
3. Il convenuto andrà incontro ad una serie di decadenze, non potrà più eccepire l'incompetenza del giudice, spiegare domanda riconvenzionale, chiamare un terzo in causa, e non potrà sollevare tutte le eccezioni di rito e di merito non rilevabili d'ufficio.

8. Che succede se le parti costituite non si presentano alla prima udienza?

1. Il giudice verificata l'assenza delle parti, disporrà la cancellazione della causa dal ruolo, ma il processo potrà essere riassunto entro tre mesi dalla data di cancellazione dalla parte più diligente;
2. Il giudice fisserà la data di una nuova udienza, di cui sarà data comunicazione alle parti; se nemmeno in questa udienza le parti si presenteranno la causa sarà cancellata dal ruolo e il processo si estinguerà;
3. Il giudice verificata la mancata comparizione delle parti fisserà la data di una nuova udienza, di cui sarà data comunicazione alle parti. Se nemmeno in questa udienza le parti compariranno, ordinerà la cancellazione della causa dal ruolo, ma il processo potrà essere riassunto nel termine di tre mesi dalla data della cancellazione; in mancanza si avrà l'estinzione del processo.

9. Si può ordinare l'accompagnamento coattivo del convenuto che non si costituisce e non si presenta in udienza?

1. Sì, si agisce in analogia a quanto previsto per la mancata comparizione del testimone;
2. No, ma l'accompagnamento può essere disposto dal presidente del tribunale su ricorso dell'attore costituito;

3. No, il convenuto può scegliere se costituirsi e comparire.

Chiamata di un terzo in causa da parte del convenuto e dell'attore, verifiche preliminari e memorie integrative: Domande

1. Come abbiamo visto il convenuto può chiamare un terzo in causa nella comparsa di risposta tempestivamente depositata, ammesso che l'abbia fatto, cosa accade poi?

1. Alla prima udienza il giudice verificata la regolarità della chiamata, autorizzerà la chiamata del terzo;
2. Il convenuto alla prima udienza dovrà chiedere al giudice di fissare una nuova data della prima udienza in modo di avere il tempo di citare il terzo in giudizio e fare in modo che lo stesso terzo possa costituirsi tempestivamente;
3. Il convenuto dovrà contestualmente alla richiesta di chiamata del terzo chiedere al giudice lo spostamento della data della prima udienza in modo di avere il tempo di citare il terzo in giudizio e fare in modo che lo stesso terzo possa costituirsi tempestivamente.

2. L'attore in che momento potrà chiamare un terzo in causa?

1. Potrà chiamare il terzo integrando la citazione se ciò sia necessario in seguito alle difese del convenuto;
2. Potrà comunque chiamare il terzo nelle memorie integrative ex art. 171 ter;
3. Potrà chiedere di chiamare il terzo nelle memorie integrative ex art. 171 ter, ma solo se l'interesse alla chiamata sia sorto in seguito alla difese del convenuto.

3. Il giudice dovrà in ogni caso chiamare il terzo come da richiesta dell'attore o del convenuto o deve comunque autorizzarli alla chiamata?

1. L'autorizzazione sarà necessaria solo se la chiamata è fatta dall'attore;
2. L'autorizzazione vi sarà solo se la chiamata è fatta dal convenuto;
3. L'autorizzazione è necessaria in ogni caso.

4. Come è noto l'attore fissa la data della prima udienza, e vi può essere lo scambio di memorie tra le parti, questo avviene prima o dopo la prima udienza?

1. Dopo;
2. Prima;
3. Non è consentito lo scambio di memorie.

5. Il giudice prima dell'udienza ex art. 183 deve fare delle verifiche preliminari? E se sì, quali sono?

1. No non le deve fare, perché le farà all'udienza;
2. Sì le deve fare, scaduti i 70 giorni previsti per la costituzione del convenuto nei successivi 15 giorni deve compiere una serie di verifiche sulla causa in corso e quindi dopo aver verificato d'ufficio la regolarità del contraddittorio pronuncia, quando occorre, i provvedimenti previsti dagli articoli 102, secondo comma, 107, 164, secondo, terzo, quinto e sesto comma, 167, secondo e terzo comma e 269 comma 2, 171, terzo comma, 291 e 292,182.

3. Sì le deve fare, scaduti i 70 giorni previsti per la costituzione del convenuto nei successivi 15 giorni deve compiere una serie di verifiche sulla causa in corso e quindi dopo aver verificato d'ufficio la regolarità del contradditorio pronuncia, quando occorre, i provvedimenti previsti dagli articoli 102, secondo comma,107, 164, secondo, terzo, quinto e sesto comma, 167, secondo e terzo comma e 269 comma 2, 171, terzo comma, 291 e 292,182. Indica anche alle parti le questioni rilevabili d'ufficio di cui ritiene opportuna la trattazione, anche con riguardo alle condizioni di procedibilità della domanda e alla sussistenza dei presupposti per procedere con rito semplificato.

6. Veniamo alle parti, e al deposito di memorie prima dell'udienza, che termini hanno?

1. Hanno questi termini:
1) *almeno quaranta giorni prima* dell'udienza di cui all'articolo 183, proporre le domande e le eccezioni che sono conseguenza della domanda riconvenzionale o delle eccezioni proposte dal convenuto o dal terzo, nonché precisare o modificare le domande, eccezioni e conclusioni già proposte. Con la stessa memoria l'attore può chiedere di essere autorizzato a chiamare in causa un terzo, se l'esigenza è sorta a seguito delle difese svolte dal convenuto nella comparsa di risposta;
2) *almeno venti giorni prima* dell'udienza, le parti possono replicare alle domande e alle eccezioni nuove o modificate dalle altre parti, proporre le eccezioni che sono conseguenza delle domande nuove da queste formulate nella memoria di cui al numero 1), nonché indicare i mezzi di prova ed effettuare le produzioni documentali;
3) *almeno dieci giorni prima dell'udienza,* replicare alle eccezioni nuove e indicare la prova contraria.

2. Hanno questi termini:
1) *almeno trenta giorni prima* dell'udienza di cui all'articolo 183, proporre le domande e le eccezioni che sono conseguenza della domanda riconvenzionale o delle eccezioni proposte dal convenuto o dal terzo, nonché precisare o modificare le domande, eccezioni e conclusioni già proposte. Con la stessa memoria l'attore può chiedere di essere autorizzato a chiamare in causa un terzo, se l'esigenza è sorta a seguito delle difese svolte dal convenuto nella comparsa di risposta;
2) *almeno dieci giorni prima* dell'udienza, le parti possono replicare alle domande e alle eccezioni nuove o modificate dalle altre parti, proporre le eccezioni che sono conseguenza delle domande nuove da queste formulate nella memoria di cui al numero 1), nonché indicare i mezzi di prova ed effettuare le produzioni documentali;
3) *almeno cinque giorni prima dell'udienza,* replicare alle eccezioni nuove e indicare la prova contraria.

3. E' una domanda trabocchetto, perché i termini li avranno dopo l'udienza ex art. 183 e non prima.

7. Ammettendo che le parti debbano depositare le memorie, nella prima udienza potranno avanzare nuove richieste di prova, modificare e precisare domande ed eccezioni già proposte chiamare terzi in causa?

1. No, mai;
2. No, salvo che il giudice ammetta prove d'ufficio, in tal caso potranno chiedere nuovi mezzi di prova in relazione a quelli ammessi dal giudice;
3. Sì sempre perché le memorie saranno depositate dopo l'udienza e non prima.

8. Alla prima udienza le parti dovranno presentarsi personalmente?

1. No, in passato c'era quest'obbligo;
2. *Sì.*
3. Sì, ma solo se lo dispone il giudice.

9. Se le parti sono presenti personalmente il giudice deve tentare la conciliazione?

1. Sì.
2. Solo se opportuno;
3. Solo vi è la richiesta congiunta delle parti ex art. 185.

10. Il giudice deve provvedere sulle richieste istruttorie delle parti, nel caso ammetta le prove cosa deve fare quali i termini per la loro assunzione?

1. L'udienza per l'assunzione dei mezzi di prova ammessi è fissata entro 90 giorni dall'udienza. Se poi questa ordinanza è emanata fuori udienza, deve essere pronunciata entro 30 giorni, non sono previsti altri adempimenti da parte del giudice.
2. L'udienza per l'assunzione dei mezzi di prova ammessi è fissata entro 90 giorni dall'udienza. Se poi questa ordinanza è emanata fuori udienza, deve essere pronunciata entro 30 giorni, il giudice deve poi fissare il calendario delle udienze fino a quella relativa alla rimessione della causa un decisione.

3. Il giudice deve fissare il calendario delle udienze fino a quella relativa alla rimessione della causa un decisione, non sono previsti termini per l'assunzione delle prove ammesse.

11. Ammettiamo che il giudice si renda conto che la causa può essere trattata con il rito sommario di cognizione, cosa deve fare?

1. Esistendone i presupposti, disporrà con ordinanza il passaggio al rito sommario di cognizione;
2. Esistendone i presupposti, disporrà con ordinanza il passaggio al rito semplificato di cognizione e non al rito sommario;
3. Potrà scegliere se passare al rito semplificato o sommario di cognizione, secondo le circostanze.
>>>

Chiamata di un terzo in causa da parte del convenuto e dell'attore, verifiche preliminari e memorie integrative: Risposte

1. Come abbiamo visto il convenuto può chiamare un terzo in causa nella comparsa di risposta tempestivamente depositata, ammesso che l'abbia fatto, cosa accade poi?

1. Alla prima udienza il giudice verificata la regolarità della chiamata, autorizzerà la chiamata del terzo;
2. Il convenuto alla prima udienza dovrà chiedere al giudice di fissare una nuova data della prima udienza in modo di avere il tempo di citare il terzo in giudizio e fare in modo che lo stesso terzo possa costituirsi tempestivamente;
3. Il convenuto dovrà contestualmente alla richiesta di chiamata del terzo chiedere al giudice lo spostamento della data della prima udienza in modo di avere il tempo di citare il terzo in giudizio e fare in modo che lo stesso terzo possa costituirsi tempestivamente.

2. L'attore in che momento potrà chiamare un terzo in causa?

1. Potrà chiamare il terzo integrando la citazione se ciò sia necessario in seguito alle difese del convenuto;
2. Potrà comunque chiamare il terzo nelle memorie integrative ex art. 171 ter;
3. Potrà chiedere di chiamare il terzo nelle memorie integrative ex art. 171 ter, ma solo se l'interesse alla chiamata sia sorto in seguito alla difese del convenuto.

3. Il giudice dovrà in ogni caso chiamare il terzo come da richiesta dell'attore o del convenuto o deve comunque autorizzarli alla chiamata?

1. L'autorizzazione sarà necessaria solo se la chiamata è fatta dall'attore;
2. L'autorizzazione vi sarà solo se la chiamata è fatta dal convenuto;
3. L'autorizzazione è necessaria in ogni caso.

4. Come è noto l'attore fissa la data della prima udienza, e vi può essere lo scambio di memorie tra le parti, questo avviene prima o dopo la prima udienza?

1. Dopo;
2. Prima;
3. Non è consentito lo scambio di memorie.

5. Il giudice prima dell'udienza ex art. 183 deve fare delle verifiche preliminari? E se sì, quali sono?

1. No non le deve fare, perché le farà all'udienza;
2. Sì le deve fare, scaduti i 70 giorni previsti per la costituzione del convenuto nei successivi 15 giorni deve compiere una serie di verifiche sulla causa in corso e quindi dopo aver verificato d'ufficio la regolarità del contraddittorio pronuncia, quando occorre, i provvedimenti previsti dagli articoli 102, secondo comma,107, 164, secondo, terzo, quinto e sesto comma, 167, secondo e terzo comma e 269 comma 2, 171, terzo comma, 291 e 292,182.
3. Sì le deve fare, scaduti i 70 giorni previsti per la costituzione del convenuto nei successivi 15 giorni deve compiere una serie di verifiche sulla causa in corso e quindi dopo aver verificato d'ufficio la regolarità del contraddittorio pronuncia, quando occorre, i provvedimenti previsti dagli articoli 102, secondo comma,107, 164, secondo, terzo, quinto e sesto comma, 167, secondo e terzo comma e 269 comma 2, 171, terzo comma, 291 e 292,182. Indica anche alle parti le questioni rilevabili d'ufficio di cui ritiene opportuna la trattazione, anche con riguardo alle condizioni di procedibilità della domanda e alla sussistenza dei presupposti per procedere con rito semplificato.

6. Veniamo alle parti, e al deposito di memorie prima dell'udienza, che termini hanno?

**1. Hanno questi termini:
1) *almeno quaranta giorni prima* dell'udienza di cui all'articolo 183, proporre le domande e le eccezioni che sono conseguenza della domanda riconvenzionale o delle eccezioni proposte dal convenuto o dal terzo, nonché precisare o modificare le domande, eccezioni e conclusioni già proposte. Con la stessa memoria l'attore può chiedere di essere autorizzato a chiamare in causa un terzo, se l'esigenza è sorta a seguito delle difese svolte dal convenuto nella comparsa di risposta;**

2) *almeno venti giorni prima* **dell'udienza, le parti possono replicare alle domande e alle eccezioni nuove o modificate dalle altre parti, proporre le eccezioni che sono conseguenza delle domande nuove da queste formulate nella memoria di cui al numero 1), nonché indicare i mezzi di prova ed effettuare le produzioni documentali;**
3) *almeno dieci giorni prima dell'udienza,* **replicare alle eccezioni nuove e indicare la prova contraria.**

2. Hanno questi termini:
1) *almeno trenta giorni prima* dell'udienza di cui all'articolo 183, proporre le domande e le eccezioni che sono conseguenza della domanda riconvenzionale o delle eccezioni proposte dal convenuto o dal terzo, nonché precisare o modificare le domande, eccezioni e conclusioni già proposte. Con la stessa memoria l'attore può chiedere di essere autorizzato a chiamare in causa un terzo, se l'esigenza è sorta a seguito delle difese svolte dal convenuto nella comparsa di risposta;
2) *almeno dieci giorni prima* dell'udienza, le parti possono replicare alle domande e alle eccezioni nuove o modificate dalle altre parti, proporre le eccezioni che sono conseguenza delle domande nuove da queste formulate nella memoria di cui al numero 1), nonché indicare i mezzi di prova ed effettuare le produzioni documentali;
3) *almeno cinque giorni prima dell'udienza,* replicare alle eccezioni nuove e indicare la prova contraria.

3. E' una domanda trabocchetto, perché i termini li avranno dopo l'udienza ex art. 183 e non prima.

7. Ammettendo che le parti debbano depositare le memorie, nella prima udienza potranno avanzare nuove richieste di prova, modificare e precisare domande ed eccezioni già proposte chiamare terzi in causa?

1. No, mai;
2. No, salvo che il giudice ammetta prove d'ufficio, in tal caso potranno chiedere nuovi mezzi di prova in relazione a quelli ammessi dal giudice;
3. Sì sempre perché le memorie saranno depositate dopo l'udienza e non prima.

8. Alla prima udienza le parti dovranno presentarsi personalmente?

1. No, in passato c'era quest'obbligo;
2. Sì.
3. Sì, ma solo se lo dispone il giudice.

9. Se le parti sono presenti personalmente il giudice deve tentare la conciliazione?

1. Sì.
2. Solo se opportuno;
3. Solo vi è la richiesta congiunta delle parti ex art. 185.

10. Il giudice deve provvedere sulle richieste istruttorie delle parti, nel caso ammetta le prove cosa deve fare quali i termini per la loro assunzione?

1. L'udienza per l'assunzione dei mezzi di prova ammessi è fissata entro 90 giorni dall'udienza. Se poi questa ordinanza è emanata fuori udienza, deve essere pronunciata entro 30 giorni, non sono previsti altri adempimenti da parte del giudice.

2. L'udienza per l'assunzione dei mezzi di prova ammessi è fissata entro 90 giorni dall'udienza. Se poi questa ordinanza è emanata fuori udienza, deve essere pronunciata entro 30 giorni, il giudice deve poi fissare il calendario delle udienze fino a quella relativa alla rimessione della causa un decisione.

3. Il giudice deve fissare il calendario delle udienze fino a quella relativa alla rimessione della causa un decisione, non sono previsti termini per l'assunzione delle prove ammesse.

11. *Ammettiamo che il giudice si renda conto che la causa può essere trattata con il rito sommario di cognizione, cosa deve fare?*

1. Esistendone i presupposti, disporrà con ordinanza il passaggio al rito sommario di cognizione;
2. Esistendone i presupposti, disporrà con ordinanza il passaggio al rito semplificato di cognizione e non al rito sommario;
3. Potrà scegliere se passare al rito semplificato o sommario di cognizione, secondo le circostanze.

Le prove, le prove precostituite atto pubblico e scrittura privata, querela di falso e verificazione: Domande

1. A che cosa servono le prove?

1. Sono i mezzi attraverso cui il giudice dovrà formare il suo convincimento circa i fatti di causa;
2. Servono alle parti per rafforzare il loro convincimento sulla verità dei fatti affermati;
3. Servono al giudice ed alle parti per verificare se sia il caso di andare avanti nel processo, oppure giungere ad una rinuncia dello stesso.

2. Che cosa deve provare l'attore?

1. L'attore deve principalmente provare i fatti costitutivi del suo diritto;
2. L'attore deve provare che le eccezioni del convenuto alle sue affermazioni siano false;
3. Sia l'attore che il convenuto non devono fornire alcuna prova, perché sarà il giudice attraverso i suoi poteri d'ufficio, ad ammettere i mezzi di prova, ma sempre nei limiti dei fatti indicati dalle parti.

3. *Che succede se l'attore non riesce a provare il fatto costitutivo del suo diritto?*

1. Dipende dalla posizione del convenuto, se questi ha contestato i fatti dell'attore, fornendone anche la prova, l'attore perderà la causa, se invece il convenuto è rimasto contumace, sarà l'attore a vincere la causa, perché la contumacia corrisponde alla non contestazione dei fatti indicati dall'attore stesso.
2. Tutto dipende dalla successiva attività del convenuto, perché se l'attore non riesce a provare il fatto costitutivo del suo diritto, ma il convenuto nemmeno riesce a provare le eccezioni che ha proposto di fronte all'affermazione dell'attore, il giudice dichiarerà di non poter procedere poiché entrambe le parti non hanno fornito la prova delle loro affermazioni;
3. Anche se il convenuto è rimasto contumace, perderà la causa;

4. Che cosa deve fare il giudice se una delle parti prova le sue affermazioni basandosi su una prova legale?

1. Anche se si tratta di una prova legale, il giudice se non è convinto che tale prova risponda a verità, proporrà d'ufficio una querela di falso, per far dimostrare la falsità della prova legale proposta da una delle parti;
2. Il giudice dovrà comunque attenersi al risultato della prova, anche se ritiene che tale risultato non corrisponda a verità;
3. Nel processo civile vige comunque principio del libero convincimento del giudice, che se non crede al risultato di una prova legale, potrà con ordinanza motivata, disporne la sua inefficacia.

5. Il giudice può decidere la causa basata solo su argomenti di prova?

1. No, perché gli argomenti di prova servono solo a interpretare le prove già acquisite, a meno che gli argomenti di prova non siano ritenuti indizi, che possono formare oggetto di una presunzione;
2. Sì, il libero convincimento del giudice può formarsi sulle prove che le parti hanno prodotto, ma ciò non toglie che anche in mancanza di prove, anche un solo argomento di prova può formare il convincimento del giudice e quindi decidere il merito della causa;
3. Sì, gli argomenti di prova possono fondare il convincimento del giudice, ma devono essere almeno più di quattro.

6. La presunzione assoluta ammette prova contraria?

1. Sì, la presunzione assoluta ammette prova contraria, ma il giudice dovrà motivare il suo convincimento, circa l'ammissibilità della prova contraria, attraverso un'ordinanza motivata soggetta però a reclamo di fronte al collegio.
2. Sì, ma solo quando il fatto assistito dalla presunzione assoluta possa essere provato diversamente attraverso un'altra presunzione assoluta;
3. No, se la legge stabilisce che un certo fatto è assistito da una presunzione assoluta, non è ammissibile la prova contraria;

7. Quale la differenza fondamentale tra prove precostituite e prove costituende?

1. Le prove precostituite prevedono un complicato procedimento di ammissione, mentre le prove costituende sono esibite in udienza attraverso la loro esibizione nel fascicolo d'ufficio;
2. Le prove precostituite hanno la capacità di rappresentare un fatto indipendentemente dal processo stesso, mentre le prove costituende acquistano la loro capacità di rappresentare un fatto solo se si svolgono durante il processo;
3. Mentre le prove costituende possono essere indicate solo fino alla prima udienza, le prove precostituite possono essere sempre depositate liberamente fino all'udienza per la precisazione delle conclusioni.

8. Quale la differenza fondamentale tra atto pubblico e scrittura privata?

1. L'atto pubblico fa fede di tutto quello che si è svolto innanzi al pubblico ufficiale, ed è prova legale, mentre la scrittura privata prova solo la provenienza della dichiarazione, e non è prova legale;
2. Non vi sono differenze sostanziali, poiché entrambe sono redatte in forma scritta;
3. Mentre l'atto pubblico è sempre redatto da un pubblico ufficiale, la scrittura privata e redatta da privati, anche se per avere valore, è necessario che sia autenticata da un pubblico ufficiale.

***9.** Che cosa si vuole dire quando si afferma che l'atto pubblico prova l'estrinseco e non intrinseco?*

1. Si vuole dire che l'efficacia di prova legale riguarda solo quanto attestato dal pubblico ufficiale in merito a quello che si è svolto innanzi a lui, ma la verità le dichiarazioni delle parti gli hanno espresso, non sono coperte dall'efficacia di prova legale;
2. Vuol dire che l'atto pubblico prova solamente gli elementi esteriori dell'atto stesso, come la data, e l'identità delle parti, mentre tutti gli altri elementi, cioè l'intrinseco, come le dichiarazioni che le parti hanno affidato al pubblico ufficiale, non sono coperti dalla particolare efficacia di prova legale;
3. È una domanda trabocchetto, perché l'atto pubblico possiede l'efficacia di prova legale, in tutto il suo contenuto, e quindi non ha senso distinguere fra un supposto estrinseco e un supposto intrinseco.

***10.** Che cosa è la querela di falso?*

1. È un particolare procedimento di natura penale, volto ad accertare se il pubblico ufficiale ha redatto o meno un atto pubblico falso;
2. È un particolare procedimento volto ad accertare la veridicità di un atto pubblico;
3. È una condizione di procedibilità necessaria per poter agire in sede penale contro un pubblico ufficiale che abbia redatto un atto falso; la querela è presentata innanzi al giudice civile, che trasmetterà gli atti al pubblico ministero affinché questi possa iniziare l'azione penale contro il pubblico ufficiale.

***11.** La querela di falso deve essere presentata necessariamente in un processo già in corso?*

1. La querela di falso deve essere necessariamente presentata con una autonoma domanda che farà sorgere un diverso procedimento volto esclusivamente all'accertamento della falsità dell'atto pubblico.
2. La querela di falso può essere presentata solo in via incidentale, perché solo in quel momento, cioè durante un diverso processo, può nascere l'interesse ad agire a presentare l'istanza di querela di falso;
3. No, la querela di falso può essere proposta in via principale, cioè indipendentemente dallo svolgimento di un diverso processo;

***12.** Chi è il giudice competente a decidere sulla querela di falso?*

1. Giudice competente a decidere sulla querela di falso è esclusivamente il tribunale in composizione collegiale;
2. Giudice competente a decidere sulla querela di falso è esclusivamente tribunale, in composizione monocratica;
3. Giudice competente a decidere sulla querela di falso è sempre lo stesso giudice che sta già svolgendo il giudizio principale, ma se la domanda è presentata in via principale, giudice competente sarà sempre la corte di appello.

***13.** La scrittura privata è una prova legale?*

1. Sì, è sempre una prova legale al pari dell'atto pubblico;
2. No, ma può diventarlo nei casi previsti dalla legge;
3. No, non è una prova legale, e non è mai possibile acquisti questa efficacia.

14. Che cosa prova la scrittura privata?

1. Che tutti i fatti in essa affermati sono veri;
2. La provenienza della dichiarazione;
3. La scrittura privata in realtà non prova nulla, ed è considerata dal giudice come un semplice indizio.

15. Chi presenta l'istanza per la verificazione della scrittura privata?

1. La presenta la parte che ha disconosciuto la propria scrittura;
2. La presenta la parte che si è vista disconoscere dall'altra la scrittura privata presentata in giudizio;
3. È una domanda trabocchetto, la verificazione è disposta d'ufficio dal giudice quando ritenga che la scrittura privata presentata possa essere falsa.

16. Che cosa ha ad oggetto la verificazione?

1. Normalmente ha ad oggetto la sottoscrizione, ma a seconda dei casi potrebbe avere anche ad oggetto la scrittura;
2. La verificazione ha ad oggetto esclusivamente la scrittura, ma non alla sottoscrizione;
3. La verificazione ha ad oggetto la capacità della parte di poter redigere un documento scritto.

17. L'istanza di verificazione di una scrittura privata può essere presentata solo in via incidentale?

1. La verificazione può essere presentata solo in via incidentale, ma è possibile che su richiesta delle parti si sospenda il processo, assegnando alle parti stesse un termine entro il quale dovranno presentare la domanda in via principale esclusivamente per la verificazione della scrittura privata.
2. Sì, l'istanza di verificazione può essere presentata solo in via incidentale, perché non avrebbe senso presentare una domanda volta ad accertare la veridicità di una scrittura privata, se non quando questa sia stata contestata;
3. No, può essere presentata anche in via principale;

>>>

Le prove, le prove precostituite atto pubblico e scrittura privata, querela di falso e verificazione: Risposte

1. A che cosa servono le prove?

1. Sono i mezzi attraverso cui il giudice dovrà formare il suo convincimento circa i fatti di causa;
2. Servono alle parti per rafforzare il loro convincimento sulla verità dei fatti affermati;
3. Servono al giudice ed alle parti per verificare se sia il caso di andare avanti nel processo, oppure giungere ad una rinuncia dello stesso.

2. Che cosa deve provare l'attore?

1. L'attore deve principalmente provare i fatti costitutivi del suo diritto;
2. L'attore deve provare che le eccezioni del convenuto alle sue affermazioni siano false;

3. Sia l'attore che il convenuto non devono fornire alcuna prova, perché sarà il giudice attraverso i suoi poteri d'ufficio, ad ammettere i mezzi di prova, ma sempre nei limiti dei fatti indicati dalle parti.

3. *Che succede se l'attore non riesce a provare il fatto costitutivo del suo diritto?*

1. Dipende dalla posizione del convenuto, se questi ha contestato i fatti dell'attore, fornendone anche la prova, l'attore perderà la causa, se invece il convenuto è rimasto contumace, sarà l'attore a vincere la causa, perché la contumacia corrisponde alla non contestazione dei fatti indicati dall'attore stesso.
2. Tutto dipende dalla successiva attività del convenuto, perché se l'attore non riesce a provare il fatto costitutivo del suo diritto, ma il convenuto nemmeno riesce a provare le eccezioni che ha proposto di fronte all'affermazione dell'attore, il giudice dichiarerà di non poter procedere poiché entrambe le parti non hanno fornito la prova delle loro affermazioni;
3. Anche se il convenuto è rimasto contumace, perderà la causa;

4. *Che cosa deve fare il giudice se una delle parti prova le sue affermazioni basandosi su una prova legale?*

1. Anche se si tratta di una prova legale, il giudice se non è convinto che tale prova risponda a verità, proporrà d'ufficio una querela di falso, per far dimostrare la falsità della prova legale proposta da una delle parti;
2. Il giudice dovrà comunque attenersi al risultato della prova, anche se ritiene che tale risultato non corrisponda a verità;
3. Nel processo civile vige comunque principio del libero convincimento del giudice, che se non crede al risultato di una prova legale, potrà con ordinanza motivata, disporne la sua inefficacia.

5. *Il giudice può decidere la causa basata solo su argomenti di prova?*

1. No, perché gli argomenti di prova servono solo a interpretare le prove già acquisite, a meno che gli argomenti di prova non siano ritenuti indizi, che possono formare oggetto di una presunzione;
2. Sì, il libero convincimento del giudice può formarsi sulle prove che le parti hanno prodotto, ma ciò non toglie che anche in mancanza di prove, anche un solo argomento di prova può formare il convincimento del giudice e quindi decidere il merito della causa;
3. Sì, gli argomenti di prova possono fondare il convincimento del giudice, ma devono essere almeno più di quattro.

6. *La presunzione assoluta ammette prova contraria?*

1. Sì, la presunzione assoluta ammette prova contraria, ma il giudice dovrà motivare il suo convincimento, circa l'ammissibilità della prova contraria, attraverso un'ordinanza motivata soggetta però a reclamo di fronte al collegio.
2. Sì, ma solo quando il fatto assistito dalla presunzione assoluta possa essere provato diversamente attraverso un'altra presunzione assoluta;
3. No, se la legge stabilisce che un certo fatto è assistito da una presunzione assoluta, non è ammissibile la prova contraria.

7. *Quale la differenza fondamentale tra prove precostituite e prove costituende?*

1. Le prove precostituite prevedono un complicato procedimento di ammissione, mentre le prove costituende sono esibite in udienza attraverso la loro esibizione nel fascicolo d'ufficio;
2. Le prove precostituite hanno la capacità di rappresentare un fatto indipendentemente dal processo stesso, mentre le prove costituende acquistano la loro capacità di rappresentare un fatto solo se si svolgono durante il processo;
3. Mentre le prove costituende possono essere indicate solo fino alla prima udienza, le prove precostituite possono essere sempre depositate liberamente fino all'udienza per la precisazione delle conclusioni.

8. Quale la differenza fondamentale tra atto pubblico e scrittura privata?

1. L'atto pubblico fa fede di tutto quello che si è svolto innanzi al pubblico ufficiale, ed è prova legale, mentre la scrittura privata prova solo la provenienza della dichiarazione, e non è prova legale;
2. Non vi sono differenze sostanziali, poiché entrambe sono redatte in forma scritta;
3. Mentre l'atto pubblico è sempre redatto da un pubblico ufficiale, la scrittura privata e redatta da privati, anche se per avere valore, è necessario che sia autenticata da un pubblico ufficiale.

9. Che cosa si vuole dire quando si afferma che l'atto pubblico prova l'estrinseco e non intrinseco?

1. Si vuole dire che l'efficacia di prova legale riguarda solo quanto attestato dal pubblico ufficiale in merito a quello che si è svolto innanzi a lui, ma la verità le dichiarazioni delle parti gli hanno espresso, non sono coperte dall'efficacia di prova legale;
2. Vuol dire che l'atto pubblico prova solamente gli elementi esteriori dell'atto stesso, come la data, e l'identità delle parti, mentre tutti gli altri elementi, cioè l'intrinseco, come le dichiarazioni che le parti hanno affidato al pubblico ufficiale, non sono coperti dalla particolare efficacia di prova legale;
3. È una domanda trabocchetto, perché l'atto pubblico possiede l'efficacia di prova legale, in tutto il suo contenuto, e quindi non ha senso distinguere fra un supposto estrinseco e un supposto intrinseco.

10. Che cosa è la querela di falso?

1. È un particolare procedimento di natura penale, volto ad accertare se il pubblico ufficiale ha redatto o meno un atto pubblico falso;
2. È un particolare procedimento volto ad accertare la veridicità di un atto pubblico;
3. È una condizione di procedibilità necessaria per poter agire in sede penale contro un pubblico ufficiale che abbia redatto un atto falso; la querela è presentata innanzi al giudice civile, che trasmetterà gli atti al pubblico ministero affinché questi possa iniziare l'azione penale contro il pubblico ufficiale.

11. La querela di falso deve essere presentata necessariamente in un processo già in corso?

1. La querela di falso deve essere necessariamente presentata con una autonoma domanda che farà sorgere un diverso procedimento volto esclusivamente all'accertamento della falsità dell'atto pubblico.
2. La querela di falso può essere presentata solo in via incidentale, perché solo in quel momento, cioè durante un diverso processo, può nascere l'interesse ad agire a presentare l'istanza di querela di falso;
3. No, la querela di falso può essere proposta in via principale, cioè indipendentemente dallo svolgimento di un diverso processo;

12. Chi è il giudice competente a decidere sulla querela di falso?

1. Giudice competente a decidere sulla querela di falso è esclusivamente il tribunale in composizione collegiale;
2. Giudice competente a decidere sulla querela di falso è esclusivamente tribunale, in composizione monocratica;
3. Giudice competente a decidere sulla querela di falso è sempre lo stesso giudice che sta già svolgendo il giudizio principale, ma se la domanda è presentata in via principale, giudice competente sarà sempre la corte di appello.

13. La scrittura privata è una prova legale?

1. Sì, è sempre una prova legale al pari dell'atto pubblico;
2. No, ma può diventarlo nei casi previsti dalla legge;
3. No, non è una prova legale, e non è mai possibile acquisti questa efficacia.

14. Che cosa prova la scrittura privata?

1. Che tutti i fatti in essa affermati sono veri;
2. La provenienza della dichiarazione;
3. La scrittura privata in realtà non prova nulla, ed è considerata dal giudice come un semplice indizio.

15. Chi presenta l'istanza per la verificazione della scrittura privata?

1. La presenta la parte che ha disconosciuto la propria scrittura;
2. La presenta la parte che si è vista disconoscere dall'altra la scrittura privata presentata in giudizio;
3. È una domanda trabocchetto, la verificazione è disposta d'ufficio dal giudice quando ritenga che la scrittura privata presentata possa essere falsa.

16. Che cosa ha ad oggetto la verificazione?

1. Normalmente ha ad oggetto la sottoscrizione, ma a seconda dei casi potrebbe avere anche ad oggetto la scrittura;
2. La verificazione ha ad oggetto esclusivamente la scrittura, ma non alla sottoscrizione;
3. La verificazione ha ad oggetto la capacità della parte di poter redigere un documento scritto.

17. L'istanza di verificazione di una scrittura privata può essere presentata solo in via incidentale?

1. La verificazione può essere presentata solo in via incidentale, ma è possibile che su richiesta delle parti si sospenda il processo, assegnando alle parti stesse un termine entro il quale dovranno presentare la domanda in via principale esclusivamente per la verificazione della scrittura privata.
2. Sì, l'istanza di verificazione può essere presentata solo in via incidentale, perché non avrebbe senso presentare una domanda volta ad accertare la veridicità di una scrittura privata, se non quando questa sia stata contestata;
3. No, può essere presentata anche in via principale.

Le prove costituende; confessione, giuramento, prova per testimoni. Ispezione, esperimento giudiziale consulenza tecnica, rendimento dei conti: Domande

1. La confessione è una prova legale?

1. Sì, ma solo quando verte su diritti disponibili;
2. Si in ogni caso:
3. No, perché andrebbe contro il principio del libero convincimento del giudice.

2. Quale la massima di esperienza che è alla base della confessione?

1. La massima di esperienza alla base alla confessione sta nel fatto che confessandosi ci si libera di un peso, e quindi ci dice la verità;
2. La massima di esperienza in base alla quale la confessione è una prova legale, sta nel fatto che nessuno dichiara fatti a sé sfavorevoli se questi poi non sono veri;
3. In realtà non vi è una massima di esperienza particolare in base alla quale la confessione è una prova legale, ma è frutto di un processo storico dovuto alla religione cattolica che vede la confessione come un'attività anche di natura religiosa, e di conseguenza confessare fatti che non sono veri comporta in chi lo fa un disagio profondo di natura psicologica, oltre che, per chi è credente, religioso.

3. La confessione deve avvenire necessariamente all'interno di un processo?

1. No, una parte può confessare anche al di fuori di un processo, ma sarà poi necessario provare che tale confessione sia effettivamente avvenuta;
2. Non avrebbe senso una dichiarazione confessoria che sia stata resa al di fuori del processo, perché in tal caso, sarebbe impossibile provarla, mentre nell'ambito di un processo tutto risulterebbe dai verbali dello stesso;
3. La confessione non solo deve avvenire nell'ambito di un processo, ma deve essere sempre stata provocata dall'altra parte attraverso l'interrogatorio formale.

4. Che succede se la parte intimata a comparire in giudizio per rispondere alle domande dell'interrogatorio formale volontariamente non si presenti?

1. Il collegio può ritenere ammessi i fatti oggetto dell'interrogatorio;
2. Il collegio ritiene sempre ammessi i fatti oggetto dell'interrogatorio;
3. Il giudice valuterà la mancata comparizione come argomento di prova sfavorevole nei confronti della parte che non si è presentata, così come dispone l'articolo 117.

5. Quale la differenza fra interrogatorio libero e l'interrogatorio formale?

1. Non ci sono sostanziali differenze fra interrogatorio libero e interrogatorio formale, se non nel fatto che l'interrogatorio libero è disposto autonomamente dal giudice, mentre l'interrogatorio formale è sì disposto dal giudice, ma su sollecitazione di una delle parti che presenti una regolare domanda di ammissione.
2. Nell'interrogatorio libero il giudice convoca le parti per tentare la conciliazione, nel momento in cui una delle parti non si presenti, il giudice potrà dichiararla soccombente in merito al punto oggetto dell'interrogatorio;

3. Sostanzialmente l'interrogatorio formale è chiesto da una parte al giudice contro l'altra, e tende ad ottenere la confessione della parte da interrogare, mentre l'interrogatorio libero serve semplicemente al giudice per sentire le parti sui fatti di causa, senza che la mancata comparizione di una delle parti abbia gravi conseguenze, se non quella di argomento di prova.

6. *Quale la differenza fra giuramento decisorio e il giuramento suppletorio?*

1. Il giuramento suppletorio è disposto dal collegio solo nel caso in cui non ci si è riusciti ad arrivare alla verità in caso di esperimento del giuramento decisorio.
2. Non vi sono differenze tra i due, perché entrambi sono delle prove legali in grado di decidere il processo;
3. Il primo è chiesto al giudice dalla parte, il secondo e disposto d'ufficio dal collegio;sono entrambi prove legali.

7. *Che cosa deve fare la parte cui è stato deferito un giuramento decisorio?*

1. Quando una parte si è vista deferire un giuramento, dovrà necessariamente rendere una piena confessione sui fatti oggetto giuramento, salvo la possibilità di riferire il giuramento alla parte che glielo ha deferito.
2. La parte cui è stato deferito un giuramento decisorio deve necessariamente giurare, diversamente perderà la causa sull'oggetto del giuramento;
3. Sostanzialmente può tenere tre comportamenti, giurare, e vincere la causa, non giurare o non presentarsi senza giustificato motivo, e perdere la causa, riferire il giuramento alla parte che glielo ha deferito.

8. *Fino a che momento può essere presentata istanza di ammissione per il giuramento?*

1. Come tutte le prove, l'istanza per il giuramento può essere presentata fino alla prima udienza, oppure nella eventuale appendice relativa alla trattazione scritta;
2. Non c'è termine, il giuramento può essere chiesto in ogni stato e grado del processo;
3. L'istanza di ammissione per il giuramento, può essere presentata dal convenuto esclusivamente nella comparsa di risposta depositata nei termini previsti dalla legge.

9. *Che cosa deve fare il giudice quando è presentata istanza per l'ammissione del giuramento?*

1. Deve verificare l'ammissibilità e la decisorietà del giuramento;
2. Deve verificare l'ammissibilità la rilevanza del giuramento;
3. Deve ammetterlo senz'altro perché si tratta di una prova legale.

10. *Quando il collegio dispone il giuramento estimatorio?*

1. Quando entrambe le parti hanno concorde richiesta di giuramento;
2. Quando è impossibile accertare il valore della cosa domandata;
3. Quando si ritenga che una parte possa avere ragione.

11. *È ammissibile la testimonianza scritta?*

1. Sì, la testimonianza scritta è ammissibile, ma il giudice la potrà disporre solo su accordo delle parti, e tenuto conto della natura della causa e di ogni altra circostanza;

2. Sì la testimonianza scritta è ammissibile, e può essere disposta d'ufficio dal giudice di sua iniziativa in qualsiasi momento;
3. No, la testimonianza scritta non è ammissibile poiché se avvenisse questo, la testimonianza da prova costituenda finisce per diventare una prova precostituita;

12. C'è un limite di valore per l'ammissibilità della prova testimoniale?

1. Sì, c'è un limite di valore all'ammissibilità della prova testimoniale, in generale non sono ammissibili le prove testimoniali che riguardino cause di rilevante valore economico;
2. Sì, c'è il limite di valore che è di euro 2,58 ma visto il basso valore del limite, corrispondente alle vecchie L. 5000, si ritiene che in realtà questo limite non è più operante;
3. Nel codice non si rinviene alcuna norma che ponga un limite di valore all'ammissibilità della prova testimoniale.

13. E' possibile ammettere una prova testimoniale su un fatto che deve essere provato attraverso un documento che richiede la forma scritta ad substantiam?

1. No, non è mai possibile provare per testimoni del fatto che richiede la forma scritta ad substantiam, nemmeno nel caso in cui il documento sia effettivamente venuto ad esistenza, e la parte senza sua colpa ha perduto lo stesso documento che gli forniva la prova;
2. Dipende, se il documento non è stato mai formato, sarà impossibile provare quel fatto attraverso una prova testimoniale, a meno che la parte non dimostri di aver perduto il documento che gli forniva la prova;
3. Sì, è sempre possibile provare per testimoni un fatto che richiede la forma scritta ad substantiam, basta che l'altra parte non si opponga alla richiesta di ammissione della prova testimoniale, anche se l'atto non è mai venuto ad esistenza.

14. Se due parti stipulando un contratto redatto in forma scritta decidono di aggiungervi altre clausole, ma solo oralmente, sarà poi possibile provare tali clausole attraverso la prova testimoniale?

1. No, perché se le parti avessero effettivamente voluto aggiungere tali clausole, le avrebbero inserite nel contratto in corso di formazione;
2. Sì, perché non vi è un espresso divieto in proposito;
3. No, perché i testimoni non possono essere mai chiamati a partecipare alla stipulazione di un contratto.

15. Se due parti hanno stipulato un contratto forma scritta, e poi vi hanno apportato delle modifiche orali, queste ultime potranno essere trovate con testimoni?

1. Sì, è sempre possibile perché se le parti hanno apportato delle modifiche orali, vuol dire che già hanno previsto la possibilità di contestazioni da risolvere attraverso una prova testimoniale.
2. No, poiché se le parti hanno deciso di scegliere per i loro porti una forma scritta, è da presumere che anche le modifiche ai contratti che disciplinano tali rapporti possono essere fatte esclusivamente in forma scritta;
3. Dipende, se il giudice, avuto riguardo alla qualità delle parti, all'altro del contratto, e ad ogni altra circostanza, ritiene verosimile che tali modifiche siano state fatte oralmente, ammetterà la prova testimoniale.

16. Chi sono i soggetti che sono incapaci a testimoniare?

1. Sono tutti i parenti entro il terzo grado delle parti;
2. Sono tutti i minori degli anni 18, che non avendo ancora capacità di agire, non possono testimoniare;
3. Sono tutti quelli che hanno un interesse qualificato in causa, in altre parole un interesse che gli permetterebbe di intervenire a norma dell'articolo 105.

17. Che succede se la parte ha chiesto la prova testimoniale non si presenta poi in udienza per l'assunzione della prova?

1. Il giudice può dichiarata decaduta dall'assunzione della prova testimoniale;
2. Il giudice obbligatoriamente rinvia la causa a un'altra udienza per permettere la comparizione alla parte assente onde procedere all'assunzione della prova testimoniale;
3. Il giudice potrà ritenere ammessi i fatti oggetto della prova testimoniale, senza che sia necessario ascoltare il testimone, cosa del resto impossibile vista l'assenza della parte che ha indicato il testimone.

18. Il testimone deve essere intimato dalla parte che ha richiesto l'ammissione alla prova a comparire il giorno stabilito giudice in udienza?

1. No, non è necessario intimare il testimone, ma basterà una qualsiasi comunicazione anche telefonica, per avvertirlo del giorno in cui si terrà l'udienza nella quale dovrà rendere testimonianza;
2. Sì, la parte deve intimare ex articolo 250 il testimone a comparire in udienza e deve essere inviata ai testimoni almeno sette giorni prima della data dell'udienza fissata per l'assunzione della prova;
3. Sì, la parte deve intimare ex articolo 250 il testimone a comparire in udienza e deve essere fatta ai testimoni almeno cinque giorni prima della data dell'udienza fissata per l'assunzione della prova.

19. Il testimone può liberamente non presentarsi all'udienza una volta che sia stato intimato?

1. Sì, il testimone può anche non presentarsi all'udienza, ma è posto dal giudice nell'alternativa di pagare una sanzione pecuniaria di 1000 euro, oppure presentarsi all'udienza per rendere la testimonianza.
2. Sì, perché la testimonianza è un ufficio di diritto privato, e quindi il soggetto intimato può anche non presentarsi in udienza;
3. No, il giudice può condannarlo ad una sanzione pecuniaria ed arrivare anche a disporne l'accompagnamento coattivo.

20. Il testimone prima di rendere la sua dichiarazione deve giurare?

1. In teoria secondo l'articolo 251 del codice di procedura civile il testimone deve giurare, ma l'intervento alla corte costituzionale ha nella sostanza cambiato quest'articolo, e attualmente possiamo affermare che al posto del giuramento, vi è un impegno solenne del testimone a dire la verità;
2. Sì, è evidente dalla lettura dell'articolo 251, che il testimone prima di rendere la sua dichiarazione deve solennemente impegnarsi a dire la verità con la formula del giuramento;
3. L'articolo 251 che disciplina la formula del giuramento è stato abrogato, e attualmente sostituito dal nuovo articolo 251 ha letteralmente ripreso le motivazioni della corte costituzionale che aveva già dichiarato illegittimo tale articolo.

21. Il testimone è obbligato a dire la verità?

1. Sì, tanto è vero che se il giudice ha il fondato sospetto che non sia dicendo la verità lo denuncia al pubblico ministero;
2. Sì, è obbligato ma se non dirà la verità andrà incontro solo a una sanzione di natura amministrativa;
3. Sì è obbligato, ma nel caso in cui non dica la verità, il giudice potrà invitare la parte danneggiata tale comportamento a presentare autonoma domanda contro il testimone per ottenere il risarcimento del danno.

22. A che serve l'ispezione giudiziale?

1. L'ispezione è un accertamento a sorpresa disposto dal giudice, quando abbia il fondato timore che una delle parti stia per occultare prove decisive per il giudizio;
2. L'ispezione è un mezzo messo a disposizione dall'ordinamento affinché il giudice possa verificare in segreto i documenti prodotti in giudizio dalle parti, per scoprirne eventuali frodi;:
3. È un mezzo messo a disposizione del giudice per rendersi conto di persona dei luoghi, o di cose mobili o immobili o di persone; di regola giungere a tale ispezione perché non è possibile prendere visione di queste situazioni direttamente nel corso del processo.

23. Che cos'è l'esperimento giudiziale?

1. È una sorta di ispezione dinamica, nel senso che il giudice per accertare se un fatto sia o possa essersi verificato in un certo modo, ordina di procedere alla riproduzione del fatto stesso, eventualmente facendone eseguire una registrazione audiovisiva;
2. L'esperimento giudiziale è l'estremo tentativo lasciato al giudice per tentare la conciliazione delle parti, quando appare probabile che i tempi del processo si allunghino in maniera incontrollabile;
3. L'esperimento giudiziale è quell'attività che il giudice svolge con l'assistenza del consulente tecnico, per verificare la fondatezza delle domande che gli hanno proposto le parti.

24. Il giudice una volta che ritiene che un certo fatto debba essere sottoposto a una verifica tecnica, è obbligato a avvalersi dell'opera di un consulente tecnico?

1. Sì, perché il giudice è laureato in giurisprudenza, ma non in tutte le materie possibili, e quindi per tutte le situazioni che non possono essere risolte attraverso una laurea in giurisprudenza, sarà obbligato ad avvalersi dell'opera di un consulente tecnico;
2. No, il giudice si avvarrà dell'opera del consulente tecnico solo quando riterrà di non possedere le conoscenze idonee per comprendere dal punto di vista tecnico il fatto;
3. No, non è obbligato, ma per fare almeno dell'opera di un consulente tecnico, sarà necessario che egli stesso abbia una particolare specializzazione della materia oggetto di una eventuale consulenza tecnica, specializzazione che può consistere in un titolo di studio qualsiasi, come ad esempio un diploma di perito elettrotecnico.

25. Le parti possono nominare i loro consulenti per contraddire o controllare le operazioni del consulente tecnico scelto dal giudice?

1.No, perché il consulente tecnico nominato giudice, proprio perché nominato da lui e non dalle parti, è dotato di una sufficiente imparzialità e professionalità, tali da non poter danneggiare le parti, o di favorirne una a scapito dell'altra;
2. Sì, ogni parte ha diritto a nominare consulente tecnico;

3. Sì, è possibile ma solo dopo il giudice abbia espressamente autorizzato il consulente indicato dalla parte, e sempre che l'altra parte sia d'accordo sulla scelta del consulente; in caso di disaccordo tra il giudice a decidere la questione con ordinanza non è impugnabile.

26. In quali occasioni è possibile presentare istanza per il procedimento di rendimento dei conti?

1. Il procedimento può essere azionato nei confronti di coloro che debbano presentare un conto a uno o più soggetti, come può essere il caso di un amministratore di condominio;
2. Il rendimento dei conti, o meglio il procedimento per il rendimento dei conti, può essere iniziato solo nei confronti di coloro che, avendo accettato di pagare una somma di danaro, si rifiutino poi di eseguire relativa prestazione;
3. Il rendimento dei conti è un procedimento alternativo a quello ordinario, che serve a risolvere in maniera più rapida i conflitti che sono sorti fra le parti; in questi casi giudice istruttore deciderà di una sola udienza e immediatamente con ordinanza non è impugnabile.

>>>

Le prove costituende; confessione, giuramento, prova per testimoni. Ispezione, esperimento giudiziale consulenza tecnica, rendimento dei conti: Risposte

1. La confessione è una prova legale?

1. Sì, ma solo quando verte su diritti disponibili;
2. Si in ogni caso:
3. No, perché andrebbe contro il principio del libero convincimento del giudice.

2. Quale la massima di esperienza che è alla base della confessione?

1. La massima di esperienza alla base alla confessione sta nel fatto che confessandosi ci si libera di un peso, e quindi ci dice la verità;
2. La massima di esperienza in base alla quale la confessione è una prova legale, sta nel fatto che nessuno dichiara fatti a sé sfavorevoli se questi poi non sono veri;
3. In realtà non vi è una massima di esperienza particolare in base alla quale la confessione è una prova legale, ma è frutto di un processo storico dovuto alla religione cattolica che vede la confessione come un'attività anche di natura religiosa, e di conseguenza confessare fatti che non sono veri comporta in chi lo fa un disagio profondo di natura psicologica, oltre che, per chi è credente, religioso.

3. La confessione deve avvenire necessariamente all'interno di un processo?

1. No, una parte può confessare anche al di fuori di un processo, ma sarà poi necessario provare che tale confessione sia effettivamente avvenuta;
2. Non avrebbe senso una dichiarazione confessoria che sia stata resa al di fuori del processo, perché in tal caso, sarebbe impossibile provarla, mentre nell'ambito di un processo tutto risulterebbe dai verbali dello stesso;
3. La confessione non solo deve avvenire nell'ambito di un processo, ma deve essere sempre stata provocata dall'altra parte attraverso l'interrogatorio formale.

4. Che succede se la parte intimata a comparire in giudizio per rispondere alle domande dell'interrogatorio formale volontariamente non si presenti?

1. Il collegio può ritenere ammessi i fatti oggetto dell'interrogatorio;
2. Il collegio ritiene sempre ammessi i fatti oggetto dell'interrogatorio;
3. Il giudice valuterà la mancata comparizione come argomento di prova sfavorevole nei confronti della parte che non si è presentata, così come dispone l'articolo 117.

5. Quale la differenza fra interrogatorio libero e l'interrogatorio formale?

1. Non ci sono sostanziali differenze fra interrogatorio libero e interrogatorio formale, se non nel fatto che l'interrogatorio libero è disposto autonomamente dal giudice, mentre l'interrogatorio formale è sì disposto dal giudice, ma su sollecitazione di una delle parti che presenti una regolare domanda di ammissione.
2. Nell'interrogatorio libero il giudice convoca le parti per tentare la conciliazione, nel momento in cui una delle parti non si presenti, il giudice potrà dichiararla soccombente in merito al punto oggetto dell'interrogatorio;
3. Sostanzialmente l'interrogatorio formale è chiesto da una parte al giudice contro l'altra, e tende ad ottenere la confessione della parte da interrogare, mentre l'interrogatorio libero serve semplicemente al giudice per sentire le parti sui fatti di causa, senza che la mancata comparizione di una delle parti abbia gravi conseguenze, se non quella di argomento di prova.

6. Quale la differenza fra giuramento decisorio e il giuramento suppletorio?

1. Il giuramento suppletorio è disposto dal collegio solo nel caso in cui non ci si è riusciti ad arrivare alla verità in caso di esperimento del giuramento decisorio.
2. Non vi sono differenze tra i due, perché entrambi sono delle prove legali in grado di decidere il processo;
3. Il primo è chiesto al giudice dalla parte, il secondo e disposto d'ufficio dal collegio;sono entrambi prove legali.

7. Che cosa deve fare la parte cui è stato deferito un giuramento decisorio?

1. Quando una parte si è vista deferire un giuramento, dovrà necessariamente rendere una piena confessione sui fatti oggetto giuramento, salvo la possibilità di riferire il giuramento alla parte che glielo ha deferito.
2. La parte cui è stato deferito un giuramento decisorio deve necessariamente giurare, diversamente perderà la causa sull'oggetto del giuramento;
3. Sostanzialmente può tenere tre comportamenti, giurare, e vincere la causa, non giurare o non presentarsi senza giustificato motivo, e perdere la causa, riferire il giuramento alla parte che glielo ha deferito;

8. Fino a che momento può essere presentata istanza di ammissione per il giuramento?

1. Come tutte le prove, l'istanza per il giuramento può essere presentata fino alla prima udienza, oppure nella eventuale appendice relativa alla trattazione scritta;
2. Non c'è termine, il giuramento può essere chiesto in ogni stato e grado del processo;

3. L'istanza di ammissione per il giuramento, può essere presentata dal convenuto esclusivamente nella comparsa di risposta depositata nei termini previsti dalla legge.

9. Che cosa deve fare il giudice quando è presentata istanza per l'ammissione del giuramento?

1. Deve verificare l'ammissibilità e la decisorietà del giuramento;
2. Deve verificare l'ammissibilità la rilevanza del giuramento;
3. Deve ammetterlo senz'altro perché si tratta di una prova legale.

10. Quando il collegio dispone il giuramento estimatorio?

1. Quando entrambe le parti hanno concorde richiesta di giuramento;
2. Quando è impossibile accertare il valore della cosa domandata;
3. Quando si ritenga che una parte possa avere ragione.

11. È ammissibile la testimonianza scritta?

1. Sì, la testimonianza scritta è ammissibile, ma il giudice la potrà disporre solo su accordo delle parti, e tenuto conto della natura della causa e di ogni altra circostanza;
2. Sì la testimonianza scritta è ammissibile, e può essere disposta d'ufficio dal giudice di sua iniziativa in qualsiasi momento;
3. No, la testimonianza scritta non è ammissibile poiché se avvenisse questo, la testimonianza da prova costituenda finisce per diventare una prova precostituita;

12. C'è un limite di valore per l'ammissibilità della prova testimoniale?

1. Sì, c'è un limite di valore all'ammissibilità della prova testimoniale, in generale non sono ammissibili le prove testimoniali che riguardino cause di rilevante valore economico;
2. Sì, c'è il limite di valore che è di euro 2,58 ma visto il basso valore del limite, corrispondente alle vecchie L. 5000, si ritiene che in realtà questo limite non è più operante;
3. Nel codice non si rinviene alcuna norma che ponga un limite di valore all'ammissibilità della prova testimoniale.

13. E' possibile ammettere una prova testimoniale su un fatto che deve essere provato attraverso un documento che richiede la forma scritta ad substantiam?

1. No, non è mai possibile provare per testimoni del fatto che richiede la forma scritta ad substantiam, nemmeno nel caso in cui il documento sia effettivamente venuto ad esistenza, e la parte senza sua colpa ha perduto lo stesso documento che gli forniva la prova;
2. Dipende, se il documento non è stato mai formato, sarà impossibile provare quel fatto attraverso una prova testimoniale, a meno che la parte non dimostri di aver perduto il documento che gli forniva la prova;
3. Sì, è sempre possibile provare per testimoni un fatto che richiede la forma scritta ad substantiam, basta che l'altra parte non si opponga alla richiesta di ammissione della prova testimoniale, anche se l'atto non è mai venuto ad esistenza.

14. Se due parti stipulando un contratto redatto in forma scritta decidono di aggiungervi altre clausole, ma solo oralmente, sarà poi possibile provare tali clausole attraverso la prova testimoniale?

1. No, perché se le parti avessero effettivamente voluto aggiungere tali clausole, le avrebbero inserite nel contratto in corso di formazione;
2. Sì, perché non vi è un espresso divieto in proposito;
3. No, perché i testimoni non possono essere mai chiamati a partecipare alla stipulazione di un contratto.

15. Se due parti hanno stipulato un contratto forma scritta, e poi vi hanno apportato delle modifiche orali, queste ultime potranno essere trovate con testimoni?

1. Sì, è sempre possibile perché se le parti hanno apportato delle modifiche orali, vuol dire che già hanno previsto la possibilità di contestazioni da risolvere attraverso una prova testimoniale.
2. No, poiché se le parti hanno deciso di scegliere per i loro porti una forma scritta, è da presumere che anche le modifiche ai contratti che disciplinano tali rapporti possono essere fatte esclusivamente in forma scritta;
3. Dipende, se il giudice, avuto riguardo alla qualità delle parti, all'altro del contratto, e ad ogni altra circostanza, ritiene verosimile che tali modifiche siano state fatte oralmente, ammetterà la prova testimoniale.

16. Chi sono i soggetti che sono incapaci a testimoniare?

1. Sono tutti i parenti entro il terzo grado delle parti;
2. Sono tutti i minori degli anni 18, che non avendo ancora capacità di agire, non possono testimoniare;
3. Sono tutti quelli che hanno un interesse qualificato in causa, in altre parole un interesse che gli permetterebbe di intervenire a norma dell'articolo 105.

17. Che succede se la parte ha chiesto la prova testimoniale non si presenta poi in udienza per l'assunzione della prova?

1. Il giudice può dichiarata decaduta dall'assunzione della prova testimoniale;
2. Il giudice obbligatoriamente rinvia la causa a un'altra udienza per permettere la comparizione alla parte assente onde procedere all'assunzione della prova testimoniale;
3. Il giudice potrà ritenere ammessi i fatti oggetto della prova testimoniale, senza che sia necessario ascoltare il testimone, cosa del resto impossibile vista l'assenza della parte che ha indicato il testimone.

18. Il testimone deve essere intimato dalla parte che ha richiesto l'ammissione alla prova a comparire il giorno stabilito giudice in udienza?

1. No, non è necessario intimare il testimone, ma basterà una qualsiasi comunicazione anche telefonica, per avvertirlo del giorno in cui si terrà l'udienza nella quale dovrà rendere testimonianza;
2. Sì, la parte deve intimare ex articolo 250 il testimone a comparire in udienza e deve essere inviata ai testimoni almeno sette giorni prima della data dell'udienza fissata per l'assunzione della prova;
3. Sì, la parte deve intimare ex articolo 250 il testimone a comparire in udienza e deve essere fatta ai testimoni almeno cinque giorni prima della data dell'udienza fissata per l'assunzione della prova.

19. Il testimone può liberamente non presentarsi all'udienza una volta che sia stato intimato?

1. Sì, il testimone può anche non presentarsi all'udienza, ma è posto dal giudice nell'alternativa di pagare una sanzione pecuniaria di 1000 euro, oppure presentarsi all'udienza per rendere la testimonianza.
2. Sì, perché la testimonianza è un ufficio di diritto privato, e quindi il soggetto intimato può anche non presentarsi in udienza;
3. No, il giudice può condannarlo ad una sanzione pecuniaria ed arrivare anche a disporne l'accompagnamento coattivo.

20. Il testimone prima di rendere la sua dichiarazione deve giurare?

1.In teoria secondo l'articolo 251 del codice di procedura civile il testimone deve giurare, ma l'intervento alla corte costituzionale ha nella sostanza cambiato quest'articolo, e attualmente possiamo affermare che al posto del giuramento, vi è un impego solenne del testimone a dire la verità;
2. Sì, è evidente dalla lettura dell'articolo 251, che il testimone prima di rendere la sua dichiarazione deve solennemente impegnarsi a dire la verità con la formula del giuramento;
3. L'articolo 251 che disciplina la formula del giuramento è stato abrogato, e attualmente sostituito dal nuovo articolo 251 ha letteralmente ripreso le motivazioni della corte costituzionale che aveva già dichiarato illegittimo tale articolo.

21. Il testimone è obbligato a dire la verità?

1. Sì, tanto è vero che se il giudice ha il fondato sospetto che non sia dicendo la verità lo denuncia al pubblico ministero;
2. Sì, è obbligato ma se non dirà la verità andrà incontro solo a una sanzione di natura amministrativa;
3. Sì è obbligato, ma nel caso in cui non dica la verità, il giudice potrà invitare la parte danneggiata tale comportamento a presentare autonoma domanda contro il testimone per ottenere il risarcimento del danno.

22. A che serve l'ispezione giudiziale?

1. L'ispezione è un accertamento a sorpresa disposto dal giudice, quando abbia il fondato timore che una delle parti stia per occultare prove decisive per il giudizio;
2. L'ispezione è un mezzo messo a disposizione dall'ordinamento affinché il giudice possa verificare in segreto i documenti prodotti in giudizio dalle parti, per scoprirne eventuali frodi;:
3. È un mezzo messo a disposizione del giudice per rendersi conto di persona dei luoghi, o di cose mobili o immobili o di persone; di regola giungere a tale ispezione perché non è possibile prendere visione di queste situazioni direttamente nel corso del processo.

23. Che cos'è l'esperimento giudiziale?

1. È una sorta di ispezione dinamica, nel senso che il giudice per accertare se un fatto sia o possa essersi verificato in un certo modo, ordina di procedere alla riproduzione del fatto stesso, eventualmente facendone eseguire una registrazione audiovisiva;
2. L'esperimento giudiziale è l'estremo tentativo lasciato al giudice per tentare la conciliazione delle parti, quando appare probabile che i tempi del processo si allunghino in maniera incontrollabile;
3. L'esperimento giudiziale è quell'attività che il giudice svolge con l'assistenza del consulente tecnico, per verificare la fondatezza delle domande che gli hanno proposto le parti.

24. Il giudice una volta che ritiene che un certo fatto debba essere sottoposto a una verifica tecnica, è obbligato a avvalersi dell'opera di un consulente tecnico?

1. Sì, perché il giudice è laureato in giurisprudenza, ma non in tutte le materie possibili, e quindi per tutte le situazioni che non possono essere risolte attraverso una laurea in giurisprudenza, sarà obbligato ad avvalersi dell'opera di un consulente tecnico;
2. No, il giudice si avvarrà dell'opera del consulente tecnico solo quando riterrà di non possedere le conoscenze idonee per comprendere dal punto di vista tecnico il fatto;
3. No, non è obbligato, ma per fare almeno dell'opera di un consulente tecnico, sarà necessario che egli stesso abbia una particolare specializzazione della materia oggetto di una eventuale consulenza tecnica, specializzazione che può consistere in un titolo di studio qualsiasi, come ad esempio un diploma di perito elettrotecnico.

25. Le parti possono nominare i loro consulenti per contraddire o controllare le operazioni del consulente tecnico scelto dal giudice?

1.No, perché il consulente tecnico nominato giudice, proprio perché nominato da lui e non dalle parti, è dotato di una sufficiente imparzialità e professionalità, tali da non poter danneggiare le parti, o di favorirne una a scapito dell'altra;
2. Sì, ogni parte ha diritto a nominare consulente tecnico;
3. Sì, è possibile ma solo dopo il giudice abbia espressamente autorizzato il consulente indicato dalla parte, e sempre che l'altra parte sia d'accordo sulla scelta del consulente; in caso di disaccordo tra il giudice a decidere la questione con ordinanza non è impugnabile.

26. In quali occasioni è possibile presentare istanza per il procedimento di rendimento dei conti?

1. Il procedimento può essere azionato nei confronti di coloro che debbano presentare un conto a uno o più soggetti, come può essere il caso di un amministratore di condominio;
2. Il rendimento dei conti, o meglio il procedimento per il rendimento dei conti, può essere iniziato solo nei confronti di coloro che, avendo accettato di pagare una somma di danaro, si rifiutino poi di eseguire relativa prestazione;
3. Il rendimento dei conti è un procedimento alternativo a quello ordinario, che serve a risolvere in maniera più rapida i conflitti che sono sorti fra le parti; in questi casi giudice istruttore deciderà di una sola udienza e immediatamente con ordinanza non è impugnabile.

La rimessione in decisione della causa e le sentenze definitive e non definitive: Domande

1. Quando il giudice istruttore decide di rimettere la causa in decisione?

1. Quando la ritiene matura per la decisone;
2. Quando vi è la richiesta congiunta delle parti;
3. Quando è stato raggiunto il periodo previsto dal calendario del processo.

2. Prima dell'udienza per la rimessione in decisione o dopo la rimessione sono previsti dei termini per lo scambio di comparse.

1. Sì è possibile sia prima della udienza che dopo dell'udienza;
2. Solo prima dell'udienza;
3. Solo dopo l'udienza.

3. Ammettiamo che i termini vi siano, le parti possono rinunciarvi?

1. Sì.
2. No.
3. E' il giudice che può decidere per la rinuncia non le parti.

4. Allora quali i termini per lo scambio di memorie?

1. Questi sono i termini perentori concessi alle parti per lo scambio di memorie.
1) un termine di *15 giorni dopo* dell'udienza per il deposito di note scritte contenenti la sola precisazione delle conclusioni che le parti intendono sottoporre al collegio, nei limiti di quelle formulate negli atti introduttivi o a norma dell'articolo 171-ter. Le conclusioni di merito debbono essere interamente formulate anche nei casi previsti dell'articolo 187, secondo e terzo comma.
2) un termine non superiore a *30 giorni dopo* l'udienza per il deposito delle comparse conclusionali;
3) un termine non superiore a *40 giorni dopo* l'udienza per il deposito delle memorie di replica.

2. Questi sono i termini perentori concessi alle parti per lo scambio di memorie.
1) un termine di *60 giorni prima* dell'udienza per il deposito di note scritte contenenti la sola precisazione delle conclusioni che le parti intendono sottoporre al collegio, nei limiti di quelle formulate negli atti introduttivi o a norma dell'articolo 171-ter. Le conclusioni di merito debbono essere interamente formulate anche nei casi previsti dell'articolo 187, secondo e terzo comma.
2) un termine non superiore a *30 giorni prima* dell'udienza per il deposito delle comparse conclusionali;
3) un termine non superiore a *15i giorni prima* dell'udienza per il deposito delle memorie di replica.

3. I termini in realtà sono decisi dal giudice su istanza di una o entrambe le parti.

4. E' possibile chiedere la discussione orale della causa davanti al collegio?

1. No, rimessa la causa in decisione il collegio dovrà solo decidere;
2. Sì, in qualsiasi momento del giudizio ciascuna parte potrà chiedere la discussione della causa davanti al collegio;
3. Sì, ogni parte potrà chiedere la discussione orale davanti al collegio, in tal caso non si terrà l'udienza di rimessione in decisione, ma direttamente quella davanti al collegio, in tal caso le parti dovranno depositare le comparse conclusionali almeno 30 gg. prima dell'udienza di discussione innanzi al collegio.

5. E' possibile che sia lo stesso istruttore a decidere per la discussione orale della causa davanti al collegio?

1. Sì certo quando lo stesso istruttore ritenga che la causa possa essere decisa a seguito di discussione orale;
2. Sarebbe davvero strano che l'istruttore abbia questo potere, la risposta è ovviamente no;
3. Sì, ma ci vuole un'istanza di almeno una parte del processo, poi l'istruttore potrà accoglierla o meno.

6. *E' corretto dire che una sentenza è definitiva quando passa in giudicato?*

1. No, non è corretto, perché una sentenza definitiva può essere ancora impugnata almeno fino a quando non siano scaduti termini per l'impugnazione;
2. Sì, è corretto perché è evidente che la parola " definitiva" proprio a indicare che la questione è ormai chiusa e quindi non più proponibile innanzi ad un giudice;
3. Sì, è corretto, perché come la sentenza passata in giudicato non è più impugnabile, anche la sentenza definitiva non è più impugnabile.

7. *In quale occasione il giudice istruttore rinvia la causa davanti al collegio per decidere una preliminare di merito oppure una pregiudiziale di rito?*

1. Il giudice istruttore rinvia le parti davanti al collegio per la risoluzione di tali pregiudiziali in ogni caso, cioè ogni qualvolta queste si presentino, perché egli non ha il potere di decidere tali questioni che potrebbero risolvere il processo, questioni che invece possono essere risolte solo dal collegio;
2. Questo accade quando ritiene che tali preliminari o pregiudiziali siano fondate, e quindi possano decidere l'intera causa, e poiché egli non ha il potere di decidere la causa, rinvia la stessa davanti al collegio;
3. In realtà giudice istruttore quando si presentano tali questioni, non rinvia mai la causa e anche le parti davanti al collegio, ma le accantona, per deciderle poi insieme al collegio nella fase della decisione.

8. *Una volta che il collegio si è visto rinviare la causa dal giudice istruttore, è tenuto a deciderla e quindi ad entrare nel merito, oppure può anche rimetterla al giudice istruttore?*

1. Il collegio può sempre rinviare la causa davanti al giudice istruttore, ma per arrivare a tale decisione dovrà decidere con sentenza non impugnabile.
2. Il collegio non può rinviare la causa al giudice istruttore, ma è tenuto a deciderla, e ciò perché lo stesso giudice istruttore è il relatore della causa, ed è quindi impossibile che poi il collegio possa prendere una posizione diversa da quella che ha avuto lo stesso giudice istruttore nella relazione dove, evidentemente, ha espresso il parere che la causa dovesse essere decisa dal collegio.
3. Il collegio può sempre rinviare la causa al giudice istruttore senza deciderla, e ciò può accadere o perché ritenga infondata la questione pregiudiziale o preliminare, o perché ritenga la causa non sufficientemente istruita.

9. *E' possibile che sia pronunciata una sentenza definitiva solo per alcune domande e non per tutte quelle formavano oggetto della causa, quando l'istruttore ha rinviato tutta la causa davanti al collegio?*

1. No, non è possibile, il collegio dovrà rinviare tutta la causa, comprensiva delle diverse domande davanti al giudice istruttore, oppure deciderla per intero;
2. Si è possibile, ma per giungere a questo il collegio dovrà prima procedere con ordinanza alla separazione delle cause connesse, decidendone alcune con sentenza, mentre le altre le rimetterà con ordinanza innanzi al giudice istruttore;
3. Si è possibile, ma in tal caso il collegio dovrà prima procedere con sentenza alla separazione delle cause connesse, e poi, per le domande dove sia possibile una decisione, provvederà a deciderle con sentenza.

10. *Quando il collegio ritiene che la questione pregiudiziale di merito o preliminare di rito sia infondata, con quale provvedimento decide?*

1. Con sentenza, che però sarà non definitiva;
2. Con ordinanza, perché rimetterà le parti davanti al collegio;
3. Con sentenza definitiva.

11. La sentenza non definitiva è impugnabile?

1. Trattandosi di sentenza non definitiva è chiaramente non impugnabile;
2. Si è impugnabile, nei normali termini, ma la parte soccombente potrà fare anche riserva d'impugnazione, per impugnarla poi insieme alla sentenza definitiva;
3. La sentenza definitiva è impugnabile, ma la legge implicitamente riconosce la possibilità per la parte soccombente di impugnarla insieme alla sentenza definitiva, sospendendo automaticamente i termini per l'impugnazione della sentenza non definitiva fino al giorno in cui sarà depositata la sentenza definitiva.

12. La sentenza di condanna generica è titolo esecutivo?

1. No, non è titolo esecutivo perché la decisione c'è stata solo sull'esistenza del diritto, ma non sul quantum, cioè su quanto spetta alla parte vittoriosa;
2. L'articolo 474 del codice di procedura civile menziona fra i titoli esecutivi le sentenze, e quindi anche la sentenza di condanna generica;
2. No, non è titolo esecutivo, perché nell'elencazione dei titoli esecutivi è espressamente esclusa la sentenza di condanna generica.

>>>

La rimessione in decisione della causa e le sentenze definitive e non definitive: Risposte

1. Quando il giudice istruttore decide di rimettere la causa in decisione?

1. Quando la ritiene matura per la decisone;
2. Quando vi è la richiesta congiunta delle parti;
3. Quando è stato raggiunto il periodo previsto dal calendario del processo.

2. Prima dell'udienza per la rimessione in decisione o dopo la rimessione sono previsti dei termini per lo scambio di comparse.

1. Sì è possibile sia prima della udienza che dopo dell'udienza;
2. Solo prima dell'udienza;
3. Solo dopo l'udienza.

3. Ammettiamo che i termini vi siano, le parti possono rinunciarvi?

1. Sì.
2. No.
3. E' il giudice che può decidere per la rinuncia non le parti.

4. Allora quali i termini per lo scambio di memorie?

1. Questi sono i termini perentori concessi alle parti per lo scambio di memorie.
1) un termine di *15 giorni dopo* dell'udienza per il deposito di note scritte contenenti la sola precisazione delle conclusioni che le parti intendono sottoporre al collegio, nei limiti di quelle formulate negli atti introduttivi o a norma dell'articolo 171-ter. Le conclusioni di merito debbono essere interamente formulate anche nei casi previsti dell'articolo 187, secondo e terzo comma.
2) un termine non superiore a *30 giorni dopo* l'udienza per il deposito delle comparse conclusionali;
3) un termine non superiore a *40 giorni dopo* l'udienza per il deposito delle memorie di replica.

2. Questi sono i termini perentori concessi alle parti per lo scambio di memorie.
1) un termine di *60 giorni prima* dell'udienza per il deposito di note scritte contenenti la sola precisazione delle conclusioni che le parti intendono sottoporre al collegio, nei limiti di quelle formulate negli atti introduttivi o a norma dell'articolo 171-ter. Le conclusioni di merito debbono essere interamente formulate anche nei casi previsti dell'articolo 187, secondo e terzo comma.
2) un termine non superiore a *30 giorni prima* dell'udienza per il deposito delle comparse conclusionali;
3) un termine non superiore a *15i giorni prima* dell'udienza per il deposito delle memorie di replica.

3. I termini in realtà sono decisi dal giudice su istanza di una o entrambe le parti.

4. E' possibile chiedere la discussione orale della causa davanti al collegio?

1. No, rimessa la causa in decisione il collegio dovrà solo decidere;
2. Sì, in qualsiasi momento del giudizio ciascuna parte potrà chiedere la discussione della causa davanti al collegio;
3. Sì, ogni parte potrà chiedere la discussione orale davanti al collegio, in tal caso non si terrà l'udienza di rimessione in decisione, ma direttamente quella davanti al collegio, in tal caso le parti dovranno depositare le comparse conclusionali almeno 30 gg. prima dell'udienza di discussione innanzi al collegio.

5. E' possibile che sia lo stesso istruttore a decidere per la discussione orale della causa davanti al collegio?

1. Sì certo quando lo stesso istruttore ritenga che la causa possa essere decisa a seguito di discussione orale;
2. Sarebbe davvero strano che l'istruttore abbia questo potere, la risposta è ovviamente no;
3. Sì, ma ci vuole un'istanza di almeno una parte del processo, poi l'istruttore potrà accoglierla o meno.

6. E' corretto dire che una sentenza è definitiva quando passa in giudicato?

1. No, non è corretto, perché una sentenza definitiva può essere ancora impugnata almeno fino a quando non siano scaduti termini per l'impugnazione;
2. Sì, è corretto perché è evidente che la parola " definitiva" proprio a indicare che la questione è ormai chiusa e quindi non più proponibile innanzi ad un giudice;
3. Sì, è corretto, perché come la sentenza passata in giudicato non è più impugnabile, anche la sentenza definitiva non è più impugnabile.

7. In quale occasione il giudice istruttore rinvia la causa davanti al collegio per decidere una preliminare di merito oppure una pregiudiziale di rito?

1. Il giudice istruttore rinvia le parti davanti al collegio per la risoluzione di tali pregiudiziali in ogni caso, cioè ogni qualvolta queste si presentino, perché egli non ha il potere di decidere tali questioni che potrebbero risolvere il processo, questioni che invece possono essere risolte solo dal collegio;
2. Questo accade quando ritiene che tali preliminari o pregiudiziali siano fondate, e quindi possano decidere l'intera causa, e poiché egli non ha il potere di decidere la causa, rinvia la stessa davanti al collegio;
3. In realtà giudice istruttore quando si presentano tali questioni, non rinvia mai la causa e anche le parti davanti al collegio, ma le accantona, per deciderle poi insieme al collegio nella fase della decisione.

8. Una volta che il collegio si è visto rinviare la causa dal giudice istruttore, è tenuto a deciderla e quindi ad entrare nel merito, oppure può anche rimetterla al giudice istruttore?

1. Il collegio può sempre rinviare la causa davanti al giudice istruttore, ma per arrivare a tale decisione dovrà decidere con sentenza non impugnabile.
2. Il collegio non può rinviare la causa al giudice istruttore, ma è tenuto a deciderla, e ciò perché lo stesso giudice istruttore è il relatore della causa, ed è quindi impossibile che poi il collegio possa prendere una posizione diversa da quella che ha avuto lo stesso giudice istruttore nella relazione dove, evidentemente, ha espresso il parere che la causa dovesse essere decisa dal collegio.
3. Il collegio può sempre rinviare la causa al giudice istruttore senza deciderla, e ciò può accadere o perché ritenga infondata la questione pregiudiziale o preliminare, o perché ritenga la causa non sufficientemente istruita.

9. E' possibile che sia pronunciata una sentenza definitiva solo per alcune domande e non per tutte quelle formavano oggetto della causa, quando l'istruttore ha rinviato tutta la causa davanti al collegio?

1. No, non è possibile, il collegio dovrà rinviare tutta la causa, comprensiva delle diverse domande davanti al giudice istruttore, oppure deciderla per intero;
2. Si è possibile, ma per giungere a questo il collegio dovrà prima procedere con ordinanza alla separazione delle cause connesse, decidendone alcune con sentenza, mentre le altre le rimetterà con ordinanza innanzi al giudice istruttore;
3. Si è possibile, ma in tal caso il collegio dovrà prima procedere con sentenza alla separazione delle cause connesse, e poi, per le domande dove sia possibile una decisione, provvederà a deciderle con sentenza.

10. Quando il collegio ritiene che la questione pregiudiziale di merito o preliminare di rito sia infondata, con quale provvedimento decide?

1. Con sentenza, che però sarà non definitiva;
2. Con ordinanza, perché rimetterà le parti davanti al collegio;
3. Con sentenza definitiva.

11. La sentenza non definitiva è impugnabile?

1. Trattandosi di sentenza non definitiva è chiaramente non impugnabile;
2. Si è impugnabile, nei normali termini, ma la parte soccombente potrà fare anche riserva d'impugnazione, per impugnarla poi insieme alla sentenza definitiva;
3. La sentenza definitiva è impugnabile, ma la legge implicitamente riconosce la possibilità per la parte soccombente di impugnarla insieme alla sentenza definitiva, sospendendo automaticamente i termini per l'impugnazione della sentenza non definitiva fino al giorno in cui sarà depositata la sentenza definitiva.

12. La sentenza di condanna generica è titolo esecutivo?

1. No, non è titolo esecutivo perché la decisione c'è stata solo sull'esistenza del diritto, ma non sul quantum, cioè su quanto spetta alla parte vittoriosa;
2. L'articolo 474 del codice di procedura civile menziona fra i titoli esecutivi le sentenze, e quindi anche la sentenza di condanna generica;
2. No, non è titolo esecutivo, perché nell'elencazione dei titoli esecutivi è espressamente esclusa la sentenza di condanna generica.

Le ordinanze ex articoli 183 ter e quater e le ordinanze interinali: Domande

1. E' possibile che il giudice istruttore, invece di rimettere la causa in decisione, scelga di decidere subito con ordinanza accogliendo la domanda?

1. Sì è possibile in ogni caso;
2. Sì, ma solo se la causa verta su diritti disponibili;
3. Sì, ma solo se la causa verte su diritti disponibili quando i fatti costituivi sono provati e le difese della controparte sono manifestamente infondate.

2. Quindi è possibile che sia pronunciata questa ordinanza, ma la parte soccombente può impugnarla?

1. Sì in appello che si svolgerà con una procedura semplificata;
2. Sì con reclamo ex art. 669 terdecies;
3. No, perché non passa in giudicato.

3. E' possibile che il giudice istruttore, invece di rimettere la causa in decisione, scelga di decidere subito con ordinanza rigettando la domanda?

1. Evidentemente no, la possibilità esiste solo per il caso di accoglimento e non per quello di rigetto;
2. Sì è possibile quando è evidente che la causa è persa per una delle parti;
3. Sì è possibile se la causa verta su diritti disponibili e la domanda sia manifestamente infondata;
4. Sì è possibile se la causa verta su diritti disponibili e la domanda sia manifestamente infondata e anche se essendo omesso o assolutamente incerto l'edictio actionis della citazione e questa non è stata rinnovata o integrata.

4. Perché, parlando delle ordinanze ex articoli 186 bis e ter e quater si parla di ordinanze interinali?

1. Perché si tratta di ordinanze che sono prese nel corso di un processo, e di solito a carattere temporaneo, ad interim appunto;

2. Perché si tratta di ordinanze interdisciplinari, che uniscono gli effetti delle ordinanze agli effetti delle sentenze;
3. Perché si tratta di ordinanze che sono prese da un giudice onorario, ad interim, dovendo poi essere confermate successivamente dal tribunale.

5. *L'ordinanza per il pagamento di somme non contestate può essere presa nei confronti della parte rimasta contumace?*

1. No, perché oltre l'espresso divieto dall'articolo 186 bis, la contumacia non equivale mai alla non contestazione dei fatti allegati dall'altra parte;
2. No, perché quando la parte è contumace l'ordinanza può essere presa solo se il giudice dispone espressa notifica della richiesta dell'altra parte affinché questa possa costituirsi e contestare;
3. Sì, perché la mancata contestazione si può anche dedurre dalla mancata costituzione dell'altra parte, che non intervenendo il processo dimostra la sua volontà implicita di non contestazione dei fatti dedotti dalla parte che si è costituita.

6. *L'ordinanza prevista dall'articolo 186 bis è revocabile dal collegio?*

1. Sì, ma il collegio potrà revocare l'ordinanza pronunciata al giudice istruttore solo quando sia stato proposto davanti a lui reclamo da una delle parti;
2. Sì;
3. L'ordinanza dell'articolo 186 bis è titolo esecutivo, e conserva la sua efficacia anche in caso di estinzione del processo, così come dispone il secondo comma dell'articolo 186 bis, e di conseguenza, una volta pronunciata, non è impugnabile.

7. *Se il processo si estingue, l'ordinanza ex articolo 186 bis conserverà la sua efficacia, e nel caso in cui ciò accada cosa potrà fare la parte intimata attraverso l'ordinanza per resisterle?*

1. L'ordinanza conserva l'efficacia di titolo esecutivo anche dopo l'estinzione del processo, ma nel caso in cui la parte che si è vista intimare il pagamento in base a detta ordinanza intenda resisterle, non potrà fare altro che rivolgersi al collegio con atto di reclamo da proporsi entro 10 giorni dalla notifica del precetto;
2. L'ordinanza conserva l'efficacia di titolo esecutivo anche dopo l'estinzione del processo, ma poiché non si tratta di una sentenza, non sarà possibile impugnarle in appello; in caso di esecuzione basata sull'ordinanza pronunciata ex articolo 186 bis, la parte intimata potrà comunque proporre opposizione all'esecuzione per contestare il diritto a procedere alla stessa esecuzione;
3. L'ordinanza conserva l'efficacia di titolo esecutivo anche dopo l'estinzione del processo, nel caso in cui la parte vittoriosa porti a esecuzione l'ordinanza, la parte soccombente non potrà fare altro che subire l'esecuzione, salvo chiedere il risarcimento del danno in un apposito giudizio, volto a fare accertare infondatezza del diritto azionato attraverso l'ordinanza.

8. *Fino a quando può essere chiesta l'ordinanza ex articolo 186 ter.*

1. Può essere chiesta fino al momento della precisazione delle conclusioni;
2. Può essere chiesta non oltre la prima udienza ex articolo 183;
3. Può essere chiesta in ogni stato e grado del processo.

9. L'ordinanza ex articolo 186 ter, può essere chiesta contro la parte che è rimasta contumace?

1. Sì, può essere chiesta, ma sarà necessario notificarla all'altra parte, che avrà gli ordinari 40 giorni per potersi costituire ed opporsi, così come accade nel caso di opposizione a decreto ingiuntivo.
2. No, abbiamo già visto che nell'ipotesi dell'articolo 186 bis, sicuramente meno impegnativa rispetto a questa, che la mancata costituzione non equivale mai a non contestazione, e allora è evidente che un'ordinanza dalle conseguenze così incisive, potrà essere pronunciata solo nei confronti della parte costituita;
3. Sì, può essere chiesta, ma dovrà essere notificata all'altra parte ex articolo 644; la parte intimata avrà 20 giorni di tempo dalla notifica per costituirsi e contestarla, in mancanza acquisterà l'efficacia di titolo esecutivo ex articolo 647.

10. Quando l'ordinanza ex articolo 186 ter è dichiarata provvisoriamente esecutiva?

1. L'ordinanza sarà dichiarata provvisoriamente esecutiva su esplicita richiesta della parte, quando si alleghino al giudice istruttore particolari motivi di necessità e urgenza.
2. L'ordinanza sarà dichiarata provvisoriamente esecutiva solo quando il richiedente avrà fornito le prove previste dall'articolo 642 bis;
3. Quando sia fondata sulla prova scritta forte di cui all'articolo 642, ma potrà essere dichiarata provvisoriamente esecutiva anche quando i documenti prodotti dalla parte ha chiesto l'ordinanza non siano idonei ad ottenere la provvisoria esecuzione, ma l'altra parte costituita non si è opposta con prova scritta o di pronta soluzione.

11. Fino a quando può essere pronunciata l'ordinanza ex articolo 186 quater?

1. L'ordinanza può essere pronunciata esaurita l'istruzione, ma prima della decisione finale del collegio;
2. L'ordinanza può essere pronunciata in qualsiasi momento del processo;
3. L'ordinanza può essere pronunciata non oltre la prima udienza di comparizione trattazione di cui all'articolo 183.

12. L'ordinanza pronunciata ex articolo 186 quater può acquistare efficacia di sentenza?

1. No, trattandosi di provvedimento interinale non potrà mai acquistare l'efficacia di sentenza, ma potrà comunque sempre essere revocata e modificata dal collegio;
2. Sì, ciò potrà accadere se processo si estingue oppure quando la parte intimata dall'ordinanza non manifesta entro 30 giorni dalla sua pronuncia in udienza o dalla sua comunicazione la volontà che sia pronunciata la sentenza finale.
3. Sì, l'ordinanza potrà acquistare efficacia di sentenza, ma solo se la parte intimata depositerà un'espressa dichiarazione con la quale rinuncerà alla sentenza finale, e ciò per impugnare tale ordinanza divenuta sentenza, direttamente davanti al giudice di appello.

>>

Le ordinanze ex articoli 183 ter e quater e le ordinanze interinali: Risposte

1. E' possibile che il giudice istruttore, invece di rimettere la causa in decisione, scelga di decidere subito con ordinanza accogliendo la domanda?

1. Sì è possibile in ogni caso;
2. Sì, ma solo se la causa verta su diritti disponibili;
3. Sì, ma solo se la causa verte su diritti disponibili quando i fatti costituivi sono provati e le difese della controparte sono manifestamente infondate.

2. Quindi è possibile che sia pronunciata questa ordinanza, ma la parte soccombente può impugnarla?

1. Sì in appello che si svolgerà con una procedura semplificata;
2. Sì con reclamo ex art. 669 terdecies;
3. No, perché non passa in giudicato.

3. E' possibile che il giudice istruttore, invece di rimettere la causa in decisione, scelga di decidere subito con ordinanza rigettando la domanda?

1. Evidentemente no, la possibilità esiste solo per il caso di accoglimento e non per quello di rigetto;
2. Sì è possibile quando è evidente che la causa è persa per una delle parti;
3. Sì è possibile se la causa verta su diritti disponibili e la domanda sia manifestamente infondata.
4. Sì è possibile se la causa verta su diritti disponibili e la domanda sia manifestamente infondata e anche se essendo omesso o assolutamente incerto l'edictio actionis della citazione e questa non è stata rinnovata o integrata.

4. Perché, parlando delle ordinanze ex articoli 186 bis e ter e quater si parla di ordinanze interinali?

1. Perché si tratta di ordinanze che sono prese nel corso di un processo, e di solito a carattere temporaneo, ad interim appunto;
2. Perché si tratta di ordinanze interdisciplinari, che uniscono gli effetti delle ordinanze agli effetti delle sentenze;
3. Perché si tratta di ordinanze che sono prese da un giudice onorario, ad interim, dovendo poi essere confermate successivamente dal tribunale.

5. L'ordinanza per il pagamento di somme non contestate può essere presa nei confronti della parte rimasta contumace?

1. No, perché oltre l'espresso divieto dall'articolo 186 bis, la contumacia non equivale mai alla non contestazione dei fatti allegati dall'altra parte;
2. No, perché quando la parte è contumace l'ordinanza può essere presa solo se il giudice dispone espressa notifica della richiesta dell'altra parte affinché questa possa costituirsi e contestare;
3. Sì, perché la mancata contestazione si può anche dedurre dalla mancata costituzione dell'altra parte, che non intervenendo il processo dimostra la sua volontà implicita di non contestazione dei fatti dedotti dalla parte che si è costituita.

6. L'ordinanza prevista dall'articolo 186 bis è revocabile dal collegio?

1. Sì, ma il collegio potrà revocare l'ordinanza pronunciata al giudice istruttore solo quando sia stato proposto davanti a lui reclamo da una delle parti;
2. Sì;
3. L'ordinanza dell'articolo 186 bis è titolo esecutivo, e conserva la sua efficacia anche in caso di estinzione del processo, così come dispone il secondo comma dell'articolo 186 bis, e di conseguenza, una volta pronunciata, non è impugnabile.

7. Se il processo si estingue, l'ordinanza ex articolo 186 bis conserverà la sua efficacia, e nel caso in cui ciò accada cosa potrà fare la parte intimata attraverso l'ordinanza per resisterle?

1. L'ordinanza conserva l'efficacia di titolo esecutivo anche dopo l'estinzione del processo, ma nel caso in cui la parte che si è vista intimare il pagamento in base a detta ordinanza intenda resisterle, non potrà fare altro che rivolgersi al collegio con atto di reclamo da proporsi entro 10 giorni dalla notifica del precetto;
2. L'ordinanza conserva l'efficacia di titolo esecutivo anche dopo l'estinzione del processo, ma poiché non si tratta di una sentenza, non sarà possibile impugnarle in appello; in caso di esecuzione basata sull'ordinanza pronunciata ex articolo 186 bis, la parte intimata potrà comunque proporre opposizione all'esecuzione per contestare il diritto a procedere alla stessa esecuzione;
3. L'ordinanza conserva l'efficacia di titolo esecutivo anche dopo l'estinzione del processo, nel caso in cui la parte vittoriosa porti a esecuzione l'ordinanza, la parte soccombente non potrà fare altro che subire l'esecuzione, salvo chiedere il risarcimento del danno in un apposito giudizio, volto a fare accertare infondatezza del diritto azionato attraverso l'ordinanza.

8. Fino a quando può essere chiesta l'ordinanza ex articolo 186 ter.

1. Può essere chiesta fino al momento della precisazione delle conclusioni;
2. Può essere chiesta non oltre la prima udienza ex articolo 183;
3. Può essere chiesta in ogni stato e grado del processo.

9. L'ordinanza ex articolo 186 ter, può essere chiesta contro la parte che è rimasta contumace?

1. Sì, può essere chiesta, ma sarà necessario notificarla all'altra parte, che avrà gli ordinari 40 giorni per potersi costituire ed opporsi, così come accade nel caso di opposizione a decreto ingiuntivo.
2. No, abbiamo già visto che nell'ipotesi dell'articolo 186 bis, sicuramente meno impegnativa rispetto a questa, che la mancata costituzione non equivale mai a non contestazione, e allora è evidente che un'ordinanza dalle conseguenze così incisive, potrà essere pronunciata solo nei confronti della parte costituita;
3. Sì, può essere chiesta, ma dovrà essere notificata all'altra parte ex articolo 644; la parte intimata avrà 20 giorni di tempo dalla notifica per costituirsi e contestarla, in mancanza acquisterà l'efficacia di titolo esecutivo ex articolo 647.

10. Quando l'ordinanza ex articolo 186 ter è dichiarata provvisoriamente esecutiva?

1. L'ordinanza sarà dichiarata provvisoriamente esecutiva su esplicita richiesta della parte, quando si alleghino al giudice istruttore particolari motivi di necessità e urgenza.
2. L'ordinanza sarà dichiarata provvisoriamente esecutiva solo quando il richiedente avrà fornito le prove previste dall'articolo 642 bis;

3. Quando sia fondata sulla prova scritta forte di cui all'articolo 642, ma potrà essere dichiarata provvisoriamente esecutiva anche quando i documenti prodotti dalla parte ha chiesto l'ordinanza non siano idonei ad ottenere la provvisoria esecuzione, ma l'altra parte costituita non si è opposta con prova scritta o di pronta soluzione.

11. Fino a quando può essere pronunciata l'ordinanza ex articolo 186 quater?

1. L'ordinanza può essere pronunciata esaurita l'istruzione, ma prima della decisione finale del collegio;
2. L'ordinanza può essere pronunciata in qualsiasi momento del processo;
3. L'ordinanza può essere pronunciata non oltre la prima udienza di comparizione trattazione di cui all'articolo 183.

12. L'ordinanza pronunciata ex articolo 186 quater può acquistare efficacia di sentenza?

1. No, trattandosi di provvedimento interinale non potrà mai acquistare l'efficacia di sentenza, ma potrà comunque sempre essere revocata e modificata dal collegio;
2. Sì, ciò potrà accadere se processo si estingue oppure quando la parte intimata dall'ordinanza non manifesta entro 30 giorni dalla sua pronuncia in udienza o dalla sua comunicazione la volontà che sia pronunciata la sentenza finale.
3. Sì, l'ordinanza potrà acquistare efficacia di sentenza, ma solo se la parte intimata depositerà un'espressa dichiarazione con la quale rinuncerà alla sentenza finale, e ciò per impugnare tale ordinanza divenuta sentenza, direttamente davanti al giudice di appello.

Vicende anomale del processo, contumacia, sospensione, interruzione, estinzione, riunione: Domande

1. Quando una parte è contumace?

1. Quando, pur avendo depositato in cancelleria il proprio fascicolo, non si presenta a tutte le successive udienze.
2. Quando, in tribunale, non si costituisce almeno 20gg. prima dell'udienza ex art. 183 ma lo fa successivamente;
3. Quando non si costituisce nel giudizio;

2. In quale occasione si applicano regole del cosiddetto processo contumaciale?

1. La contumacia è una situazione di fatto, quindi le regole processo contumaciale si applicano semplicemente con il suo verificarsi;
2. La legge dispone che la contumacia è dichiarata dal giudice, e quindi le regole di questo processo si applicano solo a partire dalla data della dichiarazione effettuata dal giudice;
3. Non esiste un processo contumaciale, e di conseguenza non vi sono particolari regole da applicare.

3. Che succede se entrambe le parti non si costituiscono in giudizio nei termini stabiliti dalla legge?

1. Il processo cade in uno stato di quiescenza, e nel termine di sei mesi potrà essere riassunto da una delle parti, a far data dal termine di costituzione del convenuto, ma se avviene la riassunzione del processo e

nessuna delle parti si costituisce nei termini, cadrà in uno stato di quiescenza della durata di tre mesi, e se non avviene una nuova riassunzione, il processo si estinguerà;
2. Il processo cade in uno stato di quiescenza, e, entro il termine di tre mesi, può essere riassunto da una delle parti; il termine è calcolato dalla data di costituzione del convenuto, se però il processo è riassunto in questo termine e non segue una regolare costituzione delle parti nei termini, ci sarà l'immediata dello stesso;
3. Il processo cade in uno stato di quiescenza; entro il termine di tre mesi può essere riassunto da una delle parti, il termine è calcolato dalla data di costituzione dell'attore, se però il processo è riassunto in questo termine e non segue una regolare costituzione delle parti nei termini, ci sarà l'immediata estinzione dello stesso.

4. Se dovessi riassumere i principi fondamentali del processo contumaciale, quali elementi indicheresti?

1. La mancata costituzione del convenuto può comportare delle gravi conseguenze in relazione a particolari atti dove è necessaria la sua presenza; di conseguenza i principi fondamentali di questo processo stanno nel fatto che in presenza di particolari atti, come ad esempio in ipotesi di ordinanza di ammissione dell'interrogatorio formale, il contumace deve essere messo in grado di partecipare al giudizio, e quindi provvedimenti di questo tipo gli devono essere necessariamente notificati;
2. Attraverso la contumacia, la parte ha volontamente deciso di non partecipare al giudizio, quindi le regole fondamentali del processo contumaciale stanno nel fatto di rispettare questa sua decisione, ma questo non potrà giungere fino a non farli conoscere l'esito del giudizio, ed infatti è obbligatorio che al contumace sia notificata la sentenza finale;
3. I principi fondamentali del processo contumaciale stanno nel mettere comunque al corrente la parte che è rimasta contumace di tutti gli atti fondamentali del processo, di conseguenza dovranno essere di notificate tutte le ordinanze pronunciate dal giudice istruttore e dallo stesso collegio, in modo che egli possa valutare in maniera opportuna la possibilità di cessare questo comportamento negativo e di costituirsi.

5. Il contumace che si costituisce in ritardo, può chiedere di essere rimesso in termini?

1. Sì, il contumace che si costituisce in ritardo può sempre chiedere di essere rimesso in termini anche al di fuori dei casi previsti dall'articolo 294, che non sono altro che un'applicazione specifica delle regole previste dall'articolo 153; per essere rimessi in termini non deve fare altro che comunicare al giudice la sua volontà di partecipare attivamente al processo, visto che, in tal caso, la legge premia la sua decisione di non rimanere parte passiva del giudizio
2. No, se il contumace ha deciso di non partecipare al giudizio, non si vede come possa pretendere di essere rimessa in termini?
3. Sì, questo potere è previsto dall'articolo 294 ma solo alle condizioni previste dallo stesso articolo.

6. Il contumace che si costituisce tardivamente basta che provi, per essere rimesso in termini, di non essersi potuto costituire per causa a lui non imputabile?

1. No, deve provare che la nullità della citazione o della sua notificazione gli hanno impedito di avere conoscenza del processo o che la costituzione gli è stata impedita per causa a lui non imputabile;
2. Sì, si applica il principio generale previsto dall'articolo 153 comma secondo;
3. No, la rimessione in termini è automatica, quando il contumace dimostra il giudice di aver pagato il contributo unificato previsto per le spese di giustizia.

7. In quali casi il processo si sospende?

1. Il processo si sospende automaticamente, senza quindi esplicita richiesta delle parti, solo quando vi è una questione pregiudiziale da risolvere rispetto a quella dipendente trattata nel processo in corso.
2. La sospensione del processo è possibile quando vi sia una questione pregiudiziale da risolvere, rispetto a quella trattata nel processo in corso, ma, in ogni caso, tale sospensione è disposta dal giudice istruttore solo su istanza congiunta di entrambe le parti;
3. Abbiamo due ipotesi, quella per richiesta congiunta delle parti, e l'ipotesi in cui si tratta di risolvere una questione pregiudiziale rispetto al processo in corso.

8. Da che momento scatta il termine per riprendere il processo sospeso?

1. Il processo sospeso deve riprendere entro sei mesi dalla conoscenza della cessazione della causa di sospensione, in caso di sospensione per questioni di pregiudizialità dipendenza;
2. Il processo sospeso deve riprendere entro tre mesi dalla conoscenza della cessazione della causa di sospensione, in caso di sospensione per questioni di pregiudizialità dipendenza;
3. Il processo sospeso deve riprendere entro tre mesi dalla cessazione della causa di sospensione, in caso di sospensione per questioni di pregiudizialità dipendenza;

9. Che succede se il processo sospeso non è ripreso nel termine previsto dalla legge?

1. La causa sarà cancellata dal ruolo, ma sarà possibile riprenderla nel termine di tre mesi dalla data del provvedimento di cancellazione;
2. Si avrà l'estinzione del processo;
3. Su istanza di una delle parti sarà possibile riprendere il processo sospeso entro il termine di tre mesi dalla conoscenza che le parti hanno avuto della scadenza del termine entro il quale le stesse parti potevano proseguire il processo sospeso.

10. Che succede quando davanti a uno stesso giudice istruttore pendono cause connesse tra loro?

1. In questo caso il giudice istruttore riferirà della questione al presidente del tribunale, che potrà disporre la riunione delle cause connesse.
2. In questo caso il giudice d'ufficio ne disporrà la riunione;
3. In questo caso lo stesso giudice d'ufficio potrà disporne la riunione;

11. Che cosa tende a salvaguardare l'istituto dell'interruzione del processo?

1. L'interruzione del processo serve a salvaguardare l'integrità del contraddittorio tra le parti;
2. L'interruzione del processo serve a evitare vi siano dei giudicati contraddittori;
3. Interruzione del processo serve a evitare processi inutili.

12. Da che momento si verifica l'interruzione del processo quando sia morta la parte costituita in giudizio e rappresentata da un avvocato?

1. Interruzione si verificherà automaticamente dal momento della morte della parte, e ciò per salvaguardare il fondamentale principio del contraddittorio nei confronti degli eredi della parte stessa.

2. Interruzione si verificherà dal momento della conoscenza che le parti abbiano avuto della morte della parte;
3. L'interruzione si verificherà dal momento in cui l'avvocato lo avrà dichiarato in udienza.

13. *Se l'evento interruttivo si verifica prima della costituzione di una parte in giudizio, da che momento si potrà considerare il processo interrotto?*

1. In questo caso il processo s'interromperà dal momento stesso in cui si è verificato l'evento interruttivo, anche se sarà possibile evitare l'interruzione attraverso la costituzione dei successori della parte colpita dall'evento interruttivo, oppure dell'attuale avente diritto.
2. Il processo s'interromperà solo dal giorno in cui vi sarà una dichiarazione dell'avvocato, dichiarazione che potrà essere depositata in cancelleria, oppure essere effettuata in udienza;
3. Il processo s'interromperà alla prima udienza, quando il giudice, preso atto dell'evento interruttivo verificatosi prima della costituzione della parte, lo dichiarerà in udienza, dichiarando altresì l'interruzione del processo.

14. *Da che momento s'interromperà il processo in caso di interruzione verificatasi dopo la data di costituzione, ma nei confronti di una parte che poi non si è costituita?-*

1. Il processo s'interromperà automaticamente dalla data dell'evento interruttivo, ma il giudice dovrà comunque dichiarare l'avvenuta interruzione con apposito provvedimento;
2. L'interruzione si verifica quando l'ufficiale giudiziario certifica il fatto interruttivo nella relazione di notificazione ex articolo 292, oppure quando il fatto è documentato dall'altra parte costituita;
3. L'interruzione si verificherà solo quando lo dichiarerà in giudizio l'avvocato della parte non costituitasi.

15. *Da che momento decorrerà il termine per la ripresa del processo interrotto?*

1. Il termine di tre mesi decorre dal momento dell'evento interruttivo.
2. Il termine di sei mesi decorre dal giorno in cui le parti hanno avuto conoscenza dell'evento interruttivo;
3. Il termine decorre dal giorno in cui il giudice ha dichiarato l'interruzione in udienza.
4. Il termine di tre mesi decorre dal giorno in cui le parti hanno avuto conoscenza dell'evento interruttivo.

16. *La parte colpita dall'evento interruttivo, può evitare l'interruzione del processo?*

1. Sì, può farlo costituendosi direttamente nell'udienza la cui data era stata già fissata ed evitando così l'interruzione;
2. No, non può farlo, anche se intende costituirsi nell'udienza, la cui data era stata già fissata; per evitare l'interruzione, dovrà comunque presentare un'apposita istanza al giudice per la fissazione della data di udienza;
3. Sì, potrà evitare l'interruzione sostenendo che nonostante l'evento interruttivo, il contraddittorio non è stato per lei comunque alterato.

17. *Se il processo si estingue, quali effetti si avranno sulla sospensione della prescrizione?*

1. In caso di estinzione del processo non sarà calcolata né l'interruzione della prescrizione, né la sospensione della prescrizione;

2. Fermo restando l'efficacia interruttiva della prescrizione dovuta alla notifica della citazione, non si calcolerà, ai fini della sospensione della prescrizione, la durata del processo;
3. Secondo un principio generale espresso al codice civile, la durata del processo non deve danneggiare le parti, e di conseguenza in caso di estinzione del processo, la prescrizione sarà stata comunque sospesa per tutta la sua durata, fino al giorno dell'estinzione stessa.

18. Si ritiene che esistano due ipotesi di estinzione del processo, quali sono?

1. Abbiamo casi di estinzione dovuta ad esclusiva volontà delle parti, ed estinzione rimessa all'esclusivo potere del giudice
2. Sono i casi di estinzione necessaria e facoltativa, nella facoltativa sono le parti che di comune accordo decidono l'estinzione, sempre che siano state autorizzate dal giudice istruttore;
3. Sono i casi di estinzione immediata, e di estinzione che si verifica dopo tre mesi dal fatto estintivo.

>>>

Vicende anomale del processo, contumacia, sospensione, interruzione, estinzione, riunione:Risposte

1. Quando una parte è contumace?

1. Quando, pur avendo depositato in cancelleria il proprio fascicolo, non si presenta a tutte le successive udienze.
2. Quando, in tribunale, non si costituisce almeno 20gg. prima dell'udienza ex art. 183 ma lo fa successivamente;
3. Quando non si costituisce nel giudizio;

2. In quale occasione si applicano regole del cosiddetto processo contumaciale?

1. La contumacia è una situazione di fatto, quindi le regole processo contumaciale si applicano semplicemente con il suo verificarsi;
2. La legge dispone che la contumacia è dichiarata dal giudice, e quindi le regole di questo processo si applicano solo a partire dalla data della dichiarazione effettuata dal giudice;
3. Non esiste un processo contumaciale, e di conseguenza non vi sono particolari regole da applicare.

3. Che succede se entrambe le parti non si costituiscono in giudizio nei termini stabiliti dalla legge?

1. Il processo cade in uno stato di quiescenza, e nel termine di sei mesi potrà essere riassunto da una delle parti, a far data dal termine di costituzione del convenuto, ma se avviene la riassunzione del processo e nessuna delle parti si costituisce nei termini, cadrà in uno stato di quiescenza della durata di tre mesi, e se non avviene una nuova riassunzione, il processo si estinguerà;
2. Il processo cade in uno stato di quiescenza, e, entro il termine di tre mesi, può essere riassunto da una delle parti; il termine è calcolato dalla data di costituzione del convenuto, se però il processo è riassunto in questo termine e non segue una regolare costituzione delle parti nei termini, ci sarà l'immediata dello stesso;
3. Il processo cade in uno stato di quiescenza; entro il termine di tre mesi può essere riassunto da una delle parti, il termine è calcolato dalla data di costituzione dell'attore, se però il processo è riassunto in questo

termine e non segue una regolare costituzione delle parti nei termini, ci sarà l'immediata estinzione dello stesso.

4. Se dovessi riassumere i principi fondamentali del processo contumaciale, quali elementi indicheresti?

1. La mancata costituzione del convenuto può comportare delle gravi conseguenze in relazione a particolari atti dove è necessaria la sua presenza; di conseguenza i principi fondamentali di questo processo stanno nel fatto che in presenza di particolari atti, come ad esempio in ipotesi di ordinanza di ammissione dell'interrogatorio formale, il contumace deve essere messo in grado di partecipare al giudizio, e quindi provvedimenti di questo tipo gli devono essere necessariamente notificati;
2. Attraverso la contumacia, la parte ha volutamente deciso di non partecipare al giudizio, quindi le regole fondamentali del processo contumaciale stanno nel fatto di rispettare questa sua decisione, ma questo non potrà giungere fino a non farli conoscere l'esito del giudizio, ed infatti è obbligatorio che al contumace sia notificata la sentenza finale;
3. I principi fondamentali del processo contumaciale stanno nel mettere comunque al corrente la parte che è rimasta contumace di tutti gli atti fondamentali del processo, di conseguenza dovranno essere di notificate tutte le ordinanze pronunciate dal giudice istruttore e dallo stesso collegio, in modo che egli possa valutare in maniera opportuna la possibilità di cessare questo comportamento negativo e di costituirsi.

5. Il contumace che si costituisce in ritardo, può chiedere di essere rimesso in termini?

1. Sì, il contumace che si costituisce in ritardo può sempre chiedere di essere rimesso in termini anche al di fuori dei casi previsti dall'articolo 294, che non sono altro che un'applicazione specifica delle regole previste dall'articolo 153; per essere rimessi in termini non deve fare altro che comunicare al giudice la sua volontà di partecipare attivamente al processo, visto che, in tal caso, la legge premia la sua decisione di non rimanere parte passiva del giudizio
2. No, se il contumace ha deciso di non partecipare al giudizio, non si vede come possa pretendere di essere rimessa in termini?
3. Sì, questo potere è previsto dall'articolo 294 ma solo alle condizioni previste dallo stesso articolo.

6. Il contumace che si costituisce tardivamente basta che provi, per essere rimesso in termini, di non essersi potuto costituire per causa a lui non imputabile?

1. No, deve provare che la nullità della citazione o della sua notificazione gli hanno impedito di avere conoscenza del processo o che la costituzione gli è stata impedita per causa a lui non imputabile;
2. Sì, si applica il principio generale previsto dall'articolo 153 comma secondo;
3. No, la rimessione in termini è automatica, quando il contumace dimostra il giudice di aver pagato il contributo unificato previsto per le spese di giustizia.

7. In quali casi il processo si sospende?

1. Il processo si sospende automaticamente, senza quindi esplicita richiesta delle parti, solo quando vi è una questione pregiudiziale da risolvere rispetto a quella dipendente trattata nel processo in corso.
2. La sospensione del processo è possibile quando vi sia una questione pregiudiziale da risolvere, rispetto a quella trattata nel processo in corso, ma, in ogni caso, tale sospensione è disposta dal giudice istruttore solo su istanza congiunta di entrambe le parti;

3. Abbiamo due ipotesi, quella per richiesta congiunta delle parti, e l'ipotesi in cui si tratta di risolvere una questione pregiudiziale rispetto al processo in corso.

8. Da che momento scatta il termine per riprendere il processo sospeso?

1. Il processo sospeso deve riprendere entro sei mesi dalla conoscenza della cessazione della causa di sospensione, in caso di sospensione per questioni di pregiudizialità dipendenza;
2. Il processo sospeso deve riprendere entro tre mesi dalla conoscenza della cessazione della causa di sospensione, in caso di sospensione per questioni di pregiudizialità dipendenza;
3. Il processo sospeso deve riprendere entro tre mesi dalla cessazione della causa di sospensione, in caso di sospensione per questioni di pregiudizialità dipendenza;

9. Che succede se il processo sospeso non è ripreso nel termine previsto dalla legge?

1. La causa sarà cancellata dal ruolo, ma sarà possibile riprenderla nel termine di tre mesi dalla data del provvedimento di cancellazione;
2. Si avrà l'estinzione del processo;
3. Su istanza di una delle parti sarà possibile riprendere il processo sospeso entro il termine di tre mesi dalla conoscenza che le parti hanno avuto della scadenza del termine entro il quale le stesse parti potevano proseguire il processo sospeso.

10. Che succede quando davanti a uno stesso giudice istruttore pendono cause connesse tra loro?

1. In questo caso il giudice istruttore riferirà della questione al presidente del tribunale, che potrà disporre la riunione delle cause connesse.
2. In questo caso il giudice d'ufficio ne disporrà la riunione;
3. In questo caso lo stesso giudice d'ufficio potrà disporne la riunione;

11. Che cosa tende a salvaguardare l'istituto dell'interruzione del processo?

1. L'interruzione del processo serve a salvaguardare l'integrità del contraddittorio tra le parti;
2. L'interruzione del processo serve a evitare vi siano dei giudicati contraddittori;
3. Interruzione del processo serve a evitare processi inutili.

12. Da che momento si verifica l'interruzione del processo quando sia morta la parte costituita in giudizio e rappresentata da un avvocato?

1. Interruzione si verificherà automaticamente dal momento della morte della parte, e ciò per salvaguardare il fondamentale principio del contraddittorio nei confronti degli eredi della parte stessa.
2. Interruzione si verificherà dal momento della conoscenza che le parti abbiano avuto della morte della parte;
3. L'interruzione si verificherà dal momento in cui l'avvocato lo avrà dichiarato in udienza;

13. Se l'evento interruttivo si verifica prima della costituzione di una parte in giudizio, da che momento si potrà considerare il processo interrotto?

1. In questo caso il processo s'interromperà dal momento stesso in cui si è verificato l'evento interruttivo, anche se sarà possibile evitare l'interruzione attraverso la costituzione dei successori della parte colpita dall'evento interruttivo, oppure dell'attuale avente diritto.
2. Il processo s'interromperà solo dal giorno in cui vi sarà una dichiarazione dell'avvocato, dichiarazione che potrà essere depositata in cancelleria, oppure essere effettuata in udienza;
3. Il processo s'interromperà alla prima udienza, quando il giudice, preso atto dell'evento interruttivo verificatosi prima della costituzione della parte, lo dichiarerà in udienza, dichiarando altresì l'interruzione del processo.

14. Da che momento s'interromperà il processo in caso di interruzione verificatasi dopo la data di costituzione, ma nei confronti di una parte che poi non si è costituita?-

1. Il processo s'interromperà automaticamente dalla data dell'evento interruttivo, ma il giudice dovrà comunque dichiarare l'avvenuta interruzione con apposito provvedimento;
2. L'interruzione si verifica quando l'ufficiale giudiziario certifica il fatto interruttivo nella relazione di notificazione ex articolo 292, oppure quando il fatto è documentato dall'altra parte costituita;
3. L'interruzione si verificherà solo quando lo dichiarerà in giudizio l'avvocato della parte non costituitasi.

15. Da che momento decorrerà il termine per la ripresa del processo interrotto?

1. Il termine di tre mesi decorre dal momento dell'evento interruttivo.
2. Il termine di sei mesi decorre dal giorno in cui le parti hanno avuto conoscenza dell'evento interruttivo;
3. Il termine decorre dal giorno in cui il giudice ha dichiarato l'interruzione in udienza.
4. Il termine di tre mesi decorre dal giorno in cui le parti hanno avuto conoscenza dell'evento interruttivo.

16. La parte colpita dall'evento interruttivo, può evitare l'interruzione del processo?

1. Sì, può farlo costituendosi direttamente nell'udienza la cui data era stata già fissata ed evitando così l'interruzione;
2. No, non può farlo, anche se intende costituirsi nell'udienza, la cui data era stata già fissata; per evitare l'interruzione, dovrà comunque presentare un'apposita istanza al giudice per la fissazione della data di udienza;
3. Sì, potrà evitare l'interruzione sostenendo che nonostante l'evento interruttivo, il contraddittorio non è stato per lei comunque alterato.

17. Se il processo si estingue, quali effetti si avranno sulla sospensione della prescrizione?

1. In caso di estinzione del processo non sarà calcolata né l'interruzione della prescrizione, né la sospensione della prescrizione;
2. Fermo restando l'efficacia interruttiva della prescrizione dovuta alla notifica della citazione, non si calcolerà, ai fini della sospensione della prescrizione, la durata del processo;
3. Secondo un principio generale espresso al codice civile, la durata del processo non deve danneggiare le parti, e di conseguenza in caso di estinzione del processo, la prescrizione sarà stata comunque sospesa per tutta la sua durata, fino al giorno dell'estinzione stessa.

18. Si ritiene che esistano due ipotesi di estinzione del processo, quali sono?

1. Abbiamo casi di estinzione dovuta ad esclusiva volontà delle parti, ed estinzione rimessa all'esclusivo potere del giudice
2. Sono i casi di estinzione necessaria e facoltativa, nella facoltativa sono le parti che di comune accordo decidono l'estinzione, sempre che siano state autorizzate dal giudice istruttore;
3. Sono i casi di estinzione immediata, e di estinzione che si verifica dopo tre mesi dal fatto estintivo.

Il processo innanzi al tribunale in composizione monocratica e il rito semplificato di cognizione: Domande:

1. Quando si parla di giudice unico, s'intende parlare di giudice monocratico?

1. No, perché il giudice unico è il tribunale, che può operare in composizione collegiale oppure monocratica;
2. È evidente che si tratta di sinonimi, perché il giudice unico non può essere altro che un organo giudicante composto da una sola persona, e quindi monocratico;

2. Come si fa a sapere che una causa spetta al tribunale in composizione collegiale oppure al tribunale di composizione monocratica?

1. Al tribunale in composizione collegiale spettano tutte le cause più impegnative, e l'affidamento di tali cause sarà effettuato dal presidente del tribunale, che quindi sceglierà, secondo quanto dispone l'articolo 168 bis, che farà decidere una certa causa al tribunale in composizione collegiale o monocratica.
2. Al tribunale in composizione collegiale, spettano, ex art. 50 bis, tutte le cause di valore superiore ai 60.000 euro, mentre quelle di valore inferiore rispetto al tribunale di composizione monocratica;
3. Bisogna far riferimento alle ipotesi previste dal codice di procedura civile, ex art. 50 bis, che espressamente distingue i casi in cui le cause aspettano al tribunale in composizione collegiale, rispetto a quelli che devono essere decisi dal tribunale in composizione monocratica.

3. Quando una causa sia stata decisa dal tribunale in una composizione diversa rispetto a quella prevista dalla legge, vi è un vizio attinente alla costituzione del giudice?

1. Sì, è evidente che se il tribunale ha giudicato in una composizione diversa rispetto a quella prevista dalla legge, il giudizio sarà proprio quello di costituzione del giudice;
2. No, vi sarà una nullità, ma non avremo vizio di costituzione del giudice ex articolo 158;
3. Sia nel caso in cui la causa sia stata decisa al tribunale monocratico, sia in quello in cui è stata decisa al tribunale collegiale, è certo che questa è stata decisa sempre dal tribunale, e quindi non solo non vi sarà vizio di costituzione del giudice, ma la sentenza pronunciata, sempre dal tribunale, ma non nella composizione prevista dalla legge, non sarà affetta da alcun vizio, ma vi saranno solo sanzioni amministrative a carico del magistrato che ha deciso tale causa.

4. Vi è un rito diverso per quanto riguarda la trattazione e decisione della causa operata dal tribunale in composizione monocratica rispetto a quella operata tribunale di composizione collegiale?

1. No, sostanzialmente il rito è identico, ma con alcune differenze, per esempio il tribunale in composizione monocratica può procedere alla decisione immediata della causa a seguito di discussione orale e ancora può

disporre d'ufficio la prova testimoniale quando le parti si sono riferite a persone che sembrano conoscere la verità.
2. È evidente; il tribunale in composizione collegiale è composto di tre giudici, mentre in composizione monocratica è composto da un solo giudice, e quindi il rito sarà molto diverso, ed infatti il codice prevede un rito speciale relativamente al tribunale che operi in composizione monocratica, molto simile a quello previsto per il giudizio davanti al giudice di pace;
3. Vi è un rito diverso, ma solo per quanto riguarda la fase istruttoria della causa; infatti il giudice monocratico quando svolge l'istruzione e la trattazione, può anche decidere la causa durante la trattazione della stessa, mentre nel caso in cui si trattasse di un giudice istruttore che fa parte di un collegio, dovrebbe comunque rimettere la causa, per la decisione, davanti allo stesso collegio.

5. *Veniamo al rito (o procedimento) semplificato di cognizione si aggiunge al rito sommario di cognizione?*

1. Sì sono due riti che possono essere scelti dalla parte in via alternativa;
2. No, perché in realtà sono la stessa cosa, chiamati indifferentemente nell'uno o nell'altro modo;
3. Il rito semplificato di cognizione è un nuovo tipo di rito, quello sommario è stato abrogato.

6. *Quando si può scegliere il rito semplificato di cognizione?*

1. Davanti al tribunale collegiale quando i fatti causa non sono controversi, sempre si può scegliere davanti al tribunale monocratico;
2. Davanti al tribunale collegiale quando i fatti causa non sono controversi, oppure quando la domanda è fondata su prova documentale, o è di pronta soluzione o richiede un'istruzione non complessa, sempre si può scegliere davanti al tribunale monocratico.
3. Solo se la causa richiede un'istruzione sommaria ed è di valore inferiore a 35.000 euro.

7. *La domanda si propone con citazione o con ricorso?*

1. Citazione;
2. Ricorso.

8. *Quali i termini di costrizione del convenuto?*

1. Almeno 10 gg. prima della data d'udienza fissata dal giudice;
2. E' il giudice che decide il termine di costituzione del convenuto che comunque deve avvenire non oltre 10 gg. prima dell'udienza;
3. Almeno 20 gg. prima dell'udienza fissata dall'attore.

9. *Come si costituisce il convenuto, e ci sono decadenze?*

1. Il convenuto come visto si deve costituire nei termini di legge, ma essendo un rito semplificato non sono previste decadenze, salvo che non si costituisca alla prima udienza;
2. Il convenuto deve costituirsi nei termini di legge, se non lo fa non potrà proporre domanda riconvenzionale, e le eccezioni di rito e di merito non rilevabili d'ufficio;
3. Il convenuto deve costituirsi nel termine indicato dal giudice, se non lo fa non potrà proporre domanda riconvenzionale, e le eccezioni di rito e di merito non rilevabili d'ufficio, chiamare terzi in causa.

10. *Poniamo che sia proposta domanda per questo rito, il giudice dovrà comunque svolgere il giudizio con il rito semplificato, oppure potrà decidere per il rito ordinario?*

1. Se è il giudice monocratico, sì, dovrà seguire il rito semplificato;
2. Opterà per il rito ordinario solo quando una parte sollevi la relativa eccezione sostenendo che non vi sono i presupposti per il rito semplificato;
3. Il giudice valuterà comunque l'esistenza dei presupposti per il rito semplificato e se mancano fisserà l'udienza ex art. 183, mutando così il rito.

11. Le parti possono alla prima udienza proporre le eccezioni che sono conseguenza delle eccezioni proposte dalle controparti o della eventuale domanda riconvenzionale?

1. Certamente;
2. No, perché vi è stato il contraddittorio scritto prima dell'udienza come accade per il rito ordinario.

12. *Il giudice può concedere alle parti termine per il deposito di memorie scritte?*

1. Sì, giudice se richiesto e sussiste giustificato motivo, può concedere alle parti un termine perentorio non superiore a 20 giorni per precisare e modificare le domande, le eccezioni e le conclusioni, per indicare i mezzi di prova e produrre documenti, e un ulteriore termine non superiore a 10 giorni per replicare e dedurre prova contraria.
2. Sì, ma in ogni caso e non solo se sussiste giustificato motivo;
3. Vista la natura del rito e il fatto che le parti all'udienza hanno avuto tutto il tempo di chiedere nuovi mezzi di prova e documenti, sembra davvero illogico perdere altro tempo con lo scambio di memorie.

13. *Quale provvedimento emette il giudice per decidere la controversia?*

1. Ordinanza;
2. Decreto;
3. Sentenza.

14. Come si impugna il provvedimento finale del giudice?

1. Con l'appello cioè nei modi ordinari;
2. Con reclamo al collegio;
3. Non è impugnabile, quindi solo davanti alla cassazione.

>>>

Il processo innanzi al tribunale in composizione monocratica e il rito semplificato di cognizione: Risposte:

1. Quando si parla di giudice unico, s'intende parlare di giudice monocratico?

1. No, perché il giudice unico è il tribunale, che può operare in composizione collegiale oppure monocratica;

2. È evidente che si tratta di sinonimi, perché il giudice unico non può essere altro che un organo giudicante composto da una sola persona, e quindi monocratico;

2. Come si fa a sapere che una causa spetta al tribunale in composizione collegiale oppure al tribunale di composizione monocratica?

1. Al tribunale in composizione collegiale spettano tutte le cause più impegnative, e l'affidamento di tali cause sarà effettuato dal presidente del tribunale, che quindi sceglierà, secondo quanto dispone l'articolo 168 bis, che farà decidere una certa causa al tribunale in composizione collegiale o monocratica.
2. Al tribunale in composizione collegiale, spettano, ex art. 50 bis, tutte le cause di valore superiore ai 60.000 euro, mentre quelle di valore inferiore rispetto al tribunale di composizione monocratica;
3. Bisogna far riferimento alle ipotesi previste dal codice di procedura civile, ex art. 50 bis, che espressamente distingue i casi in cui le cause aspettano al tribunale in composizione collegiale, rispetto a quelli che devono essere decisi dal tribunale in composizione monocratica;

3. Quando una causa sia stata decisa dal tribunale in una composizione diversa rispetto a quella prevista dalla legge, vi è un vizio attinente alla costituzione del giudice?

1. Sì, è evidente che se il tribunale ha giudicato in una composizione diversa rispetto a quella prevista dalla legge, il giudizio sarà proprio quello di costituzione del giudice;
2. No, vi sarà una nullità, ma non avremo vizio di costituzione del giudice ex articolo 158;
3. Sia nel caso in cui la causa sia stata decisa al tribunale monocratico, sia in quello in cui è stata decisa al tribunale collegiale, è certo che questa è stata decisa sempre dal tribunale, e quindi non solo non vi sarà vizio di costituzione del giudice, ma la sentenza pronunciata, sempre dal tribunale, ma non nella composizione prevista dalla legge, non sarà affetta da alcun vizio, ma vi saranno solo sanzioni amministrative a carico del magistrato che ha deciso tale causa.

4. Vi è un rito diverso per quanto riguarda la trattazione e decisione della causa operata dal tribunale in composizione monocratica rispetto a quella operata tribunale di composizione collegiale?

1. No, sostanzialmente il rito è identico, ma con alcune differenze, per esempio il tribunale in composizione monocratica può procedere alla decisione immediata della causa a seguito di discussione orale e ancora può disporre d'ufficio la prova testimoniale quando le parti si sono riferite a persone che sembrano conoscere la verità.
2. È evidente; il tribunale in composizione collegiale è composto di tre giudici, mentre in composizione monocratica è composto da un solo giudice, e quindi il rito sarà molto diverso, ed infatti il codice prevede un rito speciale relativamente al tribunale che operi in composizione monocratica, molto simile a quello previsto per il giudizio davanti al giudice di pace;
3. Vi è un rito diverso, ma solo per quanto riguarda la fase istruttoria della causa; infatti il giudice monocratico quando svolge l'istruzione e la trattazione, può anche decidere la causa durante la trattazione della stessa, mentre nel caso in cui si trattasse di un giudice istruttore che fa parte di un collegio, dovrebbe comunque rimettere la causa, per la decisione, davanti allo stesso collegio.

5. Veniamo al rito (o procedimento) semplificato di cognizione si aggiunge al rito sommario di cognizione?

1. Sì sono due riti che possono essere scelti dalla parte in via alternativa;

2. No, perché in realtà sono la stessa cosa, chiamati indifferentemente nell'uno o nell'altro modo;
3. Il rito semplificato di cognizione è un nuovo tipo di rito, quello sommario è stato abrogato.

6. Quando si può scegliere il rito semplificato di cognizione?

1. Davanti al tribunale collegiale quando i fatti causa non sono controversi, sempre si può scegliere davanti al tribunale monocratico;
2. Davanti al tribunale collegiale quando i fatti causa non sono controversi, oppure quando la domanda è fondata su prova documentale, o è di pronta soluzione o richiede un'istruzione non complessa, sempre si può scegliere davanti al tribunale monocratico.
3. Solo se la causa richiede un'istruzione sommaria ed è di valore inferiore a 35.000 euro.

7. La domanda si propone con citazione o con ricorso?

1. Citazione;
2. Ricorso.

8. Quali i termini di costrizione del convenuto?

1. Almeno 10 gg. prima della data d'udienza fissata dal giudice;
2. E' il giudice che decide il termine di costituzione del convenuto che comunque deve avvenire non oltre 10 gg. prima dell'udienza;
3. Almeno 20 gg. prima dell'udienza fissata dall'attore.

9. Come si costituisce il convenuto, e ci sono decadenze?

1. Il convenuto come visto si deve costituire nei termini di legge, ma essendo un rito semplificato non sono previste decadenze, salvo che non si costituisca alla prima udienza;
2. Il convenuto deve costituirsi nei termini di legge, se non lo fa non potrà proporre domanda riconvenzionale, e le eccezioni di rito e di merito non rilevabili d'ufficio;
3. Il convenuto deve costituirsi nel termine indicato dal giudice, se non lo fa non potrà proporre domanda riconvenzionale, e le eccezioni di rito e di merito non rilevabili d'ufficio, chiamare terzi in causa.

10. Poniamo che sia proposta domanda per questo rito, il giudice dovrà comunque svolgere il giudizio con il rito semplificato, oppure potrà decidere per il rito ordinario?

1. Se è il giudice monocratico, sì, dovrà seguire il rito semplificato;
2. Opterà per il rito ordinario solo quando una parte sollevi la relativa eccezione sostenendo che non vi sono i presupposti per il rito semplificato;
3. Il giudice valuterà comunque l'esistenza dei presupposti per il rito semplificato e se mancano fisserà l'udienza ex art. 183, mutando così il rito.

11. Le parti possono alla prima udienza proporre le eccezioni che sono conseguenza delle eccezioni proposte dalle controparti o della eventuale domanda riconvenzionale?

1. Certamente;
2. No, perché vi è stato il contraddittorio scritto prima dell'udienza come accade per il rito ordinario.

12. Il giudice può concedere alle parti termine per il deposito di memorie scritte?

1. Sì, giudice se richiesto e sussiste giustificato motivo, può concedere alle parti un termine perentorio non superiore a 20 giorni per precisare e modificare le domande, le eccezioni e le conclusioni, per indicare i mezzi di prova e produrre documenti, e un ulteriore termine non superiore a 10 giorni per replicare e dedurre prova contraria.
2. Sì, ma in ogni caso e non solo se sussiste giustificato motivo;
3. Vista la natura del rito e il fatto che le parti all'udienza hanno avuto tutto il tempo di chiedere nuovi mezzi di prova e documenti, sembra davvero illogico perdere altro tempo con lo scambio di memorie.

13. Quale provvedimento emette il giudice per decidere la controversia?

1. Ordinanza;
2. Decreto;
3. Sentenza.

14. Come si impugna il provvedimento finale del giudice?

1. Con l'appello cioè nei modi ordinari;
2. Con reclamo al collegio;
3. Non è impugnabile, quindi solo davanti alla cassazione.

I mezzi d'impugnazione in generale: Domande

1. Che differenza c'è tra i mezzi di impugnazione ordinari e straordinari?

1. I mezzi d'impugnazione ordinari possono essere proposti contro sentenze che non sono ancora passate in giudicato, mentre i mezzi di impugnazione straordinari possono essere proposti contro sentenze passate in giudicato.
2. I mezzi d'impugnazione ordinari sono espressamente previsti nel codice di procedura civile, quelli di impugnazione straordinari sono invece previsti in leggi speciali;
3. I mezzi d'impugnazione ordinari sono l'appello e l'opposizione di terzo, mentre i mezzi opposizione straordinari sono ricorso per cassazione e la revocazione.

2. Che differenza c'è fra i mezzi d'impugnazione a critica libera e a critica vincolata?

1. I mezzi impugnazione critica libera permettono di impugnare la sentenza per un qualsiasi motivo, mentre quelli a critica vincolata permettono di impugnare la sentenza solo per i motivi indicati dalla legge;
2. I mezzi impugnazione critica libera permettono alle parti di impugnare le sentenze in un termine qualsiasi, mentre quelli a critica vincolata permettono di impugnare la sentenza solo entro i termini previsti dalla legge;
3. I mezzi impugnazione a critica libera permettono al giudice dell'impugnazione di esaminare altri aspetti di illegittimità della sentenza impugnata oltre quelli che le parti hanno indicato, mentre quelli a critica vincolata vincolano il giudice dell'impugnazione ad esaminare solo i motivi per i quali le parti li hanno impugnati.

3. Si parla, in merito la distinzione fra i mezzi impugnazione, di mezzi sostitutivi e mezzi rescindenti, qual è la differenza?

1. I mezzi sostitutivi permettono la sostituzione integrale della sentenza impugnata, sempre però nei limiti delle richieste delle parti, mentre i mezzi rescindenti prevedono un giudizio in due fasi, una fase rescissoria dove si annulla la sentenza impugnata, e una fase rescindente dove c'è la sostituzione della sentenza annullata con una nuova sentenza.
2. I mezzi sostitutivi permettono la sostituzione integrale della sentenza impugnata, sempre però nei limiti delle richieste delle parti, mentre i mezzi rescindenti prevedono un giudizio in due fasi, una fase rescindente dove si annulla la sentenza impugnata, e una fase rescissoria dove c'è la sostituzione della sentenza annullata con una nuova sentenza.

4. I termini previsti per l'impugnazione delle sentenze sono perentori?

1. Sì, sono perentori, ma è possibile essere rimessi in termini col ricorso davanti alla corte di cassazione.
2. No, è sempre possibile chiedere una proroga al giudice e con il consenso dell'altra parte;
3. Sì, ma in un senso particolare: l'impugnazione proposta fuori termine sarà dichiarata inammissibile;

5. Parliamo delle condizioni per le impugnazioni, chi è legittimato ad impugnare?

1. È legittimata ad impugnare la parte che ha partecipato al giudizio precedente, ma tale regola non è assoluta, perché vi sono dei casi in cui sono legittimati impugnare proprio soggetti che non hanno partecipato giudizio che poi ha portato alla emanazione della sentenza impugnata;
2. È legittimata ad impugnare la parte che ha partecipato al giudizio precedente, tale regola è assoluta.
3. Legittimato a impugnare è il titolare del diritto che si fa valere dell'impugnazione.

6. Chi ha interesse ad impugnare?

1. Ha interesse ad impugnare la parte che ha partecipato al giudizio precedente;
2. Di regola ha interesse ad impugnare la parte che si è vista respingere in tutto o in parte, le domande o le eccezioni che ha proposto nel giudizio precedente;
3. Ha interesse ad impugnare la parte che afferma di essere stata lesa in una sua situazione di fatto e di diritto.

7. Quali le differenze fondamentali fra la inammissibilità e la improcedibilità?

1. L'inammissibilità fa riferimento a vizi dell'impugnazione che stanno a monte di questa, potremmo dire vizi originari dell'impugnazione, improcedibilità invece fa riferimento a situazioni che si manifestano durante il procedimento di impugnazione, e che quindi impediscano all'impugnazione, correttamente impostata, di proseguire.
2. L'improcedibilità fa riferimento a vizi dell'impugnazione che stanno a monte di questa, potremmo dire vizi originari dell'impugnazione, l'inammissibilità invece fa riferimento a situazioni che si manifestano durante il procedimento di impugnazione, e che quindi impediscano all'impugnazione, correttamente impostata, di proseguire.
3. Non vi sono differenze sostanziali tra le due figure, ma solo differenze formali stabilite di volta in volta dall'ordinamento.

8. L'impugnazione proposta da una parte che non è legittimata ad impugnare è inammissibile o improcedibile?

1. A seconda delle situazioni, può essere inammissibile o improcedibile.
2. È improcedibile, perché si riferisce a un vizio che si manifesta nel corso dell'impugnazione;
3. È inammissibile, perché si riferisce a un vizio originario dell'impugnazione stessa.

9. Come definiresti l'acquiescenza?

1. L'acquiescenza consiste nell'aggravamento delle conseguenze della sentenza in seguito all'impugnazione;
2. L'acquiescenza è l'accettazione espressa o tacita della sentenza da parte del soccombente;
3. L'acquiescenza consiste nel subire gli effetti della sentenza senza poter proporre impugnazione.

10. Qual è la conseguenza dell'acquiescenza?

1. Inammissibilità dell'impugnazione;
2. L'improcedibilità dell'impugnazione;
3. L'estinzione dell'impugnazione.

11. Che cosa è l'acquiescenza tacita qualificata?

1. È una forma di acquiescenza tacita, nella quale la parte dichiara di non voler impugnare la sentenza, qualificando, in modo, il suo precedente silenzio.
2. È una forma di acquiescenza qualificata in tal modo dal giudice con apposita ordinanza;
3. È una forma di acquiescenza tacita, dove è la stessa legge a stabilire che quando una parte tiene un certo comportamento, vuol dire che tale comportamento equivale ad acquiescenza.

12. Se nel giudizio relativo alla sentenza che si intende impugnare vi è stato litisconsorzio necessario, sarà anche necessario notificare l'impugnazione a tutte le parti che hanno partecipato al giudizio precedente?

1. Sì, nel caso in cui ciò non fosse fatto il giudice dell'impugnazione dà termine per notificare la stessa impugnazione anche alle altre parti che hanno partecipato giudizio precedente, se tale notifica non avviene l'impugnazione stessa sarà dichiarata inammissibile;
2. Sì, nel caso in cui ciò non fosse fatto il giudice dell'impugnazione dà termine per notificare la stessa l'impugnazione anche alle altre parti che hanno partecipato giudizio precedente, se tale notifica non avviene impugnazione stessa sarà dichiarata improcedibile;
3. Sì, nel caso in cui ciò non fosse fatto il giudice dell'impugnazione da termine per notificare la stessa impugnazione anche alle altre parti che hanno partecipato giudizio precedente, se tale notifica non avviene il giudice sospende il processo in attesa che impugnino anche le altre parti; solo quando saranno scaduti i termini per l'impugnazione relativi alle altre parti non chiamate nello stesso giudizio impugnazione, potrà riprendere il processo.

13. Se si impugna una sentenza che è stata pronunciata in un giudizio dove c'è stato litisconsorzio facoltativo, e tale impugnazione non è stata notificata a tutte le parti che hanno partecipato al precedente giudizio, quale sarà il comportamento del giudice della prima udienza del giudizio d'impugnazione?

1. Trattandosi di litisconsorzio facoltativo, si applicherà sempre la disciplina dell'articolo 332, e quindi il giudice ordinerà la notificazione dell'impugnazione anche alle altre parti che hanno partecipato al giudizio precedente, e nel caso in cui tale notifica non fosse effettuata, il processo sarà sospeso per attendere le impugnazioni da parte di coloro che non hanno ricevuto la notifica della prima impugnazione.
2. Se si trattava di un litisconsorzio facoltativo ma con cause scindibili, il giudice ordinerà la notifica dell'impugnazione anche le altre parti, che se non eseguita, comporterà l'inammissibilità dell'impugnazione, se invece il litisconsorzio facoltativo aveva ad oggetto cause inscindibili, il mancato rispetto dell'ordine del giudice comporterà solamente la sospensione del processo fino a quando saranno scaduti i termini per l'impugnazione da parte delle altre parti che non hanno ricevuto la notifica della prima impugnazione;
3. Se si trattava di un litisconsorzio facoltativo ma con cause inscindibili, il giudice ordinerà la notifica dell'impugnazione anche le altre parti, che se non eseguita, comporterà l'inammissibilità dell'impugnazione, se invece il consorzio facoltativo aveva ad oggetto cause scindibili, il mancato rispetto dell'ordine del giudice comporterà solamente la sospensione del processo fino a quando saranno scaduti i termini per l'impugnazione da parte delle altre parti che non hanno ricevuto la notifica della prima impugnazione.

14. Le impugnazioni principali sono più importanti delle impugnazioni incidentali?

1. No, è solo una questione di tempi, l'impugnazione principale è quella che è stata proposta per prima, quella incidentale è stata proposta successivamente, perché l'impugnazione principale l'ha preceduta;
2. Come dice la stessa parola, impugnazione principale è quella più importante, mentre l'impugnazione è incidentale quando è condizionata dalla prima impugnazione;
3. Le impugnazioni principali e le impugnazioni incidentali stanno sullo stesso piano, visto che sono proposte contemporaneamente dalle parti contro la stessa sentenza, l'unica differenza sta nel fatto che il giudice dell'impugnazione potrà decidere di trattare prima delle impugnazioni, e poi delle altre; le prime impugnazioni trattate dal giudice saranno quelle principali, quelle trattate successivamente saranno le incidentali.

15. Che differenza c'è fra le impugnazioni incidentali e le impugnazioni incidentali tardive?

1. Le impugnazioni incidentali, e le incidentali tardive, sono comunque effettuate in seguito all'impugnazione principale, con la differenza però che le impugnazioni incidentali sono state proposte per prime, mentre le incidentali tardive sono state proposte dopo le normali impugnazioni incidentali;
2. La differenza fondamentale sta nel fatto che le impugnazioni incidentali tardive sono dipendenti dalle impugnazioni principali, e anche per questo motivo possono essere proposte anche quando siano scaduti i termini per l'impugnazione o quando la parte che propone l'impugnazione principale abbia fatto acquiescenza alla sentenza impugnata. In questi casi se l'impugnazione principale è dichiarata inammissibile o improcedibile anche quella incidentale perderà di efficacia.
3. Le impugnazioni incidentali sono quelle che sono state proposte nei termini previsti dalla legge, quelle tardive sono state proposte fuori termine, ma il giudice dell'impugnazione le ammette comunque, ed è per questo che sono tardive, ma solo quando riconosce particolari ragioni che giustificano la tardività dell'impugnazione.

16. Cosa differenzia l'effetto espansivo esterno dall'effetto espansivo interno?

1. L'effetto espansivo esterno fa riferimento alle conseguenze che si hanno sul giudicato esterno della sentenza che è stata impugnata e riformata, l'effetto espansivo interno fa riferimento agli effetti che produce la riforma di una parte della sentenza, sul giudicato che si formerà internamente al processo.
2. L'effetto espansivo esterno fa riferimento agli effetti che si hanno tra diverse sentenze, in seguito alla riforma di una di esse, mentre l'effetto espansivo interno fa riferimento alle conseguenze che la riforma di una parte di una sentenza che è stata impugnata, produce su altre sentenze non impugnate.
3. L'effetto espansivo esterno fa riferimento agli effetti che si hanno tra diverse sentenze, in seguito alla riforma di una di esse, sempre che tali sentenze siano dipendenti, mentre l'effetto espansivo interno fa riferimento alle conseguenze che la riforma di una parte di una sentenza che è stata impugnata, produce sulle altre parti della sentenza non impugnata sempre che tali parti siano dipendenti da quella parte della sentenza è stata riformata.

17. Effetto bilaterale della notificazione della sentenza, questo effetto si produce nel nostro ordinamento?

1. Sì, ormai è un dato di diritto positivo, che ha superato tutte le controversie che vi erano state in passato;
2. La questione è ancora incerta, parte della dottrina ritiene che i termini brevi per le impugnazioni decorrano solo per chi ha ricevuto la notifica non per il notificante;
3. In realtà la questione non si pone proprio, l'effetto bilaterale della notificazione è conseguenza naturale della notifica della sentenza, tanto che non sono mai sorte controversie in proposito, né il legislatore ha sentito il bisogno di regolarlo.

>>

I mezzi d'impugnazione in generale: Risposte

1. Che differenza c'è tra i mezzi di impugnazione ordinari e straordinari?

1. I mezzi d'impugnazione ordinari possono essere proposti contro sentenze che non sono ancora passate in giudicato, mentre i mezzi di impugnazione straordinari possono essere proposti contro sentenze passate in giudicato.
2. I mezzi d'impugnazione ordinari sono espressamente previsti nel codice di procedura civile, quelli di impugnazione straordinari sono invece previsti in leggi speciali;
3. I mezzi d'impugnazione ordinari sono l'appello e l'opposizione di terzo, mentre i mezzi opposizione straordinari sono ricorso per cassazione e la revocazione.

2. Che differenza c'è fra i mezzi d'impugnazione a critica libera e a critica vincolata?

1. I mezzi impugnazione critica libera permettono di impugnare la sentenza per un qualsiasi motivo, mentre quelli a critica vincolata permettono di impugnare la sentenza solo per i motivi indicati dalla legge;
2. I mezzi impugnazione critica libera permettono alle parti di impugnare le sentenze in un termine qualsiasi, mentre quelli a critica vincolata permettono di impugnare la sentenza solo entro i termini previsti dalla legge;
3. I mezzi impugnazione a critica libera permettono al giudice dell'impugnazione di esaminare altri aspetti di illegittimità della sentenza impugnata oltre quelli che le parti hanno indicato, mentre quelli a critica vincolata vincolano il giudice dell'impugnazione ad esaminare solo i motivi per i quali le parti li hanno impugnati.

3. Si parla, in merito la distinzione fra i mezzi impugnazione, di mezzi sostitutivi e mezzi rescindenti, qual è la differenza?

1. I mezzi sostitutivi permettono la sostituzione integrale della sentenza impugnata, sempre però nei limiti delle richieste delle parti, mentre i mezzi rescindenti prevedono un giudizio in due fasi, una fase rescissoria dove si annulla la sentenza impugnata, e una fase rescindente dove c'è la sostituzione della sentenza annullata con una nuova sentenza.
2. I mezzi sostitutivi permettono la sostituzione integrale della sentenza impugnata, sempre però nei limiti delle richieste delle parti, mentre i mezzi rescindenti prevedono un giudizio in due fasi, una fase rescindente dove si annulla la sentenza impugnata, e una fase rescissoria dove c'è la sostituzione della sentenza annullata con una nuova sentenza.

4. I termini previsti per l'impugnazione delle sentenze sono perentori?

1. Sì, sono perentori, ma è possibile essere rimessi in termini col ricorso davanti alla corte di cassazione.
2. No, è sempre possibile chiedere una proroga al giudice e con il consenso dell'altra parte;
3. Sì, ma in un senso particolare: l'impugnazione proposta fuori termine sarà dichiarata inammissibile.

5. Parliamo delle condizioni per le impugnazioni, chi è legittimato ad impugnare?

1. È legittimata ad impugnare la parte che ha partecipato al giudizio precedente, ma tale regola non è assoluta, perché vi sono dei casi in cui sono legittimati impugnare proprio soggetti che non hanno partecipato giudizio che poi ha portato alla emanazione della sentenza impugnata;
2. È legittimata ad impugnare la parte che ha partecipato al giudizio precedente, tale regola è assoluta.
3. Legittimato a impugnare è il titolare del diritto che si fa valere dell'impugnazione.

6. Chi ha interesse ad impugnare?

1. Ha interesse ad impugnare la parte che ha partecipato al giudizio precedente;
2. Di regola ha interesse ad impugnare la parte che si è vista respingere in tutto o in parte, le domande o le eccezioni che ha proposto nel giudizio precedente;
3. Ha interesse ad impugnare la parte che afferma di essere stata lesa in una sua situazione di fatto e di diritto.

7. Quali le differenze fondamentali fra la inammissibilità e la improcedibilità?

1. L'inammissibilità fa riferimento a vizi dell'impugnazione che stanno a monte di questa, potremmo dire vizi originari dell'impugnazione, improcedibilità invece fa riferimento a situazioni che si manifestano durante il procedimento di impugnazione, e che quindi impediscano all'impugnazione, correttamente impostata, di proseguire.
2. L'improcedibilità fa riferimento a vizi dell'impugnazione che stanno a monte di questa, potremmo dire vizi originari dell'impugnazione, l'inammissibilità invece fa riferimento a situazioni che si manifestano durante il procedimento di impugnazione, e che quindi impediscano all'impugnazione, correttamente impostata, di proseguire.
3. Non vi sono differenze sostanziali tra le due figure, ma solo differenze formali stabilite di volta in volta dall'ordinamento.

8. *L'impugnazione proposta da una parte che non è legittimata ad impugnare è inammissibile o improcedibile?*

1. A seconda delle situazioni, può essere inammissibile o improcedibile.
2. È improcedibile, perché si riferisce a un vizio che si manifesta nel corso dell'impugnazione;
3. È inammissibile, perché si riferisce a un vizio originario dell'impugnazione stessa.

9. *Come definiresti l'acquiescenza?*

1. L'acquiescenza consiste nell'aggravamento delle conseguenze della sentenza in seguito all'impugnazione;
2. L'acquiescenza è l'accettazione espressa o tacita della sentenza da parte del soccombente;
3. L'acquiescenza consiste nel subire gli effetti della sentenza senza poter proporre impugnazione.

10. *Qual è la conseguenza dell'acquiescenza?*

1. Inammissibilità dell'impugnazione;
2. L'improcedibilità dell'impugnazione;
3. L'estinzione dell'impugnazione.

11. *Che cosa è l'acquiescenza tacita qualificata?*

1. È una forma di acquiescenza tacita, nella quale la parte dichiara di non voler impugnare la sentenza, qualificando, in modo, il suo precedente silenzio.
2. È una forma di acquiescenza qualificata in tal modo dal giudice con apposita ordinanza;
3. È una forma di acquiescenza tacita, dove è la stessa legge a stabilire che quando una parte tiene un certo comportamento, vuol dire che tale comportamento equivale ad acquiescenza.

12. *Se nel giudizio relativo alla sentenza che si intende impugnare vi è stato litisconsorzio necessario, sarà anche necessario notificare l'impugnazione a tutte le parti che hanno partecipato al giudizio precedente?*

1. Sì, nel caso in cui ciò non fosse fatto il giudice dell'impugnazione dà termine per notificare la stessa impugnazione anche alle altre parti che hanno partecipato giudizio precedente, se tale notifica non avviene l'impugnazione stessa sarà dichiarata inammissibile;
2. Sì, nel caso in cui ciò non fosse fatto il giudice dell'impugnazione dà termine per notificare la stessa l'impugnazione anche alle altre parti che hanno partecipato giudizio precedente, se tale notifica non avviene impugnazione stessa sarà dichiarata improcedibile;
3. Sì, nel caso in cui ciò non fosse fatto il giudice dell'impugnazione da termine per notificare la stessa impugnazione anche alle altre parti che hanno partecipato giudizio precedente, se tale notifica non avviene il giudice sospende il processo in attesa che impugnino anche le altre parti; solo quando saranno scaduti i termini per l'impugnazione relativi alle altre parti non chiamate nello stesso giudizio impugnazione, potrà riprendere il processo.

13. *Se si impugna una sentenza che è stata pronunciata in un giudizio dove c'è stato litisconsorzio facoltativo, e tale impugnazione non è stata notificata a tutte le parti che hanno partecipato al precedente giudizio, quale sarà il comportamento del giudice della prima udienza del giudizio d'impugnazione?*

1. Trattandosi di litisconsorzio facoltativo, si applicherà sempre la disciplina dell'articolo 332, e quindi il giudice ordinerà la notificazione dell'impugnazione anche alle altre parti che hanno partecipato al giudizio precedente, e nel caso in cui tale notifica non fosse effettuata, il processo sarà sospeso per attendere le impugnazioni da parte di coloro che non hanno ricevuto la notifica della prima impugnazione.
2. Se si trattava di un litisconsorzio facoltativo ma con cause scindibili, il giudice ordinerà la notifica dell'impugnazione anche le altre parti, che se non eseguita, comporterà l'inammissibilità dell'impugnazione, se invece il litisconsorzio facoltativo aveva ad oggetto cause inscindibili, il mancato rispetto dell'ordine del giudice comporterà solamente la sospensione del processo fino a quando saranno scaduti i termini per l'impugnazione da parte delle altre parti che non hanno ricevuto la notifica della prima impugnazione;
3. Se si trattava di un litisconsorzio facoltativo ma con cause inscindibili, il giudice ordinerà la notifica dell'impugnazione anche le altre parti, che se non eseguita, comporterà l'inammissibilità dell'impugnazione, se invece il consorzio facoltativo aveva ad oggetto cause scindibili, il mancato rispetto dell'ordine del giudice comporterà solamente la sospensione del processo fino a quando saranno scaduti i termini per l'impugnazione da parte delle altre parti che non hanno ricevuto la notifica della prima impugnazione.

14. Le impugnazioni principali sono più importanti delle impugnazioni incidentali?

1. No, è solo una questione di tempi, l'impugnazione principale è quella che è stata proposta per prima, quella incidentale è stata proposta successivamente, perché l'impugnazione principale l'ha preceduta;
2. Come dice la stessa parola, impugnazione principale è quella più importante, mentre l'impugnazione è incidentale quando è condizionata dalla prima impugnazione;
3. Le impugnazioni principali e le impugnazioni incidentali stanno sullo stesso piano, visto che sono proposte contemporaneamente dalle parti contro la stessa sentenza, l'unica differenza sta nel fatto che il giudice dell'impugnazione potrà decidere di trattare prima delle impugnazioni, e poi delle altre; le prime impugnazioni trattate dal giudice saranno quelle principali, quelle trattate successivamente saranno le incidentali.

15. Che differenza c'è fra le impugnazioni incidentali e le impugnazioni incidentali tardive?

1. Le impugnazioni incidentali, e le incidentali tardive, sono comunque effettuate in seguito all'impugnazione principale, con la differenza però che le impugnazioni incidentali sono state proposte per prime, mentre le incidentali tardive sono state proposte dopo le normali impugnazioni incidentali;
2. La differenza fondamentale sta nel fatto che le impugnazioni incidentali tardive sono dipendenti dalle impugnazioni principali, e anche per questo motivo possono essere proposte anche quando siano scaduti i termini per l'impugnazione o quando la parte che propone l'impugnazione principale abbia fatto acquiescenza alla sentenza impugnata. In questi casi se l'impugnazione principale è dichiarata inammissibile o improcedibile anche quella incidentale perderà di efficacia.
3. Le impugnazioni incidentali sono quelle che sono state proposte nei termini previsti dalla legge, quelle tardive sono state proposte fuori termine, ma il giudice dell'impugnazione le ammette comunque, ed è per questo che sono tardive, ma solo quando riconosce particolari ragioni che giustificano la tardività dell'impugnazione.

16. Cosa differenzia l'effetto espansivo esterno dall'effetto espansivo interno?

1, L'effetto espansivo esterno fa riferimento alle conseguenze che si hanno sul giudicato esterno della sentenza che è stata impugnata e riformata, l'effetto espansivo interno fa riferimento agli effetti che produce la riforma di una parte della sentenza, sul giudicato che si formerà internamente al processo.
2. L'effetto espansivo esterno fa riferimento agli effetti che si hanno tra diverse sentenze, in seguito alla riforma di una di esse, mentre l'effetto espansivo interno fa riferimento alle conseguenze che la riforma di una parte di una sentenza che è stata impugnata, produce su altre sentenze non impugnate.
3. L'effetto espansivo esterno fa riferimento agli effetti che si hanno tra diverse sentenze, in seguito alla riforma di una di esse, sempre che tali sentenze siano dipendenti, mentre l'effetto espansivo interno fa riferimento alle conseguenze che la riforma di una parte di una sentenza che è stata impugnata, produce sulle altre parti della sentenza non impugnata sempre che tali parti siano dipendenti da quella parte della sentenza è stata riformata.

17. Effetto bilaterale della notificazione della sentenza, questo effetto si produce nel nostro ordinamento?

1. Sì, ormai è un dato di diritto positivo, che ha superato tutte le controversie che vi erano state in passato;
2. La questione è ancora incerta, parte della dottrina ritiene che i termini brevi per le impugnazioni decorrano solo per chi ha ricevuto la notifica non per il notificante;
3. In realtà la questione non si pone proprio, l'effetto bilaterale della notificazione è conseguenza naturale della notifica della sentenza, tanto che non sono mai sorte controversie in proposito, né il legislatore ha sentito il bisogno di regolarlo.

Appello: Domande

1. A quale giudice bisogna rivolgere la domanda di appello contro le sentenze pronunciate dal giudice di pace?

1. La domanda va proposta innanzi al tribunale in composizione collegiale;
2. La domanda va proposta innanzi al tribunale in composizione monocratica;
3. La domanda va proposta innanzi alla corte di appello.

2. Quali sono i termini per impugnare una sentenza in appello?

1. 60 giorni dalla notificazione della sentenza, e in mancanza, sei mesi dalla pubblicazione della sentenza.
2. 30 giorni dalla notificazione della sentenza, e in mancanza un anno dalla pubblicazione della sentenza;
3. 30 giorni dalla notificazione della sentenza, e in mancanza, sei mesi dalla pubblicazione della sentenza;

3. Con quale atto si propone la domanda di appello?

1. Con citazione;
2. Con ricorso;
3. Con un'istanza presentata al giudice dell'appello.

4. Nel giudizio di appello distinguiamo una fase rescindente e una fase rescissoria?

1. Sì, il giudice di appello annulla la sentenza impugnata, e poi pronuncia una nuova sentenza;

2. No, di regola la sentenza del giudice di appello sostituisce quella del giudice di primo grado;
3. Sì, il giudice di appello annulla la sentenza impugnata, e rimette le parti davanti al giudice di primo grado per far ripetere il giudizio.

5. *Nel giudizio appello trova applicazione il principio della corrispondenza tra il chiesto e pronunciato di cui all'articolo 112 del codice di procedura civile?*

1. In generale sì, il giudice di appello giudicherà solo sulle parti della sentenza che sono state impugnate;
2. Sì, ma in maniera molto particolare, perché l'impugnativa di una parte della sentenza comporta, implicitamente, impugnazione anche nelle altre parti;
3. No, una volta che s'impugna la sentenza, il giudice dell'appello deve necessariamente giudicare su tutta la sentenza impugnata, diversamente si arriverebbe all'assurdità che venga impugnata solo una parte di una sentenza, che è un atto unico.

6. *Cosa deve contenere a pena di inammissibilità l'atto di appello?*

1. Deve contenere a pena d'inammissibilità l'indicazione delle parti del precedente giudizio di primo grado, ed inoltre deve contenere l'indicazione delle circostanze da cui deriva la violazione della legge, e la loro rilevanza ai fini della decisione impugnata;
2. L'appello deve essere motivato, e deve contenere a pena d'inammissibilità, l'indicazione delle parti, della sentenza che s'impugna, e delle circostanze di fatto e giuridiche che hanno spinto la parte ad impugnare la sentenza;
3. l'appello deve essere motivato e deve contenere in maniera chiara, sintetica e specifica:
1) il capo della decisione di primo grado che viene impugnato;
2) le censure proposte alla ricostruzione dei fatti compiuta dal giudice di primo grado;
3) le violazioni di legge denunciate e la loro rilevanza ai fini della decisione impugnata.

7. *Quali sono in termini di comparizione in appello?*

1. Come in primo grado 120 giorni se la notifica deve effettuarsi in Italia, 150 se all'estero;
2. 90 giorni per la notifica in Italia, 150 se all'estero;
3. 60 giorni tra la notifica del ricorso e la data della prima udienza in appello.

8. *Possono proporsi domande nuove in appello?*

1. Mentre prima della riforma del 1994 era comunque possibile proporre domande nuove in appello, perché questo era considerato la continuazione del giudizio precedente, con la riforma, non è più possibile e in nessun caso proporre domande nuove in appello;
2. In via generale no, ma possono domandarsi, per la prima volta, gli interessi, i frutti, gli accessori maturati dopo la sentenza impugnata, nonché il risarcimento dei danni sofferti dopo la sentenza stessa;
3. Il giudizio di appello costituisce la continuazione del giudizio di primo grado, ed è quindi possibile proporre domande nuove in appello, e anche nuovi documenti, solo se il giudice ritenga le domande e i documenti indispensabili per il giudizio.

9. *Come deve costituirsi l'appellato?*

1. L'appellato deve costituirsi in maniera analoga a quella del convenuto nel giudizio di primo grado, quindi almeno 20 giorni prima dell'udienza di discussione dell'appello; se si è costituito in tale termine potrà proporre tutte le eccezioni di rito e di merito non rilevabili d'ufficio;
2. L'appellato deve costituirsi almeno 20 giorni prima dell'udienza di in appello; se si è costituito in tale termine potrà proporre appello incidentale;
3. L'appellato dovrà costituirsi con uno speciale atto di costituzione nella cancelleria del giudice dell'appello almeno 10 giorni prima dell'udienza di discussione.

10. Che cos'è l'appello incidentale tardivo?

1. È un appello incidentale che può essere proposto anche al di fuori del termine di costituzione dell'appellato, ma solo quando l'interesse di impugnare nasca dalla costituzione di altro appellato;
2. È una normale impugnazione incidentale tardiva;
3. È l'appello che è ammesso dal collegio solo quando l'appellato dimostri di non averlo potuto proporre in precedenza.

11. Cosa accade se l'appello è inammissibile o manifestamente infondato?

1. Il giudice dispone la discussione orale ex art. 350 bis;
2. Il giudice convoca la parti in camera di consiglio e all'esito decide sull'appello per la sua prosecuzione o decisione finale;
3. Si segue la procedura ordinaria.

12. Che succede se l'appellante non si costituisce nei termini?

1. Non è un ipotesi possibile, visto che l'appello di introduce con ricorso e non citazione, tuttavia se l'appellante non compare alla prima e alla seconda udienza, l'appello sarà dichiarato improcedibile;
2. L'appello sarà dichiarato inammissibile;
3. L'appello sarà dichiarato improcedibile.

13. In appello è possibile la nomina dell'istruttore come accade nel giudizio di primo grado?

1. No, visto che è trattato dal giudice monocratico;
2. Sì, se si svolge davanti alla corte d'appello;
3. No, anche davanti alla corte d'appello la trattazione è sempre collegiale, istruzione compresa.

14. Ma durante il giudizio di appello, si svolge l'istruzione probatoria per nuove prove?

1. Sì, ma solo quando il giudice dell'appello ritenga queste nuove prove indispensabili, oppure nel caso in cui la parte dimostri di non aver potuto proporre le prove nel giudizio precedente per causa a lei non imputabile.
2. No, mai;
3. Sì quando la parte dimostri non aver potuto proporre le prove nel giudizio precedente per causa a lei non imputabile.

15. Che succede se alla prima udienza ex art. 350 il giudice rileva che l'appello è inammissibile o manifestamente infondato o ancora se è manifestamente fondato o la causa sia ridotta o urgente?

1. Il giudice dispone la discussione orale della causa;
2. Il giudice decide l'appello in udienza con ordinanza non impugnabile;
3. Il giudice rimette la causa in decisione.

16. Ammettiamo che si disponga la discussione orale dell'appello, quale la procedura essenziale?

1. Il giudice farà precisare le conclusioni in udienza ex art. 285 septies deciderà con sentenza;
2. Il giudice farà precisare le conclusioni in udienza e procederà ai sensi dell'art. 281 sexies, tuttavia davanti alla corte d'appello dopo la precisazione delle conclusioni fisserà data dell'udienza davanti al collegio il giudice darà termine per il deposito di note conclusionali, vi sarà poi la discussione e la decisione con sentenza.
3. Il giudice farà precisare le conclusioni in udienza e procederà ai sensi dell'art. 281 sexies, tuttavia davanti alla corte d'appello dopo la precisazione delle conclusioni fisserà data dell'udienza davanti al collegio il giudice darà termine per il deposito di note conclusionali di 30 giorni prima dell'udienza per la discussine, vi sarà poi la discussione e la decisione con ordinanza.

17. In appello, mancando la discussione orale, il giudice procede al tentativo di conciliazione?

1. Sì.
2. No.

18. In appello, mancando la discussione orale, sono previsti dei termini prima dell'udienza per la rimessione della causa in decisione da parte dell'istruttore?

1. Sì, e sono questi termini non perentori:
a) un termine non superiore a 30 giorni prima dell'udienza per il deposito di note scritte contenenti la sola precisazione delle conclusioni;
b) un termine non superiore a 15 giorni prima dell'udienza per il deposito delle comparse conclusionali;
c) un termine non superiore a 5 giorni prima per il deposito delle note di replica;
2. No, per il semplice motivo che in appello non si nomina mai l'istruttore;
3. Sì, e sono questi termini perentori:
a) un termine non superiore a 60 giorni prima dell'udienza per il deposito di note scritte contenenti la sola precisazione delle conclusioni;
b) un termine non superiore a 30 giorni prima dell'udienza per il deposito delle comparse conclusionali;
c) un termine non superiore a 15 giorni prima per il deposito delle note di replica.

19. Con quale provvedimento è presa la decisione in appello?

1. Con sentenza non impugnabile;
2. Con sentenza impugnabile davanti alla corte di cassazione;
3. Con ordinanza, impugnabile con reclamo alla corte di cassazione.

20. Abbiamo visto che il giudizio di appello è sostitutivo, ma ci sono dei casi in cui il giudice di appello rimette la causa davanti al giudice di primo grado?

1. Sì, e sono casi tassativi, e si hanno per nullità della notifica della citazione in primo grado, mancata integrazione del contraddittorio in primo grado, estromissione di una parte necessaria, mancata sottoscrizione della sentenza di primo grado da parte del giudice;
2. Sì, e sono casi tassativi; si hanno quando il giudice di primo grado ha erroneamente negato la propria giurisdizione, nullità della notifica della citazione in primo grado, mancata integrazione del contraddittorio in primo grado, estromissione di una parte necessaria, mancata sottoscrizione della sentenza di primo grado da parte del giudice, nullità della notifica della citazione in primo grado, mancata costituzione in giudizio del convenuto per causa a lui non imputabile, intervento di primo grado di una parte che non ne aveva i requisiti;
3. Di regola il giudice di appello non rimette le parti davanti al giudice di primo grado, a meno che non ritenga il giudizio emesso nella sentenza di primo grado così grave da dover necessariamente annullarla, e rimettere le parti davanti al giudice di primo grado.

21. Ammettiamo che si voglia chiedere la sospensione dell'efficacia esecutiva della sentenza di primo grado, a chi si chiederà?

1. Al giudice dell'appello;
2. Al giudice di primo grado;
3. A nessuno dei due, perché le sentenze di primo grado non sono esecutive.

>>>

Appello: Risposte

1. A quale giudice bisogna rivolgere la domanda di appello contro le sentenze pronunciate dal giudice di pace?

1. La domanda va proposta innanzi al tribunale in composizione collegiale;
2. La domanda va proposta innanzi al tribunale in composizione monocratica;
3. La domanda va proposta innanzi alla corte di appello.

2. Quali sono i termini per impugnare una sentenza in appello?

1. 60 giorni dalla notificazione della sentenza, e in mancanza, sei mesi dalla pubblicazione della sentenza.
2. 30 giorni dalla notificazione della sentenza, e in mancanza un anno dalla pubblicazione della sentenza;
3. 30 giorni dalla notificazione della sentenza, e in mancanza, sei mesi dalla pubblicazione della sentenza;

3. Con quale atto si propone la domanda di appello?

1. Con citazione;
2. Con ricorso;
3. Con un'istanza presentata al giudice dell'appello.

4. Nel giudizio di appello distinguiamo una fase rescindente e una fase rescissoria?

1. Sì, il giudice di appello annulla la sentenza impugnata, e poi pronuncia una nuova sentenza;
2. No, la sentenza del giudice di appello di regola sostituisce quella del giudice di primo grado;
3. Sì, il giudice di appello annulla la sentenza impugnata, e rimette le parti davanti al giudice di primo grado per far ripetere il giudizio.

5. Nel giudizio appello trova applicazione il principio della corrispondenza tra il chiesto e pronunciato di cui all'articolo 112 del codice di procedura civile?

1. In generale sì, il giudice di appello giudicherà solo sulle parti della sentenza che sono state impugnate;
2. Sì, ma in maniera molto particolare, perché l'impugnativa di una parte della sentenza comporta, implicitamente, impugnazione anche nelle altre parti;
3. No, una volta che s'impugna la sentenza, il giudice dell'appello deve necessariamente giudicare su tutta la sentenza impugnata, diversamente si arriverebbe all'assurdità che venga impugnata solo una parte di una sentenza, che è un atto unico.

6. Cosa deve contenere a pena di inammissibilità l'atto di appello?

1. Deve contenere a pena d'inammissibilità l'indicazione delle parti del precedente giudizio di primo grado, ed inoltre deve contenere l'indicazione delle circostanze da cui deriva la violazione della legge, e la loro rilevanza ai fini della decisione impugnata;
2. L'appello deve essere motivato, e deve contenere a pena d'inammissibilità, l'indicazione delle parti, della sentenza che s'impugna, e delle circostanze di fatto e giuridiche che hanno spinto la parte ad impugnare la sentenza;
3. L'appello deve essere motivato e deve contenere in maniera chiara, sintetica e specifica:
1) il capo della decisione di primo grado che viene impugnato;
2) le censure proposte alla ricostruzione dei fatti compiuta dal giudice di primo grado;
3) le violazioni di legge denunciate e la loro rilevanza ai fini della decisione impugnata.

7. Quali sono in termini di comparizione in appello?

1. Come in primo grado 120 giorni se la notifica deve effettuarsi in Italia, 150 se all'estero;
2. 90 giorni per la notifica in Italia, 150 se all'estero;
3. 60 giorni tra la notifica del ricorso e la data della prima udienza in appello.

8. Possono proporsi domande nuove in appello?

1. Mentre prima della riforma del 1994 era comunque possibile proporre domande nuove in appello, perché questo era considerato la continuazione del giudizio precedente, con la riforma, non è più possibile e in nessun caso proporre domande nuove in appello;
2. In via generale no, ma possono domandarsi, per la prima volta, gli interessi, i frutti, gli accessori maturati dopo la sentenza impugnata, nonché il risarcimento dei danni sofferti dopo la sentenza stessa;
3. Il giudizio di appello costituisce la continuazione del giudizio di primo grado, ed è quindi possibile proporre domande nuove in appello, e anche nuovi documenti, solo se il giudice ritenga le domande e i documenti indispensabili per il giudizio.

9. Come deve costituirsi l'appellato?

1. L'appellato deve costituirsi in maniera analoga a quella del convenuto nel giudizio di primo grado, quindi almeno 20 giorni prima dell'udienza di discussione dell'appello; se si è costituito in tale termine potrà proporre tutte le eccezioni di rito e di merito non rilevabili d'ufficio;
2. L'appellato deve costituirsi almeno 20 giorni prima dell'udienza di in appello; se si è costituito in tale termine potrà proporre appello incidentale;
3. L'appellato dovrà costituirsi con uno speciale atto di costituzione nella cancelleria del giudice dell'appello almeno 10 giorni prima dell'udienza di discussione.

10. Che cos'è l'appello incidentale tardivo?

1. È un appello incidentale che può essere proposto anche al di fuori del termine di costituzione dell'appellato, ma solo quando l'interesse di impugnare nasca dalla costituzione di altro appellato;
2. È una normale impugnazione incidentale tardiva;
3. È l'appello che è ammesso dal collegio solo quando l'appellato dimostri di non averlo potuto proporre in precedenza.

11. Cosa accade se l'appello è inammissibile o manifestamente infondato?

1. Il giudice dispone la discussione orale ex art. 350 bis;
2. Il giudice convoca la parti in camera di consiglio e all'esito decide sull'appello per la sua prosecuzione o decisione finale;
3. Si segue la procedura ordinaria.

12. Che succede se l'appellante non si costituisce nei termini?

1. Non è un ipotesi possibile, visto che l'appello di introduce con ricorso e non citazione, tuttavia se l'appellante non compare alla prima e alla seconda udienza, l'appello sarà dichiarato improcedibile;
2. L'appello sarà dichiarato inammissibile;
3. L'appello sarà dichiarato improcedibile.

13. In appello è possibile la nomina dell'istruttore come accade nel giudizio di primo grado?

1. No, visto che è trattato dal giudice monocratico;
2. Sì;
3. No, anche davanti alla corte d'appello la trattazione è sempre collegiale, istruzione compresa.

14. Ma durante il giudizio di appello, si svolge l'istruzione probatoria per nuove prove?

1. Sì, ma solo quando il giudice dell'appello ritenga queste nuove prove indispensabili, oppure nel caso in cui la parte dimostri di non aver potuto proporre le prove nel giudizio precedente per causa a lei non imputabile.
2. No, mai;
3. Sì, quando la parte dimostri non aver potuto proporre le prove nel giudizio precedente per causa a lei non imputabile.

15. *Che succede se alla prima udienza ex art. 350 il giudice rileva che l'appello è inammissibile o manifestamente infondato o ancora se è manifestamente fondato o la causa sia ridotta o urgente?*

1. Il giudice dispone la discussione orale della causa;
2. Il giudice decide l'appello in udienza con ordinanza non impugnabile;
3. Il giudice rimette la causa in decisione.

16. Ammettiamo che si disponga la discussione orale dell'appello, quale la procedura essenziale?

1. Il giudice farà precisare le conclusioni in udienza ex art. 285 septies deciderà con sentenza;
2. Il giudice farà precisare le conclusioni in udienza e procederà ai sensi dell'art. 281 sexies, tuttavia davanti alla corte d'appello dopo la precisazione delle conclusioni fisserà data dell'udienza davanti al collegio il giudice darà termine per il deposito di note conclusionali, vi sarà poi la discussione e la decisione con sentenza.
3. Il giudice farà precisare le conclusioni in udienza e procederà ai sensi dell'art. 281 sexies, tuttavia davanti alla corte d'appello dopo la precisazione delle conclusioni fisserà data dell'udienza davanti al collegio il giudice darà termine per il deposito di note conclusionali di 30 giorni prima dell'udienza per la discussine, vi sarà poi la discussione e la decisione con ordinanza.

17. *In appello, mancando la discussione orale, il giudice procede al tentativo di conciliazione?*

1. Sì.
2. No.

18. *In appello, mancando la discussione orale, sono previsti dei termini prima dell'udienza per la rimessione della causa in decisione da parte dell'istruttore?*

1. Sì, e sono questi termini non perentori:
a) un termine non superiore a 30 giorni prima dell'udienza per il deposito di note scritte contenenti la sola precisazione delle conclusioni;
b) un termine non superiore a 15 giorni prima dell'udienza per il deposito delle comparse conclusionali;
c) un termine non superiore a 5 giorni prima per il deposito delle note di replica;
2. No, per il semplice motivo che in appello non si nomina mai l'istruttore;
3. Sì, e sono questi termini perentori:
a) un termine non superiore a 60 giorni prima dell'udienza per il deposito di note scritte contenenti la sola precisazione delle conclusioni;
b) un termine non superiore a 30 giorni prima dell'udienza per il deposito delle comparse conclusionali;
c) un termine non superiore a 15 giorni prima per il deposito delle note di replica.

19. *Con quale provvedimento è presa la decisione in appello?*

1. Con sentenza non impugnabile;
2. Con sentenza impugnabile davanti alla corte di cassazione;
3. Con ordinanza, impugnabile con reclamo alla corte di cassazione.

20. Abbiamo visto che il giudizio di appello è sostitutivo, ma ci sono dei casi in cui il giudice di appello rimette la causa davanti al giudice di primo grado?

1. Sì, e sono casi tassativi, e si hanno per nullità della notifica della citazione in primo grado, mancata integrazione del contraddittorio in primo grado, estromissione di una parte necessaria, mancata sottoscrizione della sentenza di primo grado da parte del giudice;
2. Sì, e sono casi tassativi; si hanno quando il giudice di primo grado ha erroneamente negato la propria giurisdizione, nullità della notifica della citazione in primo grado, mancata integrazione del contraddittorio in primo grado, estromissione di una parte necessaria, mancata sottoscrizione della sentenza di primo grado da parte del giudice, nullità della notifica della citazione in primo grado, mancata costituzione in giudizio del convenuto per causa a lui non imputabile, intervento di primo grado di una parte che non ne aveva i requisiti;
3. Di regola il giudice di appello non rimette le parti davanti al giudice di primo grado, a meno che non ritenga il giudizio emesso nella sentenza di primo grado così grave da dover necessariamente annullarla, e rimettere le parti davanti al giudice di primo grado.

21. Ammettiamo che si voglia chiedere la sospensione dell'efficacia esecutiva della sentenza di primo grado, a chi si chiederà?

1. Al giudice dell'appello;
2. Al giudice di primo grado;
3. A nessuno dei due, perché le sentenze di primo grado non sono esecutive.

Il giudizio innanzi alla corte di cassazione: Domande

1. Si dice che la corte di cassazione svolge attività di nomofilachia, in che cosa consiste tale attività?
1. Consiste nello stabilire qual è la parte che ha ragione e quale quella che ha torto;
2. Consiste nell'assicurare l'esatta osservanza, l'interpretazione della legge e l'unità del diritto in tutto il territorio nazionale;
3. Consiste nell'emettere sentenze giuste, e perché prese dalla corte di cassazione, saranno vincolanti per tutti gli altri giudici dell'ordinamento italiano.

2. Il ricorso per cassazione è un mezzo d'impugnazione a critica libera o a critica vincolata?

1. Nessuno dei due casi precedenti, la cassazione ha la disponibilità della sentenza impugnata, essendo il giudice supremo dell'ordinamento italiano, potrà modificarla o annullarla secondo i motivi che lei stessa andrà a individuare.
2. A critica libera;
3. A critica vincolata.

3. Il vizio di motivazione della sentenza non è mai proponibile davanti alla corte?

1. No, perché il n. 5 dell'art. 360 è stato modificato;
2. Sì, sempre
3. Sì, ma solo alle condizioni previste dalla giurisprudenza della corte di cassazione.

4. Quali sono i termini per impugnare una sentenza davanti la corte di cassazione?

1. 60 giorni dalla notifica della sentenza, oppure, in sua mancanza, sei mesi dalla sua pubblicazione;
2. 30 giorni dalla notifica della sentenza, oppure, in sua mancanza, sei mesi dalla sua pubblicazione;
3. 60 giorni dalla notifica della sentenza, oppure, in sua mancanza, un anno dalla sua pubblicazione.

5. Quali sono le sentenze che s'impugnano davanti alla corte di cassazione?

1. Tutte le sentenze pronunciate in grado di appello o in primo grado;
2. Tutte le sentenze pronunciate in grado di appello o in unico grado;
3. Tutte le sentenze pronunciate dai giudici italiani quale che sia il grado del procedimento.

6. In alcuni casi si può impugnare anche la sentenza di primo grado, quando accade?

1. Quando il giudice della causa di primo grado dovendo risolvere una controversa questione di diritto, pronuncia sentenza con cui rimette direttamente le parti davanti alla cassazione affinché si pronunci definitivamente su di essa, saltando così l'appello, si parla in questi casi di ricorso per saltum;
2. Quando le parti in seguito a una sentenza appellabile di primo grado, di comune accordo decidono di impugnarla innanzi alla cassazione, ma solo per risolvere una questione di diritto ex art. 360 n. 3;
3. Quando la sentenza di primo grado è stata dichiarata dal giudice inappellabile; poiché per l'art. 111 della costituzione tutte le sentenze sono impugnabili per cassazione, questa sentenza, per quanto di primo grado può essere impugnata davanti alla cassazione.

7. Cosa distingue sostanzialmente gli errores procedendo da quelli in judicando?

1. Gli errores in procedendo fanno riferimento a vizi procedurali della sentenza, mentre gli altri fanno riferimento a vizi che riguardano i casi del numero 3 dell'articolo 360, e cioè violazione o falsa applicazione di norme di diritto e degli accordi e contratti collettivi nazionali di lavoro;
2. Gli errores in procedendo fanno riferimento a vizi procedurali della sentenza, mentre gli altri fanno riferimento a vizi che riguardano il merito della sentenza impugnata;
3. Negli errores in judicando, si rimprovera al giudice di non aver giudicato correttamente, mentre negli altri si rimproverano errori di procedura civile.

8. Come si propone la domanda davanti alla corte di cassazione?

1. Con istanza depositata nella cancelleria della corte, e successivamente notificata alle parti;
2. Con citazione;
3. Con ricorso.

9. Un qualsiasi avvocato può presentare domanda davanti alla cassazione?

1. No, solo quelli iscritti da almeno 2 anni;
2. No, solo quelli che non solo sono iscritti da almeno 2 anni ma che dimostrino di aver patrocinato in questo periodo di tempo in almeno 30 giudizi;
3. No, solo quelli iscritti in apposito albo dei patrocinanti in cassazione e alle altre giurisdizioni superiori.

10. Diciamo la verità la domanda in cassazione si propone con ricorso, quindi se alla domanda 8 hai risposto un maniera diversa hai sbagliato, ma cosa deve contenere questo ricorso a pena d'inammissibilità?

1.
1) l'indicazione delle parti;
2) l'indicazione della sentenza o decisione impugnata;
3) la chiara esposizione dei fatti della causa essenziali alla illustrazione dei motivi di ricorso;
4) la chiara e sintetica esposizione dei motivi per i quali si chiede la cassazione, con l'indicazione delle norme di diritto su cui si fondano;
5) l'indicazione della procura, se conferita con atto separato e, nel caso di ammissione al gratuito patrocinio, del relativo decreto;
6) la specifica indicazione, per ciascuno dei motivi, degli atti processuali, dei documenti e dei contratti o accordi collettivi sui quali il motivo si fonda e l'illustrazione del contenuto rilevante degli stessi.

2.
1) l'indicazione delle parti;
2) l'indicazione della sentenza o decisione impugnata;
3) la chiara esposizione dei fatti della causa essenziali alla illustrazione dei motivi di ricorso;
4) la chiara e sintetica esposizione dei motivi per i quali si chiede la cassazione, con l'indicazione delle norme di diritto su cui si fondano;
5) l'indicazione della procura, se conferita con atto separato e, nel caso di ammissione al gratuito patrocinio, del relativo decreto;
6) la specifica indicazione, per ciascuno dei motivi, degli atti processuali, dei documenti e dei contratti o accordi collettivi sui quali il motivo si fonda e l'illustrazione del contenuto rilevante degli stessi;
Inoltre il ricorso è inammissibile:
a) quando il provvedimento impugnato ha deciso le questioni di diritto in modo conforme alla giurisprudenza della Corte e l'esame dei motivi non offre elementi per confermare o mutare l'orientamento della stessa;
b) quando è manifestamente infondata la censura relativa alla violazione dei princìpi regolatori del giusto processo.

3.
1) l'indicazione delle parti;
2) l'indicazione della sentenza o decisione impugnata;
3) la chiara esposizione dei fatti della causa essenziali alla illustrazione dei motivi di ricorso;
4) la chiara e sintetica esposizione dei motivi per i quali si chiede la cassazione, con l'indicazione delle norme di diritto su cui si fondano;
5) l'indicazione della procura, se conferita con atto separato e, nel caso di ammissione al gratuito patrocinio, del relativo decreto;
6) la specifica indicazione, per ciascuno dei motivi, degli atti processuali, dei documenti e dei contratti o accordi collettivi sui quali il motivo si fonda e l'illustrazione del contenuto rilevante degli stessi;
Inoltre il ricorso è inammissibile:
a) quando il provvedimento impugnato ha deciso le questioni di diritto in modo conforme alla giurisprudenza della Corte e l'esame dei motivi non offre elementi per confermare o mutare l'orientamento della stessa;
b) quando è manifestamente infondata la censura relativa alla violazione dei princìpi regolatori del giusto processo.
c) quando non è stato sottoscritto da un avocato iscritto nell'albo dei patrocinanti in cassazione.

11. Poniamo che il ricorso sia stato notificato e depositato in cassazione, ma la parte che ha ricevuto la notifica vuole a sua volta impugnare la sentenza, cosa dovrà fare?

1. Insieme al controricorso deve anche proporre il ricorso incidentale;
2. Dovrà impugnare con il controricorso;
3. Dovrà notificare e depositare il ricorso incidentale.

12. Poniamo che le parti abbiano presentato un ricorso poi dichiarato inammissibile, tuttavia quel ricorso poteva essere l'occasione per far pronunciare alla corte di cassazione un principio di diritto al quale il giudice del merito avrebbe dovuto attenersi, cosa si può fare per far esprimere alla corte quel principio?
1. Nulla, se è dichiarato inammissibile quella sentenza è passata in giudicato, e quindi la corte di cassazione non si potrà più esprimere;
2. Il primo presidente della corte può comunque assegnare il ricorso alle sezioni unite della corte per far esprimere il principio di diritto;
3. Sarà il procuratore generale presso la corte ad attivarsi per ottenere la pronuncia sul principio di diritto, ma la pronuncia della non avrà effetto sulla pronuncia del giudice di merito che ha occasionato la pronuncia della stessa corte.

12. E' previsto nel nostro ordinamento il rinvio pregiudiziale da parte del giudice del merito per far risolvere alla corte di cassazione un questione di diritto?

1. Sì.
2. No.
3. Sì, ma solo come passaggio del rinvio alla corte di giustizia europea.

13. Quando la corte pronuncia a sezioni unite?

1.
a) Questioni di giurisdizione: la corte pronuncia a sezioni unite nei casi previsti nel n. 1) dell'articolo 360 e nell'articolo 362.
b) Ricorsi che presentano una questione di diritto già decisa in senso difforme dalle sezioni semplici o che presentano una questione di massima di particolare importanza: in questi casi il primo presidente può disporre che la Corte pronunci a sezioni unite;
c) Una sezione semplice ritiene di non condividere il principio di diritto enunciato dalle sezioni unite: la sezione semplice rimette a queste ultime, con ordinanza motivata, la decisione del ricorso.
2.
E' il primo presidente della corte che dovendo assegnare i ricorsi, decide quali dovranno essere decisi dalla sezione semplice e quali alle sezioni unite, in relazione alla complessità del ricorso e ai principi di diritto che si possono trarre;

3.
a) Questioni di giurisdizione e competenza: la corte pronuncia a sezioni unite nei casi previsti nel n. 1) dell'articolo 360 e nell'articolo 362.
b) Ricorsi che presentano una questione di massima di particolare importanza: in questi casi il primo presidente può disporre che la Corte pronunci a sezioni unite;

c) Una sezione semplice ritiene di non condividere il principio di diritto enunciato dalle sezioni unite: la sezione semplice rimette a queste ultime, con ordinanza motivata, la decisione del ricorso.

14. *Il procedimento davanti alla corte di cassazione come può svolgersi?*

1. Solo in pubblica udienza, la decisione sarà di regola presa con ordinanza;
2. In pubblica udienza e in camera di consiglio, nel primo caso la decisione sarà presa con ordinanza nel secondo con sentenza.
3. In camera di consiglio e in pubblica udienza, nel primo caso la decisione sarà presa con ordinanza nel secondo con sentenza.

15. *E' prevista una procedura accelerata per i ricorsi inammissibili, improcedibili o manifestamente infondati?*

1. Sì;
2. Sì, e sarà necessario che il presidente della sezione o un consigliere da lui delegato formuli alle parti una sintetica proposta per la definizione del giudizio, che se espressamente accettata porterà alla definizione accelerata con ordinanza;
3. No;
4. Sì, sarà necessario che il presidente della sezione o un consigliere da lui delegato formuli alle parti una sintetica proposta per la definizione del giudizio, e se le parti entro 40 giorni dalla comunicazione della proposta non chiedono la decisione, il giudizio di chiuderà perché il ricorso o i ricorsi inammissibili, improcedibili o manifestamente infondati si intenderanno rinunciati.

16. *In quali casi la corte di cassazione annulla senza rinvio?*

1. Quando riconosce che non c'è nessun giudice in grado di risolvere la questione;
2. Quando riconosce che nessun giudice ha giurisdizione sull'oggetto della causa, o anche quando ritiene che il processo non poteva essere iniziato o proseguito; ancora annulla senza rinvio, quando accogliendo il ricorso per violazione o falsa applicazione di norme di legge decide la causa nel merito, quando non siano necessari ulteriori accertamenti di fatto.
3. Quando ritiene che la questione proposta sia inutile dal punto di vista dell'ordinamento giuridico italiano.

17. *Nel caso in cui la corte di cassazione annulli con rinvio, a quale giudice rinvia la causa?*

1. Rinvia al giudice di pari grado rispetto a quello che ha pronunciato la sentenza impugnata, la regola non ammette eccezioni;
2. Di regola rinvia al giudice di pari grado rispetto a quello che ha pronunciato la sentenza impugnata, ma vi sono delle eccezioni quando lo stesso giudice di appello avrebbe dovuto rimettere la causa al giudice di primo grado.
3. Rinvia allo stesso giudice persona fisica che ha pronunciato la sentenza annullata, indicandogli però le modalità e le regole da seguire per pronunciare una sentenza priva di vizi.

18. Ci occuperemo in seguito della revocazione, e vedremo come si individua il giudice che dovrà svolgere il giudizio, ma esistono delle ipotesi in cui la revocazione deve essere comunque decisa dalla cassazione?

1. No, si seguono le regole generali previste per la revocazione;
2. Sì, quando si debba revocare una sentenza dove uno dei membri del collegio giudicante sia stato condannato per dolo con sentenza passata in giudicato;
3. Sì per le decisioni passate in giudicato dichiarate contrarie alla convenzione europea dei diritti dell'uomo e delle libertà fondamentali o a uno dei suoi protocolli.

>>>

Il giudizio innanzi alla corte di cassazione: Risposte

1. Si dice che la corte di cassazione svolge attività di nomofilachia, in che cosa consiste tale attività?
1. Consiste nello stabilire qual è la parte che ha ragione e quale quella che ha torto;
2. Consiste nell'assicurare l'esatta osservanza, l'interpretazione della legge e l'unità del diritto in tutto il territorio nazionale.
3. Consiste nell'emettere sentenze giuste, e perché prese dalla corte di cassazione, saranno vincolanti per tutti gli altri giudici dell'ordinamento italiano.

2. Il ricorso per cassazione è un mezzo d'impugnazione a critica libera o a critica vincolata?

1. Nessuno dei due casi precedenti, la cassazione ha la disponibilità della sentenza impugnata, essendo il giudice supremo dell'ordinamento italiano, potrà modificarla o annullarla secondo i motivi che lei stessa andrà a individuare.
2. A critica libera;
3. A critica vincolata.

3. Il vizio di motivazione della sentenza non è mai proponibile davanti alla corte?

1. No, perché il n. 5 dell'art. 360 è stato modificato;
2. Sì, sempre
3. Sì, ma solo alle condizioni previste dalla giurisprudenza della corte di cassazione.

4. Quali sono i termini per impugnare una sentenza davanti la corte di cassazione?

1. 60 giorni dalla notifica della sentenza, oppure, in sua mancanza, sei mesi dalla sua pubblicazione;
2. 30 giorni dalla notifica della sentenza, oppure, in sua mancanza, sei mesi dalla sua pubblicazione;
3. 60 giorni dalla notifica della sentenza, oppure, in sua mancanza, un anno dalla sua pubblicazione.

5. Quali sono le sentenze che s'impugnano davanti alla corte di cassazione?

1. Tutte le sentenze pronunciate in grado di appello o in primo grado;
2. Tutte le sentenze pronunciate in grado di appello o in unico grado;
3. Tutte le sentenze pronunciate dai giudici italiani quale che sia il grado del procedimento.

6. In alcuni casi si può impugnare anche la sentenza di primo grado, quando accade?

1. Quando il giudice della causa di primo grado dovendo risolvere una controversa questione di diritto, pronuncia sentenza con cui rimette direttamente le parti davanti alla cassazione affinché si pronunci definitivamente su di essa, saltando così l'appello, si parla in questi casi di ricorso per saltum;
2. Quando le parti in seguito a una sentenza appellabile di primo grado, di comune accordo decidono di impugnarla innanzi alla cassazione, ma solo per risolvere una questione di diritto ex art. 360 n. 3;
3. Quando la sentenza di primo grado è stata dichiarata dal giudice inappellabile; poiché per l'art. 111 della costituzione tutte le sentenze sono impugnabili per cassazione, questa sentenza, per quanto di primo grado può essere impugnata davanti alla cassazione.

7. Cosa distingue sostanzialmente gli errores procedendo da quelli in judicando?

1. Gli errores in procedendo fanno riferimento a vizi procedurali della sentenza, mentre gli altri fanno riferimento a vizi che riguardano i casi del numero 3 dell'articolo 360, e cioè violazione o falsa applicazione di norme di diritto e degli accordi e contratti collettivi nazionali di lavoro;
2. Gli errores in procedendo fanno riferimento a vizi procedurali della sentenza, mentre gli altri fanno riferimento a vizi che riguardano il merito della sentenza impugnata;
3. Negli errores in judicando, si rimprovera al giudice di non aver giudicato correttamente, mentre negli altri si rimproverano errori di procedura civile.

8. Come si propone la domanda davanti alla corte di cassazione?

1. Con istanza depositata nella cancelleria della corte, e successivamente notificata alle parti;
2. Con citazione;
3. Con ricorso.

9. Un qualsiasi avvocato può presentare domanda davanti alla cassazione?

1. No, solo quelli iscritti da almeno 2 anni;
2. No, solo quelli che non solo sono iscritti da almeno 2 anni ma che dimostrino di aver patrocinato in questo periodo di tempo in almeno 30 giudizi;
3. No, solo quelli iscritti in apposito albo dei patrocinanti in cassazione e alle altre giurisdizioni superiori.

10. Diciamo la verità la domanda in cassazione si propone con ricorso, quindi se alla domanda 8 hai risposto un maniera diversa hai sbagliato, ma cosa deve contenere questo ricorso a pena d'inammissibilità?

1.
1) l'indicazione delle parti;
2) l'indicazione della sentenza o decisione impugnata;
3) la chiara esposizione dei fatti della causa essenziali alla illustrazione dei motivi di ricorso;
4) la chiara e sintetica esposizione dei motivi per i quali si chiede la cassazione, con l'indicazione delle norme di diritto su cui si fondano;
5) l'indicazione della procura, se conferita con atto separato e, nel caso di ammissione al gratuito patrocinio, del relativo decreto;
6) la specifica indicazione, per ciascuno dei motivi, degli atti processuali, dei documenti e dei contratti o accordi collettivi sui quali il motivo si fonda e l'illustrazione del contenuto rilevante degli stessi.
2.

1) l'indicazione delle parti;
2) l'indicazione della sentenza o decisione impugnata;
3) la chiara esposizione dei fatti della causa essenziali alla illustrazione dei motivi di ricorso;
4) la chiara e sintetica esposizione dei motivi per i quali si chiede la cassazione, con l'indicazione delle norme di diritto su cui si fondano;
5) l'indicazione della procura, se conferita con atto separato e, nel caso di ammissione al gratuito patrocinio, del relativo decreto;
6) la specifica indicazione, per ciascuno dei motivi, degli atti processuali, dei documenti e dei contratti o accordi collettivi sui quali il motivo si fonda e l'illustrazione del contenuto rilevante degli stessi;
Inoltre il ricorso è inammissibile:
a) quando il provvedimento impugnato ha deciso le questioni di diritto in modo conforme alla giurisprudenza della Corte e l'esame dei motivi non offre elementi per confermare o mutare l'orientamento della stessa;
b) quando è manifestamente infondata la censura relativa alla violazione dei princìpi regolatori del giusto processo.

3.
1) l'indicazione delle parti;
2) l'indicazione della sentenza o decisione impugnata;
3) la chiara esposizione dei fatti della causa essenziali alla illustrazione dei motivi di ricorso;
4) la chiara e sintetica esposizione dei motivi per i quali si chiede la cassazione, con l'indicazione delle norme di diritto su cui si fondano;
5) l'indicazione della procura, se conferita con atto separato e, nel caso di ammissione al gratuito patrocinio, del relativo decreto;
6) la specifica indicazione, per ciascuno dei motivi, degli atti processuali, dei documenti e dei contratti o accordi collettivi sui quali il motivo si fonda e l'illustrazione del contenuto rilevante degli stessi;
Inoltre il ricorso è inammissibile:
a) quando il provvedimento impugnato ha deciso le questioni di diritto in modo conforme alla giurisprudenza della Corte e l'esame dei motivi non offre elementi per confermare o mutare l'orientamento della stessa;
b) quando è manifestamente infondata la censura relativa alla violazione dei princìpi regolatori del giusto processo.
c) quando non è stato sottoscritto da un avocato iscritto nell'albo dei patrocinanti in cassazione.

11. Poniamo che il ricorso sia stato notificato e depositato in cassazione, ma la parte che ha ricevuto la notifica vuole a sua volta impugnare la sentenza, cosa dovrà fare?

1. Insieme al controricorso deve anche proporre il ricorso incidentale;
2. Dovrà impugnare con il controricorso;
3. Dovrà notificare e depositare il ricorso incidentale.

12. Poniamo che le parti abbiano presentato un ricorso poi dichiarato inammissibile, tuttavia quel ricorso poteva essere l'occasione per far pronunciare alla corte di cassazione un principio di diritto al quale il giudice del merito avrebbe dovuto attenersi, cosa si può fare per far esprimere alla corte quel principio?
1. Nulla, se è dichiarato inammissibile quella sentenza è passata in giudicato, e quindi la corte di cassazione non si potrà più esprimere;

2. Il primo presidente della corte può comunque assegnare il ricorso alle sezioni unite della corte per far esprimere il principio di diritto;
3. Sarà il procuratore generale presso la corte ad attivarsi per ottenere la pronuncia sul principio di diritto, ma la pronuncia della non avrà effetto sulla pronuncia del giudice di merito che ha occasionato la pronuncia della stessa corte.

12. E' previsto nel nostro ordinamento il rinvio pregiudiziale da parte del giudice del merito per far risolvere alla corte di cassazione un questione di diritto?

1.Sì.
2.No.
3.Sì, ma solo come passaggio del rinvio alla corte di giustizia europea.

13. Quando la corte pronuncia a sezioni unite?

1.
a) Questioni di giurisdizione: la corte pronuncia a sezioni unite nei casi previsti nel n. 1) dell'articolo 360 e nell'articolo 362.
b) Ricorsi che presentano una questione di diritto già decisa in senso difforme dalle sezioni semplici o che presentano una questione di massima di particolare importanza: in questi casi il primo presidente può disporre che la Corte pronunci a sezioni unite;
c) Una sezione semplice ritiene di non condividere il principio di diritto enunciato dalle sezioni unite: la sezione semplice rimette a queste ultime, con ordinanza motivata, la decisione del ricorso.
2.
E' il primo presidente della corte che dovendo assegnare i ricorsi, decide quali dovranno essere decisi dalla sezione semplice e quali alle sezioni unite, in relazione alla complessità del ricorso e ai principi di diritto che si possono trarre;
3.
a) Questioni di giurisdizione e competenza: la corte pronuncia a sezioni unite nei casi previsti nel n. 1) dell'articolo 360 e nell'articolo 362.
b) Ricorsi che presentano una questione di massima di particolare importanza: in questi casi il primo presidente può disporre che la Corte pronunci a sezioni unite;
c) Una sezione semplice ritiene di non condividere il principio di diritto enunciato dalle sezioni unite: la sezione semplice rimette a queste ultime, con ordinanza motivata, la decisione del ricorso.

14. Il procedimento davanti alla corte di cassazione come può svolgersi?

1. Solo in pubblica udienza, la decisione sarà di regola presa con ordinanza;
2. In pubblica udienza e in camera di consiglio, nel primo caso la decisione sarà presa con ordinanza nel secondo con sentenza.
3. In camera di consiglio e in pubblica udienza, nel primo caso la decisione sarà presa con ordinanza nel secondo con sentenza.

15. E' prevista una procedura accelerata per i ricorsi inammissibili, improcedibili o manifestamente infondati?

1. Sì;
2. Sì, e sarà necessario che il presidente della sezione o un consigliere da lui delegato formuli alle parti una sintetica proposta per la definizione del giudizio, che se espressamente accettata porterà alla definizione accelerata con ordinanza;
3. No;
4. Sì, sarà necessario che il presidente della sezione o un consigliere da lui delegato formuli alle parti una sintetica proposta per la definizione del giudizio, e se le parti entro 40 giorni dalla comunicazione della proposta non chiedono la decisione, il giudizio di chiuderà perché il ricorso o i ricorsi inammissibili, improcedibili o manifestamente infondati si intenderanno rinunciati.

16. In quali casi la corte di cassazione annulla senza rinvio?

1. Quando riconosce che non c'è nessun giudice in grado di risolvere la questione;
2. Quando riconosce che nessun giudice ha giurisdizione sull'oggetto della causa, o anche quando ritiene che il processo non poteva essere iniziato o proseguito; ancora annulla senza rinvio, quando accogliendo il ricorso per violazione o falsa applicazione di norme di legge decide la causa nel merito, quando non siano necessari ulteriori accertamenti di fatto.
3. Quando ritiene che la questione proposta sia inutile dal punto di vista dell'ordinamento giuridico italiano.

17. Nel caso in cui la corte di cassazione annulli con rinvio, a quale giudice rinvia la causa?

1. Rinvia al giudice di pari grado rispetto a quello che ha pronunciato la sentenza impugnata, la regola non ammette eccezioni;
2. Di regola rinvia al giudice di pari grado rispetto a quello che ha pronunciato la sentenza impugnata, ma vi sono delle eccezioni quando lo stesso giudice di appello avrebbe dovuto rimettere la causa al giudice di primo grado.
3. Rinvia allo stesso giudice persona fisica che ha pronunciato la sentenza annullata, indicandogli però le modalità e le regole da seguire per pronunciare una sentenza priva di vizi.

18. Ci occuperemo in seguito della revocazione, e vedremo come si individua il giudice che dovrà svolgere il giudizio, ma esistono delle ipotesi in cui la revocazione deve essere comunque decisa dalla cassazione?

1. No, si seguono le regole generali previste per la revocazione;
2. Sì, quando si debba revocare una sentenza dove uno dei membri del collegio giudicante sia stato condannato per dolo con sentenza passata in giudicato;
3. Sì per le decisioni passate in giudicato dichiarate contrarie alla convenzione europea dei diritti dell'uomo e delle libertà fondamentali o a uno dei suoi protocolli.

Revocazione e opposizione di terzo: Domande

1. Quali le sentenze impugnabili per revocazione?

1. Le sentenze di appello.
2. Le sentenze pronunciate in primo grado o in unico grado;
3. Le sentenze pronunciate in grado di appello e in unico grado;

2. Quale la differenza tra revocazione ordinaria e straordinaria?

1. La revocazione ordinaria segue le stesse regole dell'appello, la straordinaria quelle del ricorso per cassazione;
2. L'ordinaria è possibile sono contro sentenze non ancora passate in giudicato, la straordinaria anche contro sentenze passate in giudicato;
3. La revocazione ordinaria può essere proposta contro le sentenze di primo grado, la straordinaria contro le sentenze di appello.

3. Quale la differenza sostanziale tra i casi n. 4) e 5) dell'art. 395 e gli altri n. 1) 2) 3) e 6)?

1. Nei numeri 4) e 5) il vizio si evince della sentenza, negli altri da fatti esterni alla sentenza;
2. Non vi sono differenze sostanziali, nei numeri 4) e 5) il vizio dà luogo a ipotesi di revocazione straordinaria, negli altri ordinaria;
3. Non vi sono differenze sostanziali, ma solo formali, si tratta comunque dello stesso mezzo d'impugnazione.

4. Una sentenza di primo grado passata in giudicato, può essere impugnata per revocazione?

1. Sì, solo straordinaria;
2. Sì, sia con la ordinaria sia con la straordinaria;
3. No, perché ex art. 395 comma 1, le sentenze di primo grado non sono impugnabili per revocazione;

5. E' possibile che siano pendenti il giudizio di revocazione e quello per cassazione?

1. No.
2. Sì, e in tal caso il giudice della revocazione sospende quello di cassazione;
3. Sì, e la cassazione può sospendere il giudizio di revocazione;
4. Sì, e il giudice della revocazione può sospendere quello di cassazione;

6. Il giudice della revocazione, una volta accertato il vizio fa un giudizio rescindente o sostitutivo;

1. Rescindente, una volta annullata la sentenza viziata, rimette la causa innanzi a altro giudice per il rescissorio;
2. Rescindente, e poi tratta la fase rescissoria;
3. Sostitutivo.

7. Il Pubblico Ministero può impugnare per revocazione?

1. Sì, quando la sentenza è stata pronunciata quando egli non sia stato sentito, nel caso il cui la legge lo prevedesse, e quando le parti hanno colluso per frodare la legge;
2. Sì, ogni qual volta ritenga leso un pubblico interesse;
3. No.

8. Quale la differenza sostanziale tra opposizione di terzo semplice e revocatoria?

1. Nella semplice si segue un rito sommario, nella revocatoria il rito ordinario delle impugnazioni;
2. Nella semplice coloro che impugnano sono terzi rispetto al processo e alla situazione sostanziale oggetto della sentenza impugnata, nella revocatoria coloro che impugnano sono terzi rispetto al processo, ma aventi causa delle parti della sentenza impugnata;
3. Nella semplice si agisce ogni qual volta un terzo si veda pregiudicato nei suoi diritti dalla sentenza impugnata, l'opposizione revocatoria può essere proposta solo per far valere l'azione revocatoria ex art. 2901 c.c.

9. *Davanti a chi si propone la domanda di opposizione?*

1. Davanti al giudice superiore rispetto a quello che ha pronunciato la sentenza impugnata;
2. Davanti allo stesso giudice che ha pronunciato la sentenza impugnata;
3. Davanti alla corte di cassazione.

>>

Revocazione e opposizione di terzo: Risposte

1. Quali le sentenze impugnabili per revocazione?

1. Le sentenze di appello.
2. Le sentenze pronunciate in primo grado o in unico grado;
3. Le sentenze pronunciate in grado di appello e in unico grado.

2. Quale la differenza tra revocazione ordinaria e straordinaria?

1. La revocazione ordinaria segue le stesse regole dell'appello, la straordinaria quelle del ricorso per cassazione;
2. L'ordinaria è possibile sono contro sentenze non ancora passate in giudicato, la straordinaria anche contro sentenze passate in giudicato;
3. La revocazione ordinaria può essere proposta contro le sentenze di primo grado, la straordinaria contro le sentenze di appello.

3. Quale la differenza sostanziale tra i casi n. 4) e 5) dell'art. 395 e gli altri n. 1) 2) 3) e 6)?

1. Nei numeri 4) e 5) il vizio si evince della sentenza, negli altri da fatti esterni alla sentenza;
2. Non vi sono differenze sostanziali, nei numeri 4) e 5) il vizio dà luogo a ipotesi di revocazione straordinaria, negli altri ordinaria;
3. Non vi sono differenze sostanziali, ma solo formali, si tratta comunque dello stesso mezzo d'impugnazione.

4. Una sentenza di primo grado passata in giudicato, può essere impugnata per revocazione?

1. Sì, solo straordinaria;
2. Sì, sia con la ordinaria sia con la straordinaria;

3. No, perché ex art. 395 comma 1, le sentenze di primo grado non sono impugnabili per revocazione;

5. *E' possibile che siano pendenti il giudizio di revocazione e quello per cassazione?*

1. No.
2. Sì, e in tal caso il giudice della revocazione sospende quello di cassazione;
3. Sì, e la cassazione può sospendere il giudizio di revocazione;
4. Sì, e il giudice della revocazione può sospendere quello di cassazione;

6. *Il giudice della revocazione, una volta accertato il vizio fa un giudizio rescindente o sostitutivo;*

1. Rescindente, una volta annullata la sentenza viziata, rimette la causa innanzi a altro giudice per il rescissorio;
2. Rescindente, e poi tratta la fase rescissoria;
3. Sostitutivo.

7. *Il Pubblico Ministero può impugnare per revocazione?*

1. Sì, quando la sentenza è stata pronunciata quando egli non sia stato sentito, nel caso il cui la legge lo prevedesse, e quando le parti hanno colluso per frodare la legge;
2. Sì, ogni qual volta ritenga leso un pubblico interesse;
3. No.

8. *Quale la differenza sostanziale tra opposizione di terzo semplice e revocatoria?*

1. Nella semplice si segue un rito sommario, nella revocatoria il rito ordinario delle impugnazioni;
2. Nella semplice coloro che impugnano sono terzi rispetto al processo e alla situazione sostanziale oggetto della sentenza impugnata, nella revocatoria coloro che impugnano sono terzi rispetto al processo, ma aventi causa delle parti della sentenza impugnata;
3. Nella semplice si agisce ogni qual volta un terzo si veda pregiudicato nei suoi diritti dalla sentenza impugnata, l'opposizione revocatoria può essere proposta solo per far valere l'azione revocatoria ex art. 2901 c.c.

9. *Davanti a chi si propone la domanda di opposizione?*

1. Davanti al giudice superiore rispetto a quello che ha pronunciato la sentenza impugnata;
2. Davanti allo stesso giudice che ha pronunciato la sentenza impugnata;
3. Davanti alla corte di cassazione.

Il giudice di pace: Domande

1. *Il giudice di pace giudica sempre secondo diritto?*

1. Sì, sempre.

2. Solo se le parti gliene fanno concorde richiesta giudica secondo equità.
3. Giudica secondo equità tutte le cause di valore fino a 2.500 euro.
4 Giudica secondo equità tutte le cause di valore fino a 1.100 euro, salvo quelle derivanti da rapporti giuridici relativi a contratti conclusi secondo le modalità di cui all'articolo 1342 c.c.
5. Giudica secondo equità tutte le cause di valore fino a 2.500 euro, salvo che le parti gli chiedano di giudicare secondo diritto.

2. In futuro è previsto che il G.d.P. giudichi le cause secondo equità per un valore superiore ai 1.100 euro?

1. No.
2. Sì, fino a 2.500 euro;
3. Sì, fino a 5.000 euro;
4. No, ma è prevista una riduzione delle cause da decidere secondo equità a 800 euro.

3. Il giudice di pace giudica secondo un rito speciale rispetto a quello ordinario?

1. Sì, giudica con il rito del lavoro;
2. Vi sono alcune regole particolari, e per quello che non è derogato dalla legge giudica secondo il rito ordinario innanzi al tribunale in composizione monocratica.
3. No, si applicano completamente le regole del rito ordinario.

4. Come si propone la domanda davanti al giudice di pace?

1. Con citazione, come accade in tribunale;
2. Con ricorso, con le forme del rito del lavoro;
3. Con ricorso.

5. Si può proporre la domanda verbalmente?

1. Sì;
2. No;
3. Sì, ma solo per chi sia analfabeta funzionale.

6. Cosa deve contenere la domanda proposta davanti al giudice di pace?

1. La domanda sottoscritta ex art. 125 deve contenere l'indicazione del giudice, delle parti, l'esposizione dei fatti e dell'oggetto;
2. La domanda sottoscritta ex art. 125 deve contenere l'indicazione del giudice, delle parti, l'esposizione dei fatti e dell'oggetto e, a pena di decadenza, di tutti i mezzi di prova e documenti che si offrono in comunicazione;
3. La domanda deve contenere tutte le indicazioni ex art. 163.

7. Chi fissa l'udienza di comparizione delle parti?

1. L'attore in citazione;
2. Il giudice in seguito alla presentazione del ricorso secondo le regole del processo del lavoro;

3. Il giudice secondo le regole del procedimento sommario di cognizione ex art 281 undecies.

8. *Come si costituisce il convenuto?*

1. Si costituisce a norma dei commi terzo e quarto dell'articolo 281-undecies mediante deposito della comparsa di risposta e, quando occorre, la procura.
2. Si costituisce direttamente in udienza a norma dei commi terzo e quarto dell'articolo 281-undecies mediante deposito della comparsa di risposta e, quando occorre, la procura.
3. Si costituisce almeno 70 gg. prima dell'udienza mediante deposito della comparsa di risposta e, quando occorre, la procura.

9. *Il giudice di pace deve tentare la conciliazione?*

1. Sì alla prima udienza;
2. Sì dopo che alla prima udienza avrà verificato i presupposti per la conciliazione e avrà ordinato alle parti di presentarsi a una successiva udienza per la conciliazione.
3. No, visto che non è obbligatoria la comparizione personale delle parti in prima udienza.

10. *Ammettiamo che le parti non si siano conciliate, come procede il giudizio?*

1. Il giudice di pace ammette le prove proposte dalle parti, e se richiesto fissa un termine non superiore a 20 gg. per il deposito di nuove prove e documenti, rinviando a una successiva udienza.
2. Il giudice di pace ammette le prove proposte dalle parti e se ammette prove d'ufficio, dà termine alle parti per prova contraria;
3. Il giudice di pace procede ai sensi dell'articolo 281 duodecies, commi secondo, terzo e quarto, e se non ritiene la causa matura per la decisione, procede agli atti di istruzione rilevanti per la decisione.

11. *Come si comporta il giudice di pace quando ritiene la causa matura per la decisione?*

1. Applica l'art. 281 sexies cioè decide secondo le forme del procedimento semplificato di cognizione;
2. Applica le regole previste per il rito del lavoro;
3. Applica le regole previste per il tribunale in composizione monocratica.

>>

Il giudice di pace: Risposte

1. Il giudice di pace giudica sempre secondo diritto?

1. Sì, sempre.
2. Solo se le parti gliene fanno concorde richiesta giudica secondo equità.
3. Giudica secondo equità tutte le cause di valore fino a 2.500 euro.
4 Giudica secondo equità tutte le cause di valore fino a 1.100 euro, salvo quelle derivanti da rapporti giuridici relativi a contratti conclusi secondo le modalità di cui all'articolo 1342 c.c.

5. Giudica secondo equità tutte le cause di valore fino a 2.500 euro, salvo che le parti gli chiedano di giudicare secondo diritto.

2. In futuro è previsto che il G.d.P. giudichi le cause secondo equità per un valore superiore ai 1.100 euro?

1. No.
2. Sì, fino a 2.500 euro;
3. Sì, fino a 5.000 euro;
4. No, ma è prevista una riduzione delle cause da decidere secondo equità a 800 euro.

3. Il giudice di pace giudica secondo un rito speciale rispetto a quello ordinario?

1. Sì, giudica con il rito del lavoro;
2. Vi sono alcune regole particolari, e per quello che non è derogato dalla legge giudica secondo il rito ordinario innanzi al tribunale in composizione monocratica.
3. No, si applicano completamente le regole del rito ordinario.

4. Come si propone la domanda davanti al giudice di pace?

1. Con citazione, come accade in tribunale;
2. Con ricorso, con le forme del rito del lavoro;
3. Con ricorso.

5. Si può proporre la domanda verbalmente?

1. Sì;
2. No;
3. Sì, ma solo per chi sia analfabeta funzionale.

6. Cosa deve contenere la domanda proposta davanti al giudice di pace?

1. La domanda sottoscritta ex art. 125 deve contenere l'indicazione del giudice, delle parti, l'esposizione dei fatti e dell'oggetto;
2. La domanda sottoscritta ex art. 125 deve contenere l'indicazione del giudice, delle parti, l'esposizione dei fatti e dell'oggetto e, a pena di decadenza, di tutti i mezzi di prova e documenti che si offrono in comunicazione;
3. La domanda deve contenere tutte le indicazioni ex art. 163.

7. Chi fissa l'udienza di comparizione delle parti?

1. L'attore in citazione;
2. Il giudice in seguito alla presentazione del ricorso secondo le regole del processo del lavoro;
3. Il giudice secondo le regole del procedimento sommario di cognizione ex art 281 undecies.

8. Come si costituisce il convenuto?

1. Si costituisce a norma dei commi terzo e quarto dell'articolo 281-undecies mediante deposito della comparsa di risposta e, quando occorre, la procura.
2. Si costituisce direttamente in udienza a norma dei commi terzo e quarto dell'articolo 281-undecies mediante deposito della comparsa di risposta e, quando occorre, la procura.
3. Si costituisce almeno 70 gg. prima dell'udienza mediante deposito della comparsa di risposta e, quando occorre, la procura.

9. Il giudice di pace deve tentare la conciliazione?

1. Sì alla prima udienza;
2. Sì dopo che alla prima udienza avrà verificato i presupposti per la conciliazione e avrà ordinato alle parti di presentarsi a una successiva udienza per la conciliazione.
3. No, visto che non è obbligatoria la comparizione personale delle parti in prima udienza.

10. Ammettiamo che le parti non si siano conciliate, come procede il giudizio?

1. Il giudice di pace ammette le prove proposte dalle parti, e se richiesto fissa un termine non superiore a 20 gg. per il deposito di nuove prove e documenti, rinviando a una successiva udienza.
2. Il giudice di pace ammette le prove proposte dalle parti e se ammette prove d'ufficio, dà termine alle parti per prova contraria;
3. Il giudice di pace procede ai sensi dell'articolo 281 duodecies, commi secondo, terzo e quarto, e se non ritiene la causa matura per la decisione, procede agli atti di istruzione rilevanti per la decisione

11. Come si comporta il giudice di pace quando ritiene la causa matura per la decisione?

1. Applica l'art. 281 sexies cioè decide secondo le forme del procedimento semplificato di cognizione;
2. Applica le regole previste per il rito del lavoro;
3. Applica le regole previste per il tribunale in composizione monocratica.

Sezione seconda- Processo del lavoro e il procedimento in materia di persone, minori e famiglia.

Processo del lavoro: Domande

1. Prima di iniziare una causa per questioni di lavoro è obbligatorio il tentativo di conciliazione innanzi alle commissioni di conciliazione?

1. Sì, è obbligatorio solo se però la parte chiede che venga fatto in sede sindacale.
2. Sì, il tentativo è obbligatorio secondo le regole previste la mediazione civile;
3. No, tale tentativo non è obbligatorio ma facoltativo.

2. E' corretto dire che il tribunale quando giudica in veste di giudice del lavoro è un giudice speciale?

1. No, non è un giudice speciale, e nemmeno una sezione specializzata;
2. No, non è un giudice speciale, ma fa parte di una sezione specializzata visto che usa un rito particolare;
3. Sì, è un giudice speciale e questo sia perché giudica in composizione monocratica, sia perché adotta un rito diverso da quello ordinario.

3. Se una domestica ha delle rivendicazioni da fare nei confronti della famiglia dove lavora, dovrà rivolgersi al tribunale in veste di giudice del lavoro?-

1. No, perché la famiglia presso cui lavorava domestica non è un'impresa, mentre è vero che se si è scelto un rito così particolare per le cause di lavoro, si è certamente fatto riferimento ai rapporti di lavoro più diffusi e impegnativi, e cioè quelli relativi alle imprese;
2. Sì, visto che la legge non si limita ai rapporti di lavoro dipendente derivanti dall'esercizio di impresa;
3. Sì, dovrà rivolgersi innanzi al tribunale in veste di giudice del lavoro, ma la domanda sarà proposta con citazione e non con ricorso.

4. I dipendenti pubblici che hanno problemi riguardo al loro rapporto di lavoro dovranno rivolgersi al tribunale, oppure al giudice amministrativo?

1. Per la maggior parte dei casi, dovranno rivolgersi al tribunale, ma vi sono ancora particolari dipendenti pubblici che vedono i loro rapporti di lavoro attribuiti alla giurisdizione del giudice amministrativo, come ad esempio i prefetti;
2. La riforma ha attribuito al tribunale tutte le cause aventi a oggetto rapporti di lavoro, senza più distinguere tra rapporti di lavoro privato e rapporti di lavoro pubblico, quindi la giurisdizione spetterà sempre al tribunale;
3. I dipendenti pubblici dovranno rivolgersi per il giudizio sui loro rapporti di lavoro con gli enti di appartenenza, al tribunale amministrativo regionale, proprio perché si tratta di situazioni che si riferiscono a un particolare provvedimento amministrativo, cioè quello che li ha incardinati nella pubblica amministrazione.

5. Quando una collaborazione tra lavoratore autonomo e altro soggetto si intende coordinata?

1. Quando il lavoratore autonomo svolge la sua attività seguendo le direttive dell'altro soggetto con cui collabora;
2. Quando, nel rispetto delle modalità di coordinamento stabilite di comune accordo dalle parti, il collaboratore organizza autonomamente l'attività lavorativa;
3. Quando il lavoratore autonomo lavora insieme ai dipendenti dell'imprenditore.

6. Come si propone la domanda nel rito del lavoro?

1. Con istanza presentata al presidente del tribunale.
2. Con citazione;
3. Con ricorso.

7. Nel rito del lavoro la competenza per territorio come è stabilita?

1. Il rito del lavoro ha delle sue regole particolari per stabilire chi sia il foro competente per territorio;
2. La competenza per territorio nel rito del lavoro non è diversa da quella prevista in generale degli articoli 18 e 19 del codice di procedura civile, solo che trattandosi normalmente di una società, l'articolo che troverà più applicazione sarà l'articolo 19;
3. Il rito del lavoro ha delle sue regole particolari in merito alla competenza per territorio, nel senso che questa è stabilita inderogabilmente nel luogo dove risiede il lavoratore.

8. Che cosa è un foro successivamente concorrente?

1. L'articolo 413 prevede una serie di fori innanzi ai quali può essere incardinata una causa di lavoro; in particolare prevede quattro fori successivamente concorrenti, nel senso che se non sarà possibile il primo, il luogo dove sorge rapporto di lavoro, si sceglierà il secondo, il luogo dove si trova l'azienda, e così via fino all'ultimo possibile.
2. È un'ipotesi particolare che riguarda anche il rito del lavoro, nel senso che le parti potranno scegliere un foro diverso da quello previsto dalla legge quando il rapporto di lavoro riguardi imprese che operano fra di loro in regime di concorrenza, e per i casi di storno dei dipendenti;
3. È un'ipotesi particolare che riguarda anche il rito del lavoro, nel senso che si dovrà ricorrere a tale foro successivamente concorrente, solo quando non sia stato possibile scegliere fra i fori alternativi previsti dalla legge.

9. Possiamo dire che il contenuto del ricorso proposto dall'attore – ricorrente è praticamente identico al contenuto della citazione nel rito ordinario?

1. A parte la differenza data dal fatto che il ricorso è dapprima depositato e poi notificato, mentre per la citazione accade esattamente il contrario, possiamo affermare che non vi sono sostanziali differenze tra citazione e ricorso ex articolo 414;
2. No, e ciò per diversi motivi, il primo riguarda la mancanza della vocatio in ius, il secondo riguarda il fatto che nel ricorso il ricorrente deve dire tutto, compresa l'indicazione dei mezzi di prova a pena di decadenza, oltre a indicare anche il provvedimento che si intende ottenere dal giudice;
3. Sì, si tratta di atti completamente diversi, sia perché nel ricorso manca la vocatio in ius, sia perché la causa petendi è stabilita dal giudice in udienza.

10. In che termini deve costituirsi il convenuto nel rito del lavoro?

1. Almeno 10 giorni prima della data di udienza fissata dall'attore;
2. Almeno 10 giorni prima della data di udienza fissata dal giudice;
3. Almeno 20 giorni prima della data dell'udienza fissata dal giudice.

11. Il convenuto che non si costituisce nei termini indicati dalla legge, andrà incontro alle stesse decadenze previste per il convenuto che non si costituisce nei termini nel rito ordinario?

1. No, le decadenze saranno più gravi, perché il convenuto dovrà indicare anche i mezzi di prova e documenti che offre in comunicazione, che saranno depositati insieme alla memoria difensiva;
2. Sì, la situazione è praticamente identica, in merito le decadenze, a quella prevista per il convenuto nel rito ordinario, solo che qui il termine di costituzione è più breve, 10 giorni al posto di 70 rispetto alla prima udienza;

3. No, le decadenze saranno più gravi, perché il convenuto che non si costituisce nei termini nel rito del lavoro, non potrà più proporre domanda riconvenzionale, che invece può essere proposta anche successivamente al termine ordinario di costituzione da parte del convenuto nel rito ordinario.

12. Nel rito del lavoro le conseguenze della proposizione della domanda riconvenzionale sono le stesse che nel rito ordinario?

1. Se la domanda riconvenzionale è stata proposta nei termini, non si riscontrano differenze tra rito ordinario il rito del lavoro.
2. No, perché la proposizione della domanda riconvenzionale comporterà la scelta di un nuovo giudice per la sua trattazione;
3. No, perché ci sarà lo spostamento della prima udienza.

13. Nel rito del lavoro possono intervenire terzi in causa?

1. Sì, esattamente negli stessi modi previsti per il rito ordinario, e con le stesse conseguenze in merito al giudizio in corso.
2. No.
3. Sì.

14. Nel rito del lavoro chi fissa la data della prima udienza?

1. Il giudice;
2. L'attore nel ricorso;
3. Il presidente del tribunale in seguito alla notifica della citazione.

15. Esiste nel rito del lavoro un termine di comparizione?

1. In pratica sì, perché ricorrente deve lasciare almeno 60 giorni tra la notifica del ricorso al convenuto, e la data di udienza fissata dal giudice;
2. In pratica sì, perché ricorrente deve lasciare almeno 30 giorni tra la notifica del ricorso al convenuto, e la data di udienza fissata dal giudice;
3. Sì, ed è lo stesso previsto nel rito ordinario, solo adattato al rito del lavoro; il ricorrente dovrà lasciare almeno 90 giorni tra la notifica del ricorso, e la data di udienza fissata dal giudice.

16. Nella prima udienza di discussione, il giudice dovrà obbligatoriamente tentare la conciliazione fra le parti?

1. No, perché se è stato abolito il tentativo di conciliazione obbligatorio prima del giudizio, non si vede l'utilità di far tentare ancora la conciliazione al giudice in udienza;
2. Il tentativo è obbligatorio;
3. Sì, è obbligatorio, ma solo quando le parti concordemente lo richiedano, come anche accade nel caso dell'articolo 183 nel rito ordinario.

17. Che succede se una parte non si presenta in udienza, nemmeno a mezzo di rappresentante, e quindi e renda impossibile la conciliazione?

1. Il giudice valuterà negativamente la mancata comparizione, come argomento di prova sfavorevole nei confronti della parte che non si è presentata personalmente o attraverso un procuratore speciale che sia conoscenza dei fatti di causa;
2. Il giudice valuterà negativamente la mancata comparizione, come argomento di prova sfavorevole nei confronti della parte che non si è presentata personalmente;
3. Il giudice valuterà negativamente la mancata comparizione della parte che non si è presentata per tentare la conciliazione; in tal caso segnalerà l'accaduto al consiglio dell'ordine degli avvocati del luogo di cui fa parte l'avvocato che non si è presentato per tentare la conciliazione.

18. È possibile presentare nuovi mezzi di prova all'udienza di discussione?

1. Sì, ma solo in casi particolari;
2. No, mai;
3. Sì, negli stessi termini in cui è possibile l'indicazione dei nuovi mezzi di prova e documenti ex articolo relativi alla prima udienza nel rito ordinario.

19. E' teoricamente possibile che nel rito del lavoro tutta la causa si possa risolvere (e quindi essere anche decisa) nella prima udienza?

1. No, mai, perché comunque il giudice dovrà rinviare per permettere l'istruzione probatoria, anche quando i testimoni sono presenti alla prima udienza;
2. Sì, ma si tratta di un'ipotesi al di fuori dalla realtà;
3. Sì, ma non è un'ipotesi teorica, in realtà la maggior parte delle cause di lavoro si risolve nella prima udienza.

20. Secondo l'articolo 421 il giudice può disporre d'ufficio in qualsiasi momento l'ammissione di ogni mezzo di prova, anche al di fuori dei limiti del codice civile, ciò vuol dire che il giudice può ammettere prove che il codice non prevede?

1. Sì, il riferimento è generale, nel senso che il giudice può ammettere mezzi di prova del tutto atipici, non previsti sia dal codice civile, sia dal codice di procedura civile.
2. Sì, il riferimento è proprio alla possibilità prevista per il giudice di ammettere prove atipiche, ma questo limite riguarda solo quelle indicate dal codice civile, mentre per quelle del codice di procedura civile è vincolato da quelle indicate da questo ultimo codice.
3. No, il riferimento è sostanzialmente alla prova testimoniale, che può essere ammessa anche al di fuori dei limiti di ammissibilità del codice civile.

21. Se nel rito del lavoro il convenuto datore di lavoro, non contesta di dover dare certe somme all'attore, lavoratore, quest'ultimo cosa può chiedere al giudice?

1. Può chiedere che il giudice emetta un'ordinanza per il pagamento delle somme non contestate, ordinanza che costituisce titolo esecutivo;
2. Può chiedere che emetta un'ordinanza ex articolo 186 bis;
3. Può chiedere che emetta una sentenza non definitiva che condanni il datore di lavoro al pagamento delle somme.

22. Può il giudice emettere l'ordinanza ex articolo 423 nei confronti della parte che non si è costituita?

1. Sì, perché a differenza di quanto dispone l'articolo 186 bis, l'articolo 423 non fa alcun riferimento alla possibilità di emettere l'ordinanza nei confronti della parte che non si è costituita;
2. No, perché anche nel rito del lavoro vale il principio secondo il quale la non costituzione non equivale a non contestazione;
3. Sì, è possibile ma la parte a favore della quale è stata emessa un'ordinanza, dovrà necessariamente notificarla all'altra parte.

23. Se nel corso del giudizio nel rito del lavoro il lavoratore riesce già a provare di dover avere, almeno in parte, una determinata somma di denaro, che cosa può chiedere al giudice?

1. Può chiedere che il giudice emetta un'ordinanza ex articolo 423 comma due, per il pagamento dei crediti accertati;
2. Può chiedere e si emessa un'ordinanza ex articolo 186 ter;
3. Può chiedere che il giudice pronunci una sentenza di condanna generica nei confronti del datore di lavoro.

24. Cosa succede se il tribunale si accorge che una causa iniziata con il rito ordinario debba essere trattata con il rito del lavoro?

1. Il tribunale una volta accortosi del problema, pronuncerà ordinanza di mutamento di rito, e proseguirà il giudizio con il rito del lavoro.
2. Il tribunale si rende conto che la causa iniziata con il rito ordinario, doveva essere trattata con il rito del lavoro; in tal caso dichiarerà con ordinanza la sua incompetenza, rimettendo le parti davanti al tribunale competente per trattare la causa in funzione di giudice del lavoro;
3. L'ipotesi fa riferimento ai casi in cui il tribunale si renda conto che la causa deve essere trattata con il rito del lavoro; in tal caso pronuncia ordinanza di mutamento di rito, fissando la data dell'udienza ex articolo 420 e dando alle parti un termine perentorio per integrare gli atti.

25. Cosa succede quando una causa iniziata con il rito del lavoro deve essere trattata, in realtà, con il rito ordinario?

1. In primo luogo il giudice, e chiaramente stiamo parlando del tribunale, verificherà se è competente per la causa, se lo è, pronuncerà ordinanza di mutamento di rito, invitando le parti a mettersi in regola con le disposizioni fiscali, se invece non è competente, rimette con ordinanza gli atti davanti al giudice competente, fissando un termine perentorio per la riassunzione della causa.
2. Se il giudice davanti al quale è iniziata la causa è il giudice di pace, essendo questi incompetente a trattare la causa con il rito del lavoro, pronuncerà ordinanza di mutamento di rito, e, con la stessa ordinanza, rimetterà le parti innanzi al tribunale; se invece la causa è iniziata davanti al tribunale, questi, in ogni caso, pronuncerà ordinanza di mutamento di rito, e continuerà a svolgere il giudizio con il rito del lavoro;
3. Se davanti al tribunale ci si accorge che la causa iniziata con il rito ordinario, doveva essere in realtà trattata con il rito del lavoro, lo stesso tribunale pronuncerà ordinanza di mutamento di rito, e continuerà il giudizio con il rito ordinario, sempre dopo avere invitato le parti a mettersi in regola con le disposizioni fiscali.

26. Nel caso in cui il tribunale sia incompetente per territorio, fino a che momento si potrà far valere questa incompetenza?

1. Il convenuto potrà eccepire l'incompetenza del tribunale solo nella memoria difensiva, ma se ciò non è fatto, non sarà più possibile far valere l'incompetenza territoriale, visto che il giudice non la può rilevare d'ufficio;
2. Il convenuto potrà eccepire l'incompetenza del tribunale solo nella memoria difensiva, ma il giudice potrà rilevarla fino alla prima udienza;
3. Trattandosi di una incompetenza per territorio inderogabile, il convenuto potrà farla valere fino alla prima udienza, e del resto anche in mancanza di una sua specifica eccezione, lo stesso giudice potrà rilevare l'incompetenza per territorio fino all'udienza per la precisazione delle conclusioni.

27. Com'è presa la decisione nel rito del lavoro?

1. Di regola è presa in udienza, e infatti il giudice farà precisare le conclusioni alle parti, e pronuncerà la sentenza completa di motivazioni;
2. Di regola è presa in udienza, e infatti il giudice farà precisare le conclusioni alle parti, e deciderà la sentenza in udienza, dando lettura del dispositivo, mentre le motivazioni saranno depositate nei successivi 15 giorni;
3. Il giudice inviterà le parti a precisare le conclusioni, e poi si riserverà di decidere il giudizio con sentenza, concedendo le parti un termine di 60 giorni per il deposito delle comparse conclusionali, e di 20 giorni per il deposito delle memorie di replica.

28. Come si propone la domanda di appello nel rito del lavoro?

1. Con citazione;
2. Con ricorso;
3. Con istanza depositata nella cancelleria del tribunale, e successivamente trasmessa alla corte di appello.

29. Quale il rito si applicherà per l'appello nel rito del lavoro?

1. In generale si applicherà il rito previsto per il procedimento di primo grado nel rito del lavoro, ma per le parti non specificamente previste in relazione al rito lavoro, si applicheranno i principi previsti per l'appello nel rito ordinario;
2. Si applicheranno le stesse regole previste per l'appello nel rito ordinario;
3. Si applicheranno esclusivamente le regole previste per il rito del lavoro, non essendo possibile che le regole generali previste per l'appello ordinario possano essere usate nell'appello nel rito del lavoro.

30. E' possibile indicare i nuovi mezzi di prova e depositare nuovi documenti nell'appello nel rito del lavoro?

1. Nel rito del lavoro è sempre possibile ammettere nuovi mezzi di prova, se questi sono favorevoli al lavoratore.
2. Nel rito del lavoro non è mai possibile ammettere nuovi mezzi di prova;
3. In via generale no, ma è possibile che il collegio ammetta queste nuove prove se le ritenga indispensabili.

31. E' possibile che anche nel rito del lavoro sia pronunciata una sentenza in forma sintetica all'udienza di discussione per i casi di inammissibilità, improcedibilità, manifesta fondatezza o infondatezza dell'appello?

1. Sì;
2. Visto il tipo di rito e gli interessi coinvolti, no.

32. Le controversie in materia di licenziamenti dove è proposta domanda di reintegrazione nel posto di lavoro devono essere trattare in maniera prioritaria rispetto alle altre?

1. Sì;
2. Sì, ma solo se si tratti di licenziamenti collettivi;
3. No.

33. Chi deve occuparsi dei licenziamenti dei soci di una cooperativa?

1. Il tribunale applicando il rito ordinario visto che si tratta di soci e non di lavoratori dipendenti;
2. Secondo il valore del risarcimento del danno chiesto il giudice di pace o il tribunale;
3. Il tribunale in funzione di giudice del lavoro.

>>>

Processo del lavoro: Risposte

1. Prima di iniziare una causa per questioni di lavoro è obbligatorio il tentativo di conciliazione innanzi alle commissioni di conciliazione?

1. Sì, è obbligatorio solo se però la parte chiede che venga fatto in sede sindacale.
2. Sì, il tentativo è obbligatorio secondo le regole previste la mediazione civile;
3. No, tale tentativo non è obbligatorio ma facoltativo.

2. E' corretto dire che il tribunale quando giudica in veste di giudice del lavoro è un giudice speciale?

1. No, non è un giudice speciale, e nemmeno una sezione specializzata;
2. No, non è un giudice speciale, ma fa parte di una sezione specializzata visto che usa un rito particolare;
3. Sì, è un giudice speciale e questo sia perché giudica in composizione monocratica, sia perché adotta un rito diverso da quello ordinario.

3. Se una domestica ha delle rivendicazioni da fare nei confronti della famiglia dove lavora, dovrà rivolgersi al tribunale in veste di giudice del lavoro?-

1. No, perché la famiglia presso cui lavorava domestica non è un'impresa, mentre è vero che se si è scelto un rito così particolare per le cause di lavoro, si è certamente fatto riferimento ai rapporti di lavoro più diffusi e impegnativi, e cioè quelli relativi alle imprese;
2. Sì, visto che la legge non si limita ai rapporti di lavoro dipendente derivanti dall'esercizio di impresa;

3. Sì, dovrà rivolgersi innanzi al tribunale in veste di giudice del lavoro, ma la domanda sarà proposta con citazione e non con ricorso.

4. I dipendenti pubblici che hanno problemi riguardo al loro rapporto di lavoro dovranno rivolgersi al tribunale, oppure al giudice amministrativo?

1. Per la maggior parte dei casi, dovranno rivolgersi al tribunale, ma vi sono ancora particolari dipendenti pubblici che vedono i loro rapporti di lavoro attribuiti alla giurisdizione del giudice amministrativo, come ad esempio i prefetti;
2. La riforma ha attribuito al tribunale tutte le cause aventi a oggetto rapporti di lavoro, senza più distinguere tra rapporti di lavoro privato e rapporti di lavoro pubblico, quindi la giurisdizione spetterà sempre al tribunale;
3. I dipendenti pubblici dovranno rivolgersi per il giudizio sui loro rapporti di lavoro con gli enti di appartenenza, al tribunale amministrativo regionale, proprio perché si tratta di situazioni che si riferiscono a un particolare provvedimento amministrativo, cioè quello che li ha incardinati nella pubblica amministrazione.

5. Quando una collaborazione tra lavoratore autonomo e altro soggetto si intende coordinata?

1. Quando il lavoratore autonomo svolge la sua attività seguendo le direttive dell'altro soggetto con cui collabora;
2. Quando, nel rispetto delle modalità di coordinamento stabilite di comune accordo dalle parti, il collaboratore organizza autonomamente l'attività lavorativa.
3. Quando il lavoratore autonomo lavora insieme ai dipendenti dell'imprenditore.

6. Come si propone la domanda nel rito del lavoro?

1. Con istanza presentata al presidente del tribunale.
2. Con citazione;
3. Con ricorso.

7. Nel rito del lavoro la competenza per territorio come è stabilita?

1. Il rito del lavoro ha delle sue regole particolari per stabilire chi sia il foro competente per territorio;
2. La competenza per territorio nel rito del lavoro non è diversa da quella prevista in generale degli articoli 18 e 19 del codice di procedura civile, solo che trattandosi normalmente di una società, l'articolo che troverà più applicazione sarà l'articolo 19;
3. Il rito del lavoro ha delle sue regole particolari in merito alla competenza per territorio, nel senso che questa è stabilita inderogabilmente nel luogo dove risiede il lavoratore.

8. Che cosa è un foro successivamente concorrente?

1. L'articolo 413 prevede una serie di fori innanzi ai quali può essere incardinata una causa di lavoro; in particolare prevede quattro fori successivamente concorrenti, nel senso che se non sarà possibile il primo, il luogo dove sorge rapporto di lavoro, si sceglierà il secondo, il luogo dove si trova l'azienda, e così via fino all'ultimo possibile.

2. È un'ipotesi particolare che riguarda anche il rito del lavoro, nel senso che le parti potranno scegliere un foro diverso da quello previsto dalla legge quando il rapporto di lavoro riguardi imprese che operano fra di loro in regime di concorrenza, e per i casi di storno dei dipendenti;
3. È un'ipotesi particolare che riguarda anche il rito del lavoro, nel senso che si dovrà ricorrere a tale foro successivamente concorrente, solo quando non sia stato possibile scegliere fra i fori alternativi previsti dalla legge.

9. Possiamo dire che il contenuto del ricorso proposto dall'attore – ricorrente è praticamente identico al contenuto della citazione nel rito ordinario?

1. A parte la differenza data dal fatto che il ricorso è dapprima depositato e poi notificato, mentre per la citazione accade esattamente il contrario, possiamo affermare che non vi sono sostanziali differenze tra citazione e ricorso ex articolo 414;
2. No, e ciò per diversi motivi, il primo riguarda la mancanza della vocatio in ius, il secondo riguarda il fatto che nel ricorso il ricorrente deve dire tutto, compresa l'indicazione dei mezzi di prova a pena di decadenza, oltre a indicare anche il provvedimento che si intende ottenere dal giudice;
3. Sì, si tratta di atti completamente diversi, sia perché nel ricorso manca la vocatio in ius, sia perché la causa petendi è stabilita dal giudice in udienza.

10. In che termini deve costituirsi il convenuto nel rito del lavoro?

1. Almeno 10 giorni prima della data di udienza fissata dall'attore;
2. Almeno 10 giorni prima della data di udienza fissata dal giudice;
3. Almeno 20 giorni prima della data dell'udienza fissata dal giudice.

11. Il convenuto che non si costituisce nei termini indicati dalla legge, andrà incontro alle stesse decadenze previste per il convenuto che non si costituisce nei termini nel rito ordinario?

1. No, le decadenze saranno più gravi, perché il convenuto dovrà indicare anche i mezzi di prova e documenti che offre in comunicazione, che saranno depositati insieme alla memoria difensiva;
2. Sì, la situazione è praticamente identica, in merito le decadenze, a quella prevista per il convenuto nel rito ordinario, solo che qui il termine di costituzione è più breve, 10 giorni al posto di 70 rispetto alla prima udienza;
3. No, le decadenze saranno più gravi, perché il convenuto che non si costituisce nei termini nel rito del lavoro, non potrà più proporre domanda riconvenzionale, che invece può essere proposta anche successivamente al termine ordinario di costituzione da parte del convenuto nel rito ordinario.

12. Nel rito del lavoro le conseguenze della proposizione della domanda riconvenzionale sono le stesse che nel rito ordinario?

1. Se la domanda riconvenzionale è stata proposta nei termini, non si riscontrano differenze tra rito ordinario il rito del lavoro.
2. No, perché la proposizione della domanda riconvenzionale comporterà la scelta di un nuovo giudice per la sua trattazione;
3. No, perché ci sarà uno spostamento della prima udienza.

13. Nel rito del lavoro possono intervenire terzi in causa?

1. Sì, esattamente negli stessi modi previsti per il rito ordinario, e con le stesse conseguenze in merito al giudizio in corso.
2. No.
3. Sì.

14. Nel rito del lavoro chi fissa la data della prima udienza?

1. Il giudice;
2. L'attore nel ricorso;
3. Il presidente del tribunale in seguito alla notifica della citazione.

15. Esiste nel rito del lavoro un termine di comparizione?

1. In pratica sì, perché ricorrente deve lasciare almeno 60 giorni tra la notifica del ricorso al convenuto, e la data di udienza fissata dal giudice;
2. In pratica sì, perché ricorrente deve lasciare almeno 30 giorni tra la notifica del ricorso al convenuto, e la data di udienza fissata dal giudice;
3. Sì, ed è lo stesso previsto nel rito ordinario, solo adattato al rito del lavoro; il ricorrente dovrà lasciare almeno 90 giorni tra la notifica del ricorso, e la data di udienza fissata dal giudice.

16. Nella prima udienza di discussione, il giudice dovrà obbligatoriamente tentare la conciliazione fra le parti?

1. No, perché se è stato abolito il tentativo di conciliazione obbligatorio prima del giudizio, non si vede l'utilità di far tentare ancora la conciliazione al giudice in udienza;
2. Il tentativo è obbligatorio;
3. Sì, è obbligatorio, ma solo quando le parti concordemente lo richiedano, come anche accade nel caso dell'articolo 183 nel rito ordinario.

17. Che succede se una parte non si presenta in udienza, nemmeno a mezzo di rappresentante, e quindi e renda impossibile la conciliazione?

1. Il giudice valuterà negativamente la mancata comparizione, come argomento di prova sfavorevole nei confronti della parte che non si è presentata personalmente o attraverso un procuratore speciale che sia conoscenza dei fatti di causa;
2. Il giudice valuterà negativamente la mancata comparizione, come argomento di prova sfavorevole nei confronti della parte che non si è presentata personalmente;
3. Il giudice valuterà negativamente la mancata comparizione della parte che non si è presentata per tentare la conciliazione; in tal caso segnalerà l'accaduto al consiglio dell'ordine degli avvocati del luogo di cui fa parte l'avvocato che non si è presentato per tentare la conciliazione.

18. È possibile presentare nuovi mezzi di prova all'udienza di discussione?

1. Sì, ma solo in casi particolari;
2. No, mai;

3. Sì, negli stessi termini in cui è possibile l'indicazione dei nuovi mezzi di prova e documenti ex articolo relativi alla prima udienza nel rito ordinario.

19. *E' teoricamente possibile che nel rito del lavoro tutta la causa si possa risolvere (e quindi essere anche decisa) nella prima udienza?*

1. No, mai, perché comunque il giudice dovrà rinviare per permettere l'istruzione probatoria, anche quando i testimoni sono presenti alla prima udienza;
2. Sì, ma si tratta di un'ipotesi al di fuori dalla realtà;
3. Sì, ma non è un'ipotesi teorica, in realtà la maggior parte delle cause di lavoro si risolve nella prima udienza.

20. *Secondo l'articolo 421 il giudice può disporre d'ufficio in qualsiasi momento l'ammissione di ogni mezzo di prova, anche al di fuori dei limiti del codice civile, ciò vuol dire che il giudice può ammettere prove che il codice non prevede?*

1. Sì, il riferimento è generale, nel senso che il giudice può ammettere mezzi di prova del tutto atipici, non previsti sia dal codice civile, sia dal codice di procedura civile.
2. Sì, il riferimento è proprio alla possibilità prevista per il giudice di ammettere prove atipiche, ma questo limite riguarda solo quelle indicate dal codice civile, mentre per quelle del codice di procedura civile è vincolato da quelle indicate da questo ultimo codice.
3. No, il riferimento è sostanzialmente alla prova testimoniale, che può essere ammessa anche al di fuori dei limiti di ammissibilità del codice civile.

21. *Se nel rito del lavoro il convenuto datore di lavoro, non contesta di dover dare certe somme all'attore, lavoratore, quest'ultimo cosa può chiedere al giudice?*

1. Può chiedere che il giudice emetta un'ordinanza per il pagamento delle somme non contestate, ordinanza che costituisce titolo esecutivo;
2. Può chiedere che emetta un'ordinanza ex articolo 186 bis;
3. Può chiedere che emetta una sentenza non definitiva che condanni il datore di lavoro al pagamento delle somme.

22. *Può il giudice emettere l'ordinanza ex articolo 423 nei confronti della parte che non si è costituita?*

1. Sì, perché a differenza di quanto dispone l'articolo 186 bis, l'articolo 423 non fa alcun riferimento alla possibilità di emettere l'ordinanza nei confronti della parte che non si è costituita;
2. No, perché anche nel rito del lavoro vale il principio secondo il quale la non costituzione non equivale a non contestazione;
3. Sì, è possibile ma la parte a favore della quale è stata emessa un'ordinanza, dovrà necessariamente notificarla all'altra parte.

23. *Se nel corso del giudizio nel rito del lavoro il lavoratore riesce già a provare di dover avere, almeno in parte, una determinata somma di denaro, che cosa può chiedere al giudice?*

1. Può chiedere che il giudice emetta un'ordinanza ex articolo 423 comma due, per il pagamento dei crediti accertati;
2. Può chiedere e si emessa un'ordinanza ex articolo 186 ter;
3. Può chiedere che il giudice pronunci una sentenza di condanna generica nei confronti del datore di lavoro.

24. Cosa succede se il tribunale si accorge che una causa iniziata con il rito ordinario debba essere trattata con il rito del lavoro?

1. Il tribunale una volta accortosi del problema, pronuncerà ordinanza di mutamento di rito, e proseguirà il giudizio con il rito del lavoro.
2. Il tribunale si rende conto che la causa iniziata con il rito ordinario, doveva essere trattata con il rito del lavoro; in tal caso dichiarerà con ordinanza la sua incompetenza, rimettendo le parti davanti al tribunale competente per trattare la causa in funzione di giudice del lavoro;
3. L'ipotesi fa riferimento ai casi in cui il tribunale si renda conto che la causa deve essere trattata con il rito del lavoro; in tal caso pronuncia ordinanza di mutamento di rito, fissando la data dell'udienza ex articolo 420 e dando alle parti un termine perentorio per integrare gli atti.

25. Cosa succede quando una causa iniziata con il rito del lavoro deve essere trattata, in realtà, con il rito ordinario?

1. In primo luogo il giudice, e chiaramente stiamo parlando del tribunale, verificherà se è competente per la causa, se lo è, pronuncerà ordinanza di mutamento di rito, invitando le parti a mettersi in regola con le disposizioni fiscali, se invece non è competente, rimette con ordinanza gli atti davanti al giudice competente, fissando un termine perentorio per la riassunzione della causa.
2. Se il giudice davanti al quale è iniziata la causa è il giudice di pace, essendo questi incompetente a trattare la causa con il rito del lavoro, pronuncerà ordinanza di mutamento di rito, e, con la stessa ordinanza, rimetterà le parti innanzi al tribunale; se invece la causa è iniziata davanti al tribunale, questi, in ogni caso, pronuncerà ordinanza di mutamento di rito, e continuerà a svolgere il giudizio con il rito del lavoro;
3. Se davanti al tribunale ci si accorge che la causa iniziata con il rito ordinario, doveva essere in realtà trattata con il rito del lavoro, lo stesso tribunale pronuncerà ordinanza di mutamento di rito, e continuerà il giudizio con il rito ordinario, sempre dopo avere invitato le parti a mettersi in regola con le disposizioni fiscali.

26. Nel caso in cui il tribunale sia incompetente per territorio, fino a che momento si potrà far valere questa incompetenza?

1. Il convenuto potrà eccepire l'incompetenza del tribunale solo nella memoria difensiva, ma se ciò non è fatto, non sarà più possibile far valere l'incompetenza territoriale, visto che il giudice non la può rilevare d'ufficio;
2. Il convenuto potrà eccepire l'incompetenza del tribunale solo nella memoria difensiva, ma il giudice potrà rilevarla fino alla prima udienza;
3. Trattandosi di una incompetenza per territorio inderogabile, il convenuto potrà farla valere fino alla prima udienza, e del resto anche in mancanza di una sua specifica eccezione, lo stesso giudice potrà rilevare l'incompetenza per territorio fino all'udienza per la precisazione delle conclusioni.

27. Com'è presa la decisione nel rito del lavoro?

1. Di regola è presa in udienza, e infatti il giudice farà precisare le conclusioni alle parti, e pronuncerà la sentenza completa di motivazioni;
2. Di regola è presa in udienza, e infatti il giudice farà precisare le conclusioni alle parti, e deciderà la sentenza in udienza, dando lettura del dispositivo, mentre le motivazioni saranno depositate nei successivi 15 giorni;
3. Il giudice inviterà le parti a precisare le conclusioni, e poi si riserverà di decidere il giudizio con sentenza, concedendo le parti un termine di 60 giorni per il deposito delle comparse conclusionali, e di 20 giorni per il deposito delle memorie di replica.

28. Come si propone la domanda di appello nel rito del lavoro?

1. Con citazione;
2. Con ricorso;
3. Con istanza depositata nella cancelleria del tribunale, e successivamente trasmessa alla corte di appello.

29. Quale il rito si applicherà per l'appello nel rito del lavoro?

1. In generale si applicherà il rito previsto per il procedimento di primo grado nel rito del lavoro, ma per le parti non specificamente previste in relazione al rito lavoro, si applicheranno i principi previsti per l'appello nel rito ordinario;
2. Si applicheranno le stesse regole previste per l'appello nel rito ordinario;
3. Si applicheranno esclusivamente le regole previste per il rito del lavoro, non essendo possibile che le regole generali previste per l'appello ordinario possano essere usate nell'appello nel rito del lavoro.

30. E' possibile indicare i nuovi mezzi di prova e depositare nuovi documenti nell'appello nel rito del lavoro?

1. Nel rito del lavoro è sempre possibile ammettere nuovi mezzi di prova, se questi sono favorevoli al lavoratore.
2. Nel rito del lavoro non è mai possibile ammettere nuovi mezzi di prova;
3. In via generale no, ma è possibile che il collegio ammetta queste nuove prove se le ritenga indispensabili.

31. E' possibile che anche nel rito del lavoro sia pronunciata una sentenza in forma sintetica all'udienza di discussione per i casi di inammissibilità, improcedibilità, manifesta fondatezza o infondatezza dell'appello?

1. Sì;
2. Visto il tipo di rito e gli interessi coinvolti, no.

32. Le controversie in materia di licenziamenti dove è proposta domanda di reintegrazione nel posto di lavoro devono essere trattare in maniera prioritaria rispetto alle altre?

1. Sì;
2. Sì, ma solo se si tratti di licenziamenti collettivi;
3. No.

33. Chi deve occuparsi dei licenziamenti dei soci di una cooperativa?

1. Il tribunale applicando il rito ordinario visto che si tratta di soci e non di lavoratori dipendenti;
2. Secondo il valore del risarcimento del danno chiesto il giudice di pace o il tribunale;
3. Il tribunale in funzione di giudice del lavoro.

Il procedimento in materia di persone, minori, famiglia: Domande

1. Il procedimento in materia di persone, minori e famiglia in quali casi si applica?

1. Si applica in tutti i casi in cui nel processo siano coinvolti persone (nel senso di diritto delle persone), famiglia e minori;
2. Si applica ai procedimenti relativi allo stato delle persone, ai minorenni e alle famiglie attribuiti alla competenza del tribunale ordinario, del giudice tutelare e del tribunale per i minorenni, salvo che la legge disponga diversamente e con esclusione dei procedimenti volti alla dichiarazione di adottabilità, dei procedimenti di adozione di minori di età e dei procedimenti attribuiti alla competenza delle sezioni specializzate in materia di immigrazione, protezione internazionale e libera circolazione dei cittadini dell'Unione europea;
3. Si applica ai procedimenti relativi allo stato delle persone, ai minorenni e alle famiglie attribuiti alla competenza del tribunale ordinario, del giudice tutelare e del tribunale per i minorenni, salvo che la legge disponga diversamente.

2. Il pubblico ministero in questo procedimento ha dei particolari poteri?

1. Sì, perché nei casi previsti dalla legge può esercitare l'azione civile;
2. No, perché è normale che può esercitare l'azione civile nei casi previsti dalla legge;
3. Sì, perché quando esercita l'azione civile il pubblico ministero può assumere informazioni, acquisire atti, e svolgere accertamenti anche avvalendosi della polizia giudiziaria.

3. Uno dei punti caratterizzanti del procedimento è l'ascolto del minore, ma quando è necessario?

1. Sempre per tutti i procedimenti nei quali in qualche modo sono coinvolti minori;
2. Solo per i procedimenti dove devono essere adottati procedimenti che li riguardano, ma solo se hanno compiuto almeno 14 anni;
3. Solo per i procedimenti dove devono essere adottati procedimenti che li riguardano, ma solo se hanno compiuto 12 anni o anche di età inferiore, se capaci di discernimento.

4. Il minore può rifiutarsi di incontrare il genitore o i genitori?

1. No.
2. Sì, ma solo quando è stato accertato che questo o questi hanno tenuto una condotta contraria ai loro doveri nei confronti del minore;
3. Sì, in tal caso il giudice procede all'ascolto del minore senza ritardo.

5. E' possibile che il giudice nomini un tutore al minore?

1. Sì, in ogni caso quando uno dei genitori sia decaduto dalla responsabilità genitoriale;
2. Sì quando entrambi i genitori sono decaduti dalla responsabilità genitoriale;
3. Sì quando entrambi i genitori sono sospesi o decaduti dalla responsabilità genitoriale.

6. Fermo restando che il giudice può anche nominare un curatore al minore, è possibile che nomini un curatore speciale al minore?

1. Sì, è possibile per esempio quando il pubblico ministero abbia chiesto la decadenza dalla responsabilità genitoriale di entrambi i genitori o quando uno abbia chiesto la decadenza dell'altro o ancora quando il minore cha abbia almeno compiuto 14 anni lo abbia chiesto, tuttavia il giudice non è obbligato a provvedere alla nomina;
2. Sì, è possibile per esempio quando il pubblico ministero abbia chiesto la decadenza dalla responsabilità genitoriale di entrambi i genitori o quando uno abbia chiesto la decadenza dell'altro o ancora quando il minore cha abbia almeno compiuto 14 anni lo abbia chiesto. Il giudice deve provvedere alla nomina anche d'ufficio a pena di nullità degli atti.
3. Se è già prevista la nomina del curatore non si vede perché si debba nominare anche un curatore speciale.

7. Le regole del procedimento previste per i minori si applicano, in quanto compatibili, anche ad altri soggetti?

1. No;
2. Sì, ai figli maggiorenni ma non autosufficienti;
3. Sì, ai figli maggiorenni con handicap grave.

8. E' possibile che le parti si avvalgano della mediazione familiare?

1. Sì, ma il giudice non deve informarli di questa possibilità;
2. Sì, e il giudice, di regola, deve informali di questa possibilità;
3. No.

9. Come si determina la competenza per territorio?
1. Nei modi ordinari previsti dal codice di procedura civile;
2. Si fa riferimento alla parte più debole del procedimento, in relazione a questa si determina la competenza per territorio;
3. E' necessario verificare se i provvedimenti riguardano i minori, in tal è competente il tribunale del luogo in cui il minore ha la residenza abituale. Se vi è stato trasferimento del minore non autorizzato e non è decorso un anno, è competente il tribunale del luogo dell'ultima residenza abituale del minore prima del trasferimento. Mancando il minore si seguono i criteri ordinari.

10. Di regola come si propone la domanda?

1. Con citazione;
2. Con ricorso;
3. Con istanza diretta al giudice.

11. Il pubblico ministero come propone la domanda?

1. Con ricorso;
2. Con il deposito degli atti presso il giudice competente;
3. Con citazione.

12. Se la domanda è proposta dal parente, dal tutore, dal curatore anche speciale, quali regole si seguono?

1. Si seguono le stesse regole previste per la proposizione della domanda da parte del pubblico ministero, in quanto compatibili;
2. Si seguono le stesse regole previste per la proposizione della domanda da parte delle altre parti;
3. Questi soggetti non possono proporre domanda, ma possono intervenire nel giudizio.

13. Chi fissa la data della prima udienza?

1. Il giudice in seguito alla presentazione del ricorso;
2. L'attore nell'atto di citazione;
3. Il presidente del tribunale, dopo il deposito dell'atto di citazione.

14. Quale il termine di comparizione?

1. 60 gg. tra la notifica e la data della prima udienza, 90 gg. se la notifica è da effettuarsi all'estero;
2. 120 gg. tra la notifica e la data della prima udienza, 150 gg. se la notifica è da effettuarsi all'estero;
3. 90 gg. tra la notifica e la data della prima udienza, 150 gg. se la notifica è da effettuarsi all'estero.

15. Quando e come deve costruirsi il convenuto?

1. Deve costituirsi almeno 10 gg. prima dell'udienza depositando la comparsa di risposta con le indicazioni previste dall'art. 167.
2. Deve costituirsi nel termine indicato dal giudice che comunque deve essere di almeno 30 gg. prima dell'udienza depositando la comparsa di risposta con le indicazioni previste, anche a pena di decadenza dall'art. 167 e 473 bis secondo, terzo e quarto comma.
3. Il convenuto può costituirsi anche all'udienza con il deposito della comparsa di risposta con le indicazioni previste, anche a pena di decadenza dall'art. 167 e 473 bis secondo, terzo e quarto comma.

16. E' possibile che le parti possano depositare ulteriori difese oltre a ciò che hanno affermato nella domanda e nella comparsa di risposta?

1. Sì e le proporranno in udienza;
2. Sì, con lo scambio di memorie entro 20 gg. prima dell'udienza, per l'attore, 10 per il convenuto, 5 giorni ancora per l'attore;
3. No.

17. Se una parte non rispetta il dovere di leale collaborazione, per esempio, in relazione alle sue condizioni economiche, quali saranno le conseguenze?

1. Il giudice ne trarrà argomenti di prova sfavorevoli;
2. Il giudice ne trarrà argomenti di prova sfavorevoli e ne terrà conto in relazione alle spese e alla responsabilità aggravata;
3. Il giudice ne trarrà argomenti di prova sfavorevoli e ne terrà conto in relazione alle spese, alla responsabilità aggravata e condanna la parte a una sanzione pecuniaria non superiore a euro 1.000.

18. Veniamo a un punto fondamentale, molti dei termini che vi sono in questo rito sono previsti a pena di decadenza, ma è così in tutti i casi?

1. Sì;
2. Non in tutti i casi, solo per le cause di valore superiore a 4.000 euro;
3. Le decadenze riguardano solo le domande che si riferiscono a diritti disponibili.

19. E' prevista la comparizione personale delle parti all'udienza?

1. Sì, sempre;
2. No.
3. Sì, tuttavia possono non comparire per gravi e comprovati motivi e negli altri casi previsti dalla legge.

20. E' consentito al giudice di disporre provvedimenti temporanei e urgenti.

1. Sì.
2. No.
3. Solo se richiesto da una delle parti.

21. Sono previsti dei termini per il deposito di memorie prima dell'udienza di rimessione della causa in decisione?

1. Sì, ma se non è necessario assumere mezzi di prova la decisione può essere presa anche in udienza.
2. Sì sempre.
3. No, perché la decisione avviene sempre in udienza.

22. Le parti possono chiedere la revisione dei provvedimenti a tutela dei minori e in materia di contributi economici?

1. Sì, in ogni tempo.
2. No.
3. Sì in ogni tempo ma solo quando sopravvengono giustificati motivi.

23. Come si propone l'appello?

1. Con citazione;
2. Con ricorso;

3. Con ricorso ma che deve contenere le indicazioni previste per la citazione in appello.

24. Quando deve costituirsi l'appellato?

1. Almeno 30 gg. prima dell'udienza e a pena di decadenza deve proporre appello incidentale;
2. Almeno 20 gg. prima dell'udienza e a pena di decadenza deve proporre appello incidentale;
3. Almeno 10 gg. prima dell'udienza e a pena di decadenza deve proporre appello incidentale.

25. Possono proporsi in appello domande ed eccezioni nuove?

1. No;
2. Sì
3. Sì ma non devono riguardare diritti disponibili.

26. Sono previste regole particolari per l'attuazione dei provvedimenti anche temporanei in materia di contributo economico?

1. Sì vi sono una serie di regole che rafforzano la tutela del credito se il contributo riguarda minori o le parti, come l'immediata esecutività, essere titolo per l'ipoteca giudiziale, sequestri per i contributi periodici, e pagamento diretto del terzo obbligato con il debitore;
2. So sono adottate le stesse regole previste per le sentenze provvisoriamente esecutive;
3. Sì, sono azionabili come il decreto ingiuntivo.

27. Sono previste particolari regole un casi di inadempienze e violazioni?

1. No.
2. Sì, ma solo quando arrechino pregiudizio al minore o ostacolino il corretto svolgimento dell'affidamento e l'esercizio della responsabilità genitoriale;
3. Sì, in tutti i casi in cui vi siano inadempienze e violazioni.

28. Quando sono applicabili le disposizioni speciali previste per la violenza domestica o di genere?

1. Ogni qual volta siano allegati alla domanda questioni che riguardano la violenza domestica o di genere;
2. Quando siano allegati abusi familiari o condotte di violenza domestica o di genere;
3. Quando siano allegati abusi familiari o condotte di violenza domestica o di genere poste in essere da una parte nei confronti dell'altra o dei figlio minori.

29. Nei casi di violenza domestica o di genere le parti sono tenute a comparire personalmente all'udienza?

1. Ovviamente no, ma se compaiono il giudice non procede al tentativo di conciliazione e non le invita ad avvalersi di un mediatore familiare;
2. Sì, ma il giudice le ascolta separatamente, e tenta sempre separatamente la conciliazione ma solo se appare opportuno;
3. No, ma sono tenute a farsi rappresentare da un parente munito di procura.

30. *Nei procedimenti di separazione personale dei coniugi, scioglimento o cessazione degli effetti civili del matrimonio, scioglimento dell'unione civile e regolamentazione dell'esercizio della responsabilità genitoriale nei confronti dei figli nati fuori dal matrimonio, e per quelli di modifica delle relative condizioni, chi è il giudice competente per territorio?*

1. Si applicano le normali regole in tema di competenza per territorio;
2. Dipende, se vi sono figli minori si applicano le regole previste in generale per i procedimenti in materia di persone, minori e famiglia, mancando i detti minori si applicano le regole dell'art. 18 c.p.c.;
3. Dipende, se vi sono figli minori si applicano le regole previste in generale per i procedimenti in materia di persone, minori e famiglia, mancando i detti minori è competente il tribunale del luogo di residenza del convenuto, se poi questo è irreperibile o residente all'estero dove risiede l'attore se poi anche questo risiede all'estero va bene qualsiasi tribunale.

31. *E' possibile proporre cumulativamente le domande di separazione e divorzio?*

1. Ovviamente no, è illogico pensare che si possano proporre insieme;
2. Sì, è possibile;
3. Sì, ma solo se le parti già sono d'accordo sulla separazione.

32. *Il procedimento su domanda congiunta può riguardare solo la separazione o divorzio o anche gli altri casi scioglimento dell'unione civile e regolamentazione dell'esercizio della responsabilità genitoriale nei confronti dei figli nati fuori dal matrimonio.*

1. Solo separazione e divorzio;
2. Solo separazione, divorzio e scioglimento dell'unione civile;
3. Il codice di procedura civile fa generico riferimento a tutti i procedimenti, senza distinzioni.

33. *Immaginiamo che l'accordo delle parti è in contrasto con l'interesse dei figli, cosa farà il giudice?*

1. Rigetta la domanda;
2. Convoca le parti, e se non si giunge a un accordo non in contrasto con l'interesse dei figli, procede all'omologazione;
3. Convoca le parti e gli indica le modifiche da adottare, e se la soluzione è inidonea, rigetta la domanda.

34. *Nei procedimenti di interdizione e inabilitazione il soggetto oggetto delle procedure conserva la capacità processuale?*

1. No, viste le probabili condizioni in cui si trovano, può stare in giudizio con un curatore speciale;
2. Sì, conserva tutte le capacità processuali anche quando gli è stato nominato un curatore o tutore provvisorio;
3. E' necessaria la nomina di un curatore o tutore che rappresenterà pienamente il soggetto in giudizio che di conseguenza perde, seppure temporaneamente, la capacità processuale fino alla sentenza nel caso sia rigettata la domanda di interdizione o inabilitazione.

35. *Le regole previste per l'interdizione e inabilitazione valgono pure per l'amministrazione di sostegno?*

1. Sì, se compatibili;
2. No, il soggetto in questione non incapace di agire;
3. Sì solo se lo stato del soggetto beneficiario è comparabile con quello dell'inabilitato.

36. Quando si possono chiedere gli ordini di protezione contro gli abusi familiari?

1. Quando la condotta del coniuge è causa di grave pregiudizio all'integrità fisica o morale ovvero alla libertà dell'altro coniuge.
2. Quando la condotta del coniuge o di altro convivente è causa di grave pregiudizio all'integrità fisica o morale ovvero alla libertà dell'altro coniuge o convivente;
3. Quando la condotta del coniuge o di altro convivente o altro familiare non convivente è causa di grave pregiudizio all'integrità fisica o morale ovvero alla libertà dell'altro coniuge o convivente o dell'altro familiare non convivente.

37. Quale il contenuto minimo dell'ordine di protezione?

1. Al responsabile è ordinato di cessare la condotta pregiudizievole e allontanato dalla casa familiare;
2. Il responsabile è trattenuto in una struttura in detenzione amministrativa fino a quando non vi siano garanzie circa la cessazione della condotta pregiudizievole;
3. I soggetti vittime della condotta sono sempre posti in una struttura protetta.

>>

Il procedimento in materia di persone, minori, famiglia: Risposte

1. Il procedimento in materia di persone, minori e famiglia in quali casi si applica?

1. Si applica in tutti i casi in cui nel processo siano coinvolti persone (nel senso di diritto delle persone), famiglia e minori;
2. Si applica ai procedimenti relativi allo stato delle persone, ai minorenni e alle famiglie attribuiti alla competenza del tribunale ordinario, del giudice tutelare e del tribunale per i minorenni, salvo che la legge disponga diversamente e con esclusione dei procedimenti volti alla dichiarazione di adottabilità, dei procedimenti di adozione di minori di età e dei procedimenti attribuiti alla competenza delle sezioni specializzate in materia di immigrazione, protezione internazionale e libera circolazione dei cittadini dell'Unione europea;
3. Si applica ai procedimenti relativi allo stato delle persone, ai minorenni e alle famiglie attribuiti alla competenza del tribunale ordinario, del giudice tutelare e del tribunale per i minorenni, salvo che la legge disponga diversamente.

2. Il pubblico ministero in questo procedimento ha dei particolari poteri?

1. Sì, perché nei casi previsti dalla legge può esercitare l'azione civile;
2. No, perché è normale che può esercitare l'azione civile nei casi previsti dalla legge;
3. Sì, perché quando esercita l'azione civile il pubblico ministero può assumere informazioni, acquisire atti, e svolgere accertamenti anche avvalendosi della polizia giudiziaria.

3. Uno dei punti caratterizzanti del procedimento è l'ascolto del minore, ma quando è necessario?

1. Sempre per tutti i procedimenti nei quali in qualche modo sono coinvolti minori;
2. Solo per i procedimenti dove devono essere adottati procedimenti che li riguardano, ma solo se hanno compiuto almeno 14 anni;
3. Solo per i procedimenti dove devono essere adottati procedimenti che li riguardano, ma solo se hanno compiuto 12 anni o anche di età inferiore, se capaci di discernimento.

4. Il minore può rifiutarsi di incontrare il genitore o i genitori?

1. No.
2. Sì, ma solo quando è stato accertato che questo o questi hanno tenuto una condotta contraria ai loro doveri nei confronti del minore;
3. Sì, in tal caso il giudice procede all'ascolto del minore senza ritardo.

5. E' possibile che il giudice nomini un tutore al minore?

1. Sì, in ogni caso quando uno dei genitori sia decaduto dalla responsabilità genitoriale;
2. Sì quando entrambi i genitori sono decaduti dalla responsabilità genitoriale;
3. Sì quando entrambi i genitori sono sospesi o decaduti dalla responsabilità genitoriale.

6. Fermo restando che il giudice può anche nominare un curatore al minore, è possibile che nomini un curatore speciale al minore?

1. Sì, è possibile per esempio quando il pubblico ministero abbia chiesto la decadenza dalla responsabilità genitoriale di entrambi i genitori o quando uno abbia chiesto la decadenza dell'altro o ancora quando il minore cha abbia almeno compiuto 14 anni lo abbia chiesto, tuttavia il giudice non è obbligato a provvedere alla nomina;
2. Sì, è possibile per esempio quando il pubblico ministero abbia chiesto la decadenza dalla responsabilità genitoriale di entrambi i genitori o quando uno abbia chiesto la decadenza dell'altro o ancora quando il minore cha abbia almeno compiuto 14 anni lo abbia chiesto. Il giudice deve provvedere alla nomina anche d'ufficio a pena di nullità degli atti.
3. Se è già prevista la nomina del curatore non si vede perché si debba nominare anche un curatore speciale.

7. Le regole del procedimento previste per i minori si applicano, in quanto compatibili, anche ad altri soggetti?

1. No;
2. Sì, ai figli maggiorenni ma non autosufficienti;
3. Sì, ai figli maggiorenni con handicap grave.

8. E' possibile che le parti si avvalgano della mediazione familiare?

1. Sì, ma il giudice non deve informarli di questa possibilità;
2. Sì, e il giudice, di regola, deve informali di questa possibilità;
3. No.

9. Come si determina la competenza per territorio?
1. Nei modi ordinari previsti dal codice di procedura civile;
2. Si fa riferimento alla parte più debole del procedimento, in relazione a questa si determina la competenza per territorio;
3. E' necessario verificare se i provvedimenti riguardano i minori, in tal è competente il tribunale del luogo in cui il minore ha la residenza abituale. Se vi è stato trasferimento del minore non autorizzato e non è decorso un anno, è competente il tribunale del luogo dell'ultima residenza abituale del minore prima del trasferimento. Mancando il minore si seguono i criteri ordinari.

10. Di regola come si propone la domanda?

1. Con citazione;
2. Con ricorso;
3. Con istanza diretta al giudice.

11. Il pubblico ministero come propone la domanda?

1. Con ricorso;
2. Con il deposito degli atti presso il giudice competente;
3. Con citazione.

12. Se la domanda è proposta dal parente, dal tutore, dal curatore anche speciale, quali regole si seguono?

1. Si seguono le stesse regole previste per la proposizione della domanda da parte del pubblico ministero, in quanto compatibili;
2. Si seguono le stesse regole previste per la proposizione della domanda da parte delle altre parti;
3. Questi soggetti non possono proporre domanda, ma possono intervenire nel giudizio.

13. Chi fissa la data della prima udienza?

1. Il giudice in seguito alla presentazione del ricorso;
2. L'attore nell'atto di citazione;
3. Il presidente del tribunale, dopo il deposito dell'atto di citazione.

14. Quale il termine di comparizione?

1. 60 gg. tra la notifica e la data della prima udienza, 90 gg. se la notifica è da effettuarsi all'estero;
2. 120 gg. tra la notifica e la data della prima udienza, 150 gg. se la notifica è da effettuarsi all'estero;
3. 90 gg. tra la notifica e la data della prima udienza, 150 gg. se la notifica è da effettuarsi all'estero.

15. Quando e come deve costruirsi il convenuto?

1. Deve costituirsi almeno 10 gg. prima dell'udienza depositando la comparsa di risposta con le indicazioni previste dall'art. 167.

2. Deve costituirsi nel termine indicato dal giudice che comunque deve essere di almeno 30 gg. prima dell'udienza depositando la comparsa di risposta con le indicazioni previste, anche a pena di decadenza dall'art. 167 e 473 bis secondo, terzo e quarto comma.
3. Il convenuto può costituirsi anche all'udienza con il deposito della comparsa di risposta con le indicazioni previste, anche a pena di decadenza dall'art. 167 e 473 bis secondo, terzo e quarto comma.

16. E' possibile che le parti possano depositare ulteriori difese oltre a ciò che hanno affermato nella domanda e nella comparsa di risposta?

1. Sì e le proporranno in udienza;
2. Sì, con lo scambio di memorie entro 20 gg. prima del'udienza, per l'attore, 10 per il convenuto, 5 giorni ancora per l'attore;
3. No.

17. Se una parte non rispetta il dovere di leale collaborazione, per esempio, in relazione alle sue condizioni economiche, quali saranno le conseguenze?

1. Il giudice ne trarrà argomenti di prova sfavorevoli;
2. Il giudice ne trarrà argomenti di prova sfavorevoli e ne terrà conto in relazione alle spese e alla responsabilità aggravata;
3. Il giudice ne trarrà argomenti di prova sfavorevoli e ne terrà conto in relazione alle spese, alla responsabilità aggravata e condanna la parte a una sanzione pecuniaria non superiore a euro 1.000.

18. Veniamo a un punto fondamentale, molti dei termini che vi sono in questo rito sono previsti a pena di decadenza, ma è così in tutti i casi?

1. Sì;
2. Non in tutti i casi, solo per le cause di valore superiore a 4.000 euro;
3. Le decadenze riguardano solo le domande che si riferiscono a diritti disponibili.

19. E' prevista la comparizione personale delle parti all'udienza?

1. Sì, sempre;
2. No.
3. Sì, tuttavia possono non comparire per gravi e comprovati motivi e negli altri casi previsti dalla legge.

20. E' consentito al giudice di disporre provvedimenti temporanei e urgenti.

1. Sì.
2. No.
3. Solo se richiesto da una delle parti.

21. Sono previsti dei termini per il deposito di memorie prima dell'udienza di rimessione della causa in decisione?

1. Sì, ma se non è necessario assumere mezzi di prova la decisione può essere presa anche in udienza.
2. Sì sempre.
3. No, perché la decisione avviene sempre in udienza.

22. Le parti possono chiedere la revisione dei provvedimenti a tutela dei minori e in materia di contributi economici?

1. Sì, in ogni tempo.
2. No.
3. Sì in ogni tempo ma solo quando sopravvengono giustificati motivi.

23. Come si propone l'appello?

1. Con citazione;
2. Con ricorso;
3. Con ricorso ma che deve contenere le indicazioni previste per la citazione in appello.

24. Quando deve costituirsi l'appellato?

1. Almeno 30 gg. prima dell'udienza e a pena di decadenza deve proporre appello incidentale;
2. Almeno 20 gg. prima dell'udienza e a pena di decadenza deve proporre appello incidentale;
3. Almeno 10 gg. prima dell'udienza e a pena di decadenza deve proporre appello incidentale;

25. Possono proporsi in appello domande ed eccezioni nuove?

1. No;
2. Sì
3. Sì ma non devono riguardare diritti disponibili.

26. Sono previste regole particolari per l'attuazione dei provvedimenti anche temporanei in materia di contributo economico?

1. Sì vi sono una serie di regole che rafforzano la tutela del credito se il contributo riguarda minori o le parti, come l'immediata esecutività, essere titolo per l'ipoteca giudiziale, sequestri per i contributi periodici, e pagamento diretto del terzo obbligato con il debitore;
2. So sono adottate le stesse regole previste per le sentenze provvisoriamente esecutive;
3. Sì, sono azionabili come il decreto ingiuntivo.

27. Sono previste particolari regole un casi di inadempienze e violazioni?

1. No.
2. Sì, ma solo quando arrechino pregiudizio al minore o ostacolino il corretto svolgimento dell'affidamento e l'esercizio della responsabilità genitoriale;
3. Sì, in tutti i casi in cui vi siano inadempienze e violazioni.

28. Quando sono applicabili le disposizioni speciali previste per la violenza domestica o di genere?

1. Ogni qual volta siano allegati alla domanda questioni che riguardano la violenza domestica o di genere;
2. Quando siano allegati abusi familiari o condotte di violenza domestica o di genere;
3. Quando siano allegati abusi familiari o condotte di violenza domestica o di genere poste in essere da una parte nei confronti dell'altra o dei figlio minori.

29. Nei casi di violenza domestica o di genere le parti sono tenute a comparire personalmente all'udienza?

1. Ovviamente no, ma se compaiono il giudice non procede al tentativo di conciliazione e non le invita ad avvalersi di un mediatore familiare;
2. Sì, ma il giudice le ascolta separatamente, e tenta sempre separatamente la conciliazione ma solo se appare opportuno;
3. No, ma sono tenute a farsi rappresentare da un parente munito di procura.

30. Nei procedimenti di separazione personale dei coniugi, scioglimento o cessazione degli effetti civili del matrimonio, scioglimento dell'unione civile e regolamentazione dell'esercizio della responsabilità genitoriale nei confronti dei figli nati fuori dal matrimonio, e per quelli di modifica delle relative condizioni, chi è il giudice competente per territorio?

1. Si applicano le normali regole in tema di competenza per territorio;
2. Dipende, se vi sono figli minori si applicano le regole previste in generale per i procedimenti in materia di persone, minori e famiglia, mancando i detti minori si applicano le regole dell'art. 18 c.p.c.;
3. Dipende, se vi sono figli minori si applicano le regole previste in generale per i procedimenti in materia di persone, minori e famiglia, mancando i detti minori è competente il tribunale del luogo di residenza del convenuto, se poi questo è irreperibile o residente all'estero dove risiede l'attore se poi anche questo risiede all'estero va bene qualsiasi tribunale.

31. E' possibile proporre cumulativamente le domande di separazione e divorzio?

1. Ovviamente no, è illogico pensare che si possano proporre insieme;
2. Sì, è possibile;
3. Sì, ma solo se le parti già sono d'accordo sulla separazione.

32. Il procedimento su domanda congiunta può riguardare solo la separazione o divorzio o anche gli altri casi scioglimento dell'unione civile e regolamentazione dell'esercizio della responsabilità genitoriale nei confronti dei figli nati fuori dal matrimonio.

1. Solo separazione e divorzio;
2. Solo separazione, divorzio e scioglimento dell'unione civile;
3. Il codice di procedura civile fa generico riferimento a tutti i procedimenti, senza distinzioni.

33. Immaginiamo che l'accordo delle parti è in contrasto con l'interesse dei figli, cosa farà il giudice?

1. Rigetta la domanda;

2. Convoca le parti, e se non si giunge a un accordo non in contrasto con l'interesse dei figli, procede all'omologazione;
3. Convoca le parti e gli indica le modifiche da adottare, e se la soluzione è inidonea, rigetta la domanda.

34. Nei procedimenti di interdizione e inabilitazione il soggetto oggetto delle procedure conserva la capacità processuale?

1. No, viste le probabili condizioni in cui si trovano, può stare in giudizio con un curatore speciale;
2. Sì, conserva tutte le capacità processuali anche quando gli è stato nominato un curatore o tutore provvisorio;
3. E' necessaria la nomina di un curatore o tutore che rappresenterà pienamente il soggetto in giudizio che di conseguenza perde, seppure temporaneamente, la capacità processuale fino alla sentenza nel caso sia rigettata la domanda di interdizione o inabilitazione.

35. Le regole previste per l'interdizione e inabilitazione valgono pure per l'amministrazione di sostegno?

1. Sì, se compatibili;
2. No, il soggetto in questione non incapace di agire;
3. Sì solo se lo stato del soggetto beneficiario è comparabile con quello dell'inabilitato.

36. Quando si possono chiedere gli ordini di protezione contro gli abusi familiari?

1. Quando la condotta del coniuge è causa di grave pregiudizio all'integrità fisica o morale ovvero alla libertà dell'altro coniuge.
2. Quando la condotta del coniuge o di altro convivente è causa di grave pregiudizio all'integrità fisica o morale ovvero alla libertà dell'altro coniuge o convivente;
3. Quando la condotta del coniuge o di altro convivente o altro familiare non convivente è causa di grave pregiudizio all'integrità fisica o morale ovvero alla libertà dell'altro coniuge o convivente o dell'altro familiare non convivente.

37. Quale il contenuto minimo dell'ordine di protezione?

1. Al responsabile è ordinato di cessare la condotta pregiudizievole e allontanato dalla casa familiare;
2. Il responsabile è trattenuto in una struttura in detenzione amministrativa fino a quando non vi siano garanzie circa la cessazione della condotta pregiudizievole;
3. I soggetti vittime della condotta sono sempre posti in una struttura protetta.

Sezione terza; i procedimenti sommari non cautelari.

Decreto ingiuntivo e convalida di sfratto: Domande

1. Per ottenere un decreto ingiuntivo è necessario provare il fumus boni iuris e il periculum in mora?

1. Sì, si tratta di un procedimento sommario, e come tutti procedimenti sommari bisogna provare le caratteristiche del fumus boni iuris e del periculum in mora;
2. No, il decreto ingiuntivo fa parte di un procedimento sommario, ma che non ha natura cautelare;
3. Trattandosi di un particolare procedimento sommario, bisognerà provare solo il periculum in mora;

2. *Un imprenditore volendo ottenere dal debitore una somma di danaro, ed avendo come prova le scritture contabili, potrà ottenere un decreto ingiuntivo provvisoriamente esecutivo?*

1. Di regola no, per ottenere un decreto ingiuntivo provvisoriamente esecutivo ci vorranno le prove o le situazioni previste dall'articolo 642;
2. Sì, in quanto le scritture contabili sono prove certe circa l'esistenza del credito;
3. Si, ma solo quando le scritture contabili sono state autenticate dal cancelliere del tribunale.

3. *Entro quanto tempo il creditore che ha ottenuto il decreto ingiuntivo dovrà notificare lo stesso decreto al debitore?*

1. Il creditore di regola dovrà notificare il decreto ingiuntivo entro 60 giorni dalla pronuncia dello stesso decreto;
2. Il creditore dovrà notificare il decreto ingiuntivo entro 40 giorni dalla pronuncia dello stesso decreto;
3. Il creditore dovrà notificare il decreto ingiuntivo entro 20 giorni dalla pronuncia dello stesso decreto.

4. *Entro quale termine il debitore dovrà opporsi al decreto ingiuntivo?*

1. L'opposizione dovrà essere notificata al creditore entro 60 giorni dalla notifica del decreto ingiuntivo;
2. L'opposizione dovrà essere notificata al creditore entro 40 giorni dalla notifica del decreto ingiuntivo;
3. L'opposizione dovrà essere notificata al creditore entro 20 giorni dalla notifica del decreto ingiuntivo.

5. *Che succede se il debitore non si oppone al decreto ingiuntivo nei termini previsti dalla legge?*

1. L'opponente potrà sempre proporre appello contro il decreto ingiuntivo diventato esecutivo.
2. Il decreto ingiuntivo diviene esecutivo;
3. Il decreto ingiuntivo, se non era già esecutivo, lo diventa, e passa in giudicato.

6. *Cosa farà il giudice se il debitore propone opposizione contro un decreto ingiuntivo non provvisoriamente esecutivo, ma alla prima udienza non si oppone con prova scritta?*

1. Il giudice concede in prima udienza l'esecuzione provvisoria del decreto ingiuntivo, quando il debitore non si è opposto con prova scritta o di pronta soluzione;
2. Il giudice concederà in ogni caso l'esecuzione provvisoria del decreto ingiuntivo;
3. Il giudice concederà l'esecuzione provvisoria del decreto ingiuntivo solo se ricorrono gravi motivi.

7. *Nel caso in cui sia stato concesso un decreto ingiuntivo provvisoriamente esecutivo, il debitore può chiedere la sospensione dell'esecuzione, e a quali condizioni?*

1. È possibile chiedere la sospensione dell'esecuzione, ma solo se l'opponente si opponga con prova scritta;
2. È possibile chiedere la sospensione dell'esecuzione al giudice, ma solo se l'opponente adduca gravi motivi;

3. Non è possibile chiedere la sospensione dell'esecuzione al giudice.

8. *E' possibile proporre opposizione tardiva contro il decreto ingiuntivo non opposto nei termini di legge?*

1. Sì, ma solo quando l'opponente provi di non aver avuto tempestiva conoscenza del decreto ingiuntivo per irregolarità della notificazione, o per caso fortuito, o per forza maggiore;
2. No, mai, abbiamo visto che se non ci si oppone a un decreto ingiuntivo nei termini di legge, questo passa in giudicato, e quindi non è più possibile proporre opposizione;
3. È possibile proporre opposizione tardiva contro il decreto ingiuntivo non opposto nei termini di legge, quando l'opponente provi di aver già pagato la somma oggetto del decreto ingiuntivo, e nonostante questo, il creditore non solo abbia ottenuto il decreto ingiuntivo, ma abbia anche proceduto all'esecuzione dello stesso.

9. *Ammettiamo che il giudice conceda l'esecutorietà del decreto ingiuntivo, nel precetto deve essere apposta la formula esecutiva?*

1. No, non deve essere apposta quando la somma è inferiore a euro 1.000;
2. No, non deve essere apposta, ma deve farsi menzione del provvedimento che ha disposto la esecutorietà;
3. Sì la formula esecutiva è sempre obbligatoria.

10. *Le situazioni che portano alla possibile richiesta di licenza per finita locazione, e successiva citazione per la convalida, e sfratto per finita locazione, e successiva citazione per la convalida, sono identiche?*

1. Nella licenza per finita locazione il locatore ha già provveduto a disdettare il contratto di locazione prima della scadenza, mentre nello sfratto è accaduto che il conduttore non ha adempiuto al contratto di locazione, e quindi lo sfratto può essere concesso solo per morosità;
2. Sono praticamente la stessa cosa, perché i procedimenti sono identici;
3. No, perché nel primo caso il contratto non è ancora scaduto, mentre nel secondo caso il contratto di locazione è già scaduto, solo che attraverso gli adempimenti previsti dalla legge, il locatore ha impedito la tacita rinnovazione del contratto.

11. *A chi si può intimare la licenza o lo sfratto?*

1. Al conduttore, all'affittuario coltivatore diretto, al mezzadro o al colono;
2. Al conduttore, al comodatario di beni immobili, all'affittuario di azienda, all'affittuario coltivatore diretto, al mezzadro o al colono;
3. Al conduttore, al comodatario di beni immobili, all'affittuario di azienda, all'affittuario coltivatore diretto, al mezzadro o al colono, all'usufruttuario.

12. *Nel caso in cui si intimi lo sfratto per morosità, cosa si può chiedere oltre il provvedimento di sfratto?*

1. Una procedura accelerata per il rilascio dell'immobile;
2. La pronuncia di un decreto ingiuntivo per i canoni scaduti;
3. La condanna dell'intimato ex art. 96 per responsabilità aggravata.

13. *Che cosa succede se il locatore non compare all'udienza in cui bisogna discutere della licenza o dello sfratto?*

1. Cessano gli effetti dell'intimazione;
2. Il giudice rinvia a un'altra udienza;
3. L'intimato, di fronte all'assenza del locatore, chiede di far proseguire il processo, che quindi proseguirà anche con l'assenza del locatore.

14. Che succede se l'intimato compare, ma non si oppone?

1. Il giudice dispone il rilascio dell'immobile con ordinanza che è titolo esecutivo, ma non convalida la licenza o lo sfratto, rinviando le parti a una successiva udienza per discutere il merito della causa;
2. Il giudice chiede al locatore se vuole proseguire il processo, nonostante la mancata opposizione dell'intimato;
3. Il giudice con ordinanza esecutiva convalida la licenza o lo sfratto.

15. Il locatore cosa deve dichiarare in caso di sfatto per morosità?

1. Deve attestare che la morosità persiste;
2. Deve attestare in giudizio che la morosità persiste;
3. Deve dichiarare che nonostante tutti gli sforzi il debitore persiste nel non pagare i canoni.

16. Che succede se l'intimato compare, ma non si oppone con prova scritta?

1. Il giudice non convalida la licenza o lo sfratto, e vista l'opposizione, non pronuncia ordinanza di rilascio dell'immobile;
2. Il giudice non convalida la licenza o lo sfratto, e se non sussistono gravi motivi in contrario, pronuncia ordinanza non impugnabile e immediatamente esecutiva di rilascio dell'immobile;
3. Il giudice di fronte all'opposizione, non fondata su prova scritta, rimette le parti al collegio per la decisione.

17. In caso di opposizione, il successivo giudizio con quale rito dovrà essere trattato?

1. Con il rito ordinario;
2. Con il rito del lavoro;
3. Con il procedimento sommario di cognizione.

>>

Decreto ingiuntivo e convalida di sfratto: Risposte

1. Per ottenere un decreto ingiuntivo è necessario provare il fumus boni iuris e il periculum in mora?

1. Sì, si tratta di un procedimento sommario, e come tutti procedimenti sommari bisogna provare le caratteristiche del fumus boni iuris e del periculum in mora;
2. No, il decreto ingiuntivo fa parte di un procedimento sommario, ma che non ha natura cautelare;
3. Trattandosi di un particolare procedimento sommario, bisognerà provare solo il periculum in mora.

2. Un imprenditore ,volendo ottenere dal debitore una somma di danaro, ed avendo come prova le scritture contabili, potrà ottenere un decreto ingiuntivo provvisoriamente esecutivo?

1. Di regola no, per ottenere un decreto ingiuntivo provvisoriamente esecutivo ci vorranno le prove o le situazioni previste dall'articolo 642;
2. Sì, in quanto le scritture contabili sono prove certe circa l'esistenza del credito;
3. Si, ma solo quando le scritture contabili sono state autenticate dal cancelliere del tribunale.

3. Entro quanto tempo il creditore che ha ottenuto il decreto ingiuntivo dovrà notificare lo stesso decreto al debitore?

1. Il creditore dovrà notificare il decreto ingiuntivo entro 60 giorni dalla pronuncia dello stesso decreto;
2. Il creditore dovrà notificare il decreto ingiuntivo entro 40 giorni dalla pronuncia dello stesso decreto;
3. Il creditore dovrà notificare il decreto ingiuntivo entro 20 giorni dalla pronuncia dello stesso decreto.

4. Entro quale termine il debitore dovrà opporsi al decreto ingiuntivo?

1. L'opposizione dovrà essere notificata al creditore entro 60 giorni dalla notifica del decreto ingiuntivo;
2. L'opposizione dovrà essere notificata al creditore entro 40 giorni dalla notifica del decreto ingiuntivo;
3. L'opposizione dovrà essere notificata al creditore entro 20 giorni dalla notifica del decreto ingiuntivo.

5. Che succede se il debitore non si oppone al decreto ingiuntivo nei termini previsti dalla legge?

1. L'opponente potrà sempre proporre appello contro il decreto ingiuntivo diventato esecutivo.
2. Il decreto ingiuntivo diviene esecutivo;
3. Il decreto ingiuntivo, se non era già esecutivo, lo diventa, e passa in giudicato.

6. Cosa farà il giudice se il debitore propone opposizione contro un decreto ingiuntivo non provvisoriamente esecutivo, ma alla prima udienza non si oppone con prova scritta?

1. Il giudice concede in prima udienza l'esecuzione provvisoria del decreto ingiuntivo, quando il debitore non si è opposto con prova scritta o di pronta soluzione;
2. Il giudice concederà in ogni caso l'esecuzione provvisoria del decreto ingiuntivo;
3. Il giudice concederà l'esecuzione provvisoria del decreto ingiuntivo solo se ricorrono gravi motivi.

7. Nel caso in cui sia stato concesso un decreto ingiuntivo provvisoriamente esecutivo, il debitore può chiedere la sospensione dell'esecuzione, e a quali condizioni?

1. È possibile chiedere la sospensione dell'esecuzione, ma solo se l'opponente si opponga con prova scritta;
2. È possibile chiedere la sospensione dell'esecuzione al giudice, ma solo se l'opponente adduca gravi motivi;
3. Non è possibile chiedere la sospensione dell'esecuzione al giudice.

8. E' possibile proporre opposizione tardiva contro il decreto ingiuntivo non opposto nei termini di legge?

1. Sì, ma solo quando l'opponente provi di non aver avuto tempestiva conoscenza del decreto ingiuntivo per irregolarità della notificazione, o per caso fortuito, o per forza maggiore;
2. No, mai, abbiamo visto che se non ci si oppone a un decreto ingiuntivo nei termini di legge, questo passa in giudicato, e quindi non è più possibile proporre opposizione;
3. È possibile proporre opposizione tardiva contro il decreto ingiuntivo non opposto nei termini di legge, quando l'opponente provi di aver già pagato la somma oggetto del decreto ingiuntivo, e nonostante questo, il creditore non solo abbia ottenuto il decreto ingiuntivo, ma abbia anche proceduto all'esecuzione dello stesso.

9. Ammettiamo che il giudice conceda l'esecutorietà del decreto ingiuntivo, nel precetto deve essere apposta la formula esecutiva?

1. No, non deve essere apposta quando la somma è inferiore a euro 1.000;
2. No, non deve essere apposta, ma deve farsi menzione del provvedimento che ha disposto la esecutorietà;
3. Sì la formula esecutiva è sempre obbligatoria.

10. Le situazioni che portano alla possibile richiesta di licenza per finita locazione, e successiva citazione per la convalida, e sfratto per finita locazione, e successiva citazione per la convalida, sono identiche?

1. Nella licenza per finita locazione il locatore ha già provveduto a disdettare il contratto di locazione prima della scadenza, mentre nello sfratto è accaduto che il conduttore non ha adempiuto al contratto di locazione, e quindi lo sfratto può essere concesso solo per morosità;
2. Sono praticamente la stessa cosa, perché i procedimenti sono identici;
3. No, perché nel primo caso il contratto non è ancora scaduto, mentre nel secondo caso il contratto di locazione è già scaduto, solo che attraverso gli adempimenti previsti dalla legge, il locatore ha impedito la tacita rinnovazione del contratto;

11. A chi si può intimare la licenza o lo sfratto?

1. Al conduttore, all'affittuario coltivatore diretto, al mezzadro o al colono;
2. Al conduttore, al comodatario di beni immobili, all'affittuario di azienda, all'affittuario coltivatore diretto, al mezzadro o al colono;
3. Al conduttore, al comodatario di beni immobili, all'affittuario di azienda, all'affittuario coltivatore diretto, al mezzadro o al colono, all'usufruttuario.

12. Nel caso in cui si intimi lo sfratto per morosità, cosa si può chiedere oltre il provvedimento di sfratto?

1. Una procedura accelerata per il rilascio dell'immobile;
2. La pronuncia di un decreto ingiuntivo per i canoni scaduti;
3. La condanna dell'intimato ex art. 96 per responsabilità aggravata.

13. Che cosa succede se il locatore non compare all'udienza in cui bisogna discutere della licenza o dello sfratto?

1. Cessano gli effetti dell'intimazione;

2. Il giudice rinvia a un'altra udienza;
3. L'intimato, di fronte all'assenza del locatore, chiede di far proseguire il processo, che quindi proseguirà anche con l'assenza del locatore.

14. Che succede se l'intimato compare, ma non si oppone?

1. Il giudice dispone il rilascio dell'immobile con ordinanza che è titolo esecutivo, ma non convalida la licenza o lo sfratto, rinviando le parti a una successiva udienza per discutere il merito della causa;
2. Il giudice chiede al locatore se vuole proseguire il processo, nonostante la mancata opposizione dell'intimato;
3. Il giudice con ordinanza esecutiva convalida la licenza o lo sfratto.

15. Il locatore cosa deve dichiarare in caso di sfatto per morosità?

1. Deve attestare che la morosità persiste;
2. Deve attestare in giudizio che la morosità persiste;
3. Deve dichiarare che nonostante tutti gli sforzi il debitore persiste nel non pagare i canoni.

16. Che succede se l'intimato compare, ma non si oppone con prova scritta?

1. Il giudice non convalida la licenza o lo sfratto, e vista l'opposizione, non pronuncia ordinanza di rilascio dell'immobile;
2. Il giudice non convalida la licenza o lo sfratto, e se non sussistono gravi motivi in contrario, pronuncia ordinanza non impugnabile e immediatamente esecutiva di rilascio dell'immobile;
3. Il giudice di fronte all'opposizione, non fondata su prova scritta, rimette le parti al collegio per la decisione.

17. In caso di opposizione, il successivo giudizio con quale rito dovrà essere trattato?

1. Con il rito ordinario;
2. Con il rito del lavoro;
3. Con il procedimento sommario di cognizione.

Sezione quarta; il processo esecutivo;

Processo esecutivo: Domande

1. Qual è lo scopo del processo esecutivo?

1. Scopo del processo esecutivo è quello di rendere concretamente ragione al creditore quando il suo diritto possa essere leso in maniera grave o irreparabile;
2. Lo scopo è processo esecutivo è quello di accertare il diritto della parte che lo aziona;
3. È quello di rendere concreto il comando contenuto in un titolo esecutivo; di conseguenza scopo fondamentale del processo esecutivo è quello di mettere a disposizione del creditore gli organi dello Stato affinché possa ottenere la loro collaborazione al fine di soddisfare materialmente il suo credito.

2. Quando il diritto contenuto in titolo esecutivo è certo?

1. In realtà non esiste una regola sostanziale che individui il requisito della certezza del diritto contenuto in un titolo esecutivo, e quindi possiamo concludere che un diritto contenuto nel titolo esecutivo è certo, quando la legge lo ritenga tale, cioè quando la legge la incorpori il diritto del creditore in un titolo esecutivo;
2. Il diritto contenuto in un titolo esecutivo è certo quando è rappresentato in una sentenza;
3. Il diritto contenuto in un titolo esecutivo è certo quando rappresenta un diritto avente efficacia costitutiva.

3. Se il creditore ha una cambiale, può iniziare con questa, che è un titolo esecutivo, l'esecuzione in forma specifica?

1. Sì, essendo la cambiale un titolo esecutivo, possono essere azionati tutti processi di esecuzione, compresi quelli in forma specifica;
2. No, le esecuzioni in forma specifica non possono essere azionate con una cambiale;
3. No, ma perché è sbagliata la premessa, visto che i titoli esecutivi non possono essere di formazione privata, come la cambiale, ma possono essere solo di formazione giudiziale, oppure provenienti da notaio.

4. Se il titolo esecutivo è un atto ricevuto da notaio, si potrà con questo azionare un processo di esecuzione forzata di consegna o rilascio?

1. Sì, è possibile perché il codice prevede espressamente tale eventualità;
2. No, con tale titolo sarà sicuramente possibile l'espropriazione forzata, ma non quella per consegna rilascio, che può essere azionata solo attraverso un titolo di formazione giudiziale;
3. Sì, visto che con un titolo rappresentato da un atto ricevuto da notaio è espressamente previsto che possono essere azionati i processi di esecuzione forzata relativi agli obblighi di fare di non fare a maggior ragione, è possibile azionare un processo di esecuzione forzata per consegna rilascio.

5. Che significa dire che un titolo esecutivo deve essere spedito in forma esecutiva?

1. Significa che il titolo esecutivo, prima di essere messo in esecuzione, deve essere approvato dal giudice dell'esecuzione, e poi spedito con raccomandata con ricevuta di ritorno.
2. Significa che il titolo esecutivo, prima di essere messo effettivamente in esecuzione, deve essere spedito al debitore attraverso raccomandata con ricevuta di ritorno;
3. Non significa niente perché la spedizione in forma esecutiva per sentenze, e gli altri provvedimenti della autorità giudiziaria, atti ricevuti da notaio o altro pubblico ufficiale è stata abrogata, ora basta il rilascio di una copia del titolo in via vi sia l'attestazione che è conforme all'originale.

6. Che cosa è il precetto?

1. Il precetto è un atto di parte, attraverso cui il creditore intima il debitore ad adempiere a quanto contenuto nel titolo esecutivo;
2. Il precetto è un atto di parte, attraverso cui creditore ingiunge al debitore ad adempiere a quanto contenuto nel titolo esecutivo;
3. Il precetto è un atto dell'ufficiale giudiziario, attraverso cui questi intima al debitore ad adempiere a quanto contenuto nel titolo esecutivo.

7. Quando il creditore potrà iniziare l'azione esecutiva una volta che ha notificato il precetto?

1. Il creditore potrà sempre iniziare l'azione esecutiva dal giorno successivo alla notifica del titolo esecutivo, e comunque non oltre 90 giorni da detta notifica;
2. Il creditore, di regola, potrà iniziare l'azione esecutiva solo dopo 10 giorni la notifica del titolo esecutivo, e non oltre 90 giorni dalla stessa;
3. Il creditore di regola, potrà iniziare l'azione esecutiva solo dopo 10 giorni dalla notifica del titolo esecutivo, e non oltre 180 giorni dalla notifica della stessa.

8. In caso di espropriazione forzata, quando inizia il processo esecutivo?

1. Il processo esecutivo inizia con l'istanza con cui si chiede al giudice di fissare l'udienza per la vendita o l'assegnazione dei beni pignorati.
2. Il processo esecutivo inizia con la notifica del precetto;
3. Il processo esecutivo inizia con il pignoramento.

9. Che cosa è il pignoramento?

1. Il pignoramento consiste in una ingiunzione che l'ufficiale giudiziario fa al debitore di astenersi da qualunque atto diretto a sottrarre alla garanzia del credito, esattamente indicato, i beni che si assoggettano all'espropriazione, e i frutti di essi;
2. Il pignoramento consiste in una intimazione che l'ufficiale giudiziario fa al debitore di astenersi da qualunque atto diretto a sottrarre alla garanzia del credito, esattamente indicato, i beni che si assoggettano all'espropriazione, e i frutti di essi;
3. Il pignoramento consiste nella garanzia che l'ufficiale giudiziario crea sui beni soggetti all'espropriazione forzata; in caso di inadempimento del debitore, l'ufficiale giudiziario provvederà alla vendita dei beni pignorati.

10. Il creditore può chiedere che si proceda a pignorare i beni del debitore in seguito a ricerche telematiche?

1. Sì, ma deve essere munito del titolo esecutivo e del precetto. In tal caso l'ufficiale giudiziario addetto al tribunale del luogo in cui il debitore ha la residenza, il domicilio, la dimora o la sede, procede alla ricerca con modalità telematiche dei beni da pignorare;
2. Sì, ma deve presentare istanza al presidente del tribunale del luogo in cui il debitore ha la residenza, il domicilio, la dimora o la sede, verificato il diritto della parte istante a procedere ad esecuzione forzata, autorizza la ricerca con modalità telematiche dei beni da pignorare.
3. Evidentemente no, perché sarebbe una grave violazione della privacy del debitore.

11. Con il pignoramento il debitore perde la proprietà dei beni?

1. Sì, con il pignoramento il debitore perde la proprietà dei beni pignorati, ma nel caso in cui il processo esecutivo si estingue, i beni torneranno in proprietà del debitore;
2. No, sostanzialmente ne perde il possesso, e quindi gli eventuali atti compiuti dal debitore sui beni pignorati, saranno inopponibili ai creditori del processo esecutivo;

3. Sì, con il pignoramento il debitore perde la proprietà dei beni pignorati, e nel caso in cui il processo esecutivo si estingua, i beni passeranno in proprietà dello Stato.

12. *Se l'ufficiale giudiziario va a pignorare un credito, che però era stato ceduto dal debitore, tale credito potrà essere comunque utilmente pignorato?*

1. Dipende, il cessionario di un credito, cioè il nuovo creditore prevarrà sul pignoramento dello stesso credito se ha notificato l'avvenuta cessione del credito o ha ricevuto l'accettazione del debitore ceduto prima dell'atto di pignoramento, diversamente prevarrà il pignoramento;
2. Nel caso in cui sia stato pignorato un credito del debitore, ceduto però dallo stesso debitore, il cessionario del credito prevarrà sul pignoramento solo quando dimostri con un atto avente data certa anteriore al pignoramento che ha acquistato il credito prima dello stesso pignoramento;
3. Una volta che l'ufficiale giudiziario ha pignorato un credito del debitore, questo è comunque assoggettato al pignoramento, proprio perché ancora nella disponibilità del debitore pignorato.

13. *Il debitore, una volta che l'ufficiale giudiziario che ha eseguito il pignoramento, può evitarlo chiedendo la conversione del pignoramento?*

1. No, ma per il semplice motivo che non è possibile convertire il pignoramento, tuttavia il debitore poteva evitare lo stesso pignoramento pagando l'intera somma dovuta nelle mani dell'ufficiale giudiziario, comprensiva delle spese di procedimento.
2. Sì, pagando nelle mani dell'ufficiale giudiziario l'intera somma dovuta, comprensiva delle spese, praticamente eviterà il pignoramento;
3. No, perché la conversione del pignoramento fa riferimento a un pignoramento già avvenuto, ed è per questo motivo che se ne chiede la conversione.

14. *Cosa s'intende per estensione del pignoramento?*

1. In generale si fa riferimento a quei casi in cui il pignoramento non sia stato sufficiente a soddisfare il creditore procedente e i creditori intervenuti, in tal caso il creditore procedente può invitare i creditori intervenuti a soddisfarsi su altri beni del debitore utilmente pignorabili, se questi non si avvalgono dell'invito del creditore che ha eseguito il pignoramento, saranno soddisfatti solo dopo la soddisfazione del creditore procedente;
2. Si fa riferimento a tutti i casi in cui il pignoramento si estende non solo sui beni pignorati del debitore, ma anche su beni di terzi erano a loro volta debitori del debitore che ha subito il pignoramento;
3. L'estensione del pignoramento si ha ogni qual volta i beni pignorati non siano sufficienti a soddisfare i creditori, sia il creditore procedente, sia i creditori intervenuti; in questo caso l'ufficiale giudiziario di sua iniziativa estende il pignoramento anche ad altri beni del debitore che siano utilmente pignorabili.

15. *Nel processo esecutivo possono intervenire gli altri creditori del debitore che ha subito il pignoramento?*

1. Sì, possono intervenire;
2. Sì, possono intervenire, e devono essere avvertiti dell'esistenza del pignoramento dal giudice dell'esecuzione;
3. Sì, possono intervenire ma solo quelli che hanno un diritto di prelazione sui beni pignorati.

16. Chi sono i creditori che possono intervenire nel processo esecutivo?

1. Come principio generale possono intervenire tutti i creditori così come stabilito dall'articolo 2741 del codice civile, ma in realtà il codice di procedura civile seleziona le categorie dei creditori che possono realmente intervenire nel processo;
2. Possono intervenire tutti gli altri creditori che come quello procedente hanno titolo esecutivo, mentre gli altri creditori non muniti di titolo non possono intervenire nel processo esecutivo, ma saranno costretti a munirsi di tale titolo;
3. Possono intervenire solamente i creditori che siano stati avvertiti dell'esistenza del processo esecutivo dal giudice dell'esecuzione.

17. In quali termini possono intervenire i creditori del processo esecutivo?

1. I creditori, in via generale, e salvi casi previsti dalle singole procedure espropriative, possono intervenire fino al momento in cui sarà distribuita la somma ricavata dalla vendita;
2. In via generale, e salvi casi previsti dalle singole procedure espropriative, i creditori possono intervenire fino al giorno fissato per il pignoramento;
3. In via generale, e salvi i casi previsti dalle singole procedure espropriative, i creditori possono intervenire con ricorso che deve essere depositato prima che sia tenuta l'udienza in cui è disposta la vendita o l'assegnazione;

18. Che cosa succede se è intervenuto un creditore non munito di titolo esecutivo?

1. Il creditore non munito di titolo esecutivo deve provocare il contraddittorio con il debitore, per verificare se quest'ultimo contesti o meno il suo credito; in caso di contestazione, il creditore potrà presentare istanza al giudice dell'esecuzione, affinché gli siano accantonate le somme che gli spetterebbero, ma per fare ciò dovrà dimostrare di aver proposto, nei 30 giorni successivi all'udienza dove è avvenuto il disconoscimento, l'azione necessaria affinché ottenga un titolo esecutivo;
2. Il creditore non munito di titolo esecutivo deve provocare il contraddittorio con il debitore, per verificare se quest'ultimo contesti o meno il suo credito; in caso di contestazione, il giudice dell'esecuzione accantonerà le somme che spettano al creditore che ha subito la contestazione, che comunque gli saranno consegnate quando il debitore, di nuovo sollecitato dal creditore, riconoscerà anche implicitamente di essere debitore del creditore non munito di titolo esecutivo;
3. Se è intervenuto un creditore non munito di titolo esecutivo, questi potrà ottenere la soddisfazione del suo credito, ma solo dopo che siano stati soddisfatti gli altri creditori muniti di titolo esecutivo; per evitare però tale situazione, non dovrà provocare un contraddittorio con il debitore, e se questi riconosce di essere tale, godrà della parità di trattamento con gli altri creditori;

19. Nel caso di concorso di creditori, si applicherà la regola della par condicio creditorum?

1. Sì, ma bisogna distinguere tra creditori muniti di titolo esecutivo, e creditori non muniti di titolo esecutivo; questi ultimi avranno diritto a concorrere con i creditori muniti di titolo esecutivo, solo quando il debitore avrà riconosciuto in udienza il loro credito;
2. Sì, ma bisognerà comunque rispettare le regole, in merito alla distribuzione della somma ricavata, tra creditori chirografari e creditori privilegiati;

3. No, perché il codice di procedura civile prevede un ordine di rimborso della somma ricavata tra diversi creditori, ed infatti saranno soddisfatti per primi quelli muniti di titolo esecutivo, sulla somma rimanente saranno soddisfatti i creditori che hanno delle cause legittime di prelazione, ed infine saranno soddisfatti i creditori chirografari, ovviamente non muniti di titolo esecutivo.

20. Qual è lo scopo della vendita forzata?

1. Scopo della vendita forzata, è quello di sottrarre fisicamente, e con l'assistenza delle forze dell'ordine, se è necessario, i beni al debitore.
2. Lo scopo della vendita forzata è quello di sanzionare il debitore inadempiente che ha subito il pignoramento;
3. Lo scopo è di trasformare i beni pignorati in danaro da distribuire ai creditori.

21. La vendita forzata fa acquistare all'aggiudicatario i beni a titolo originario o a titolo derivativo?

1. La questione è controversa, ma si ritiene che l'aggiudicatario acquisisca la proprietà dei beni a titolo derivativo;
2. Non ci sono dubbi circa il fatto che l'aggiudicatario acquisisca la proprietà dei beni venduti attraverso la vendita forzata a titolo originario;
3. In realtà l'aggiudicatario non acquista, attraverso la vendita forzata, un vero e proprio diritto di proprietà sui beni, ma questi gli sono concessi dallo Stato per un periodo di tempo indeterminato; al primo inadempimento da parte del aggiudicatario, i beni torneranno ad essere di proprietà del debitore, per poi essere di nuovo venduti forzatamente.

22. Che cosa s'intende per assegnazione dei beni pignorati?

1. L'assegnazione è il modo privilegiato per soddisfare i creditori del processo esecutivo; infatti questi saranno maggiormente soddisfatti quando diverranno proprietari dei beni pignorati, che poi saranno liberi di vendere o meno;
2. L'assegnazione è un modo alternativo alla vendita per soddisfare i creditori, nel senso che i beni pignorati invece di essere venduti, potranno essere assegnati in proprietà ai creditori del processo esecutivo; di solito all'assegnazione si giunge solo quando non si sia riusciti a vendere i beni pignorati;
3. I modi per soddisfare i creditori del processo esecutivo, sono la vendita e l'assegnazione; tuttavia l'assegnazione sarà possibile solo quando, prima del pignoramento, il creditore che chiede l'assegnazione, e il debitore abbiano stipulato un apposito patto, in base al quale, in caso di inadempimento del debitore, il bene oggetto della garanzia passi senz'altro al creditore. Il giudice dell'esecuzione non dovrà fare altro che prendere atto di tale patto, e quindi assegnare il bene al creditore.

22. a. Quando deve essere presentata l'istanza di vendita?

1. Di regola dopo 10 e non oltre 45 giorni dal pignoramento;
2. Di regola dopo 10 e non oltre 90 giorni dal pignoramento;
3. Di regola dopo 15 e non oltre 90 giorni dal pignoramento.

23. Che cosa avranno a oggetto le eventuali controversie sorte in occasione della distribuzione della somma ricavata?

1. Tali controversie avranno a oggetto la regolarità del processo esecutivo; queste controversie saranno discusse in occasione della distribuzione della somma ricavata;
2. Tali controversie sorgeranno tra i creditori concorrenti oppure tra creditore e debitore, o terzo assoggettato alla espropriazione, circa la sussistenza o l'ammontare di uno o più crediti, oppure circa la sussistenza dei diritti di prelazione;
3. Tali controversie sorgeranno tra debitore e creditori, quando il debitore intenda contestare la competenza per territorio del tribunale che sta svolgendo l'esecuzione.

24. Le controversie sorte in sede di distribuzione della somma ricavata, dopo la fase preliminare, saranno risolte secondo le forme dell'opposizione all'esecuzione, oppure secondo le forme dell'opposizione agli atti esecutivi?

1. Dell'opposizione all'esecuzione;
2. Dell'opposizione agli atti esecutivi;
3. Saranno risolte, in realtà, dopo la fase preliminare, secondo le forme del normale processo di cognizione.

25. In sostanza, come si svolge il pignoramento mobiliare?

1. In sostanza l'ufficiale giudiziario si reca materialmente dal debitore, o nei luoghi a lui appartenenti, e ricerca le cose da pignorare; individuate tali cose procederà a pignoramento;
2. In sostanza l'ufficiale giudiziario notifica un atto al debitore, in cui sono indicate le cose da pignorare;
3. In sostanza l'ufficiale giudiziario notifica un atto debitore, in cui sono indicate le cose da pignorare; successivamente si recherà presso il debitore per individuare e prendere materialmente le cose già pignorate.

26. Gli strumenti, gli oggetti e i libri indispensabili per l'esercizio della professione arte o mestiere, possono essere pignorati?

1. Sì, sono sempre pignorabili insieme altri beni del debitore, ma l'ufficiale giudiziario dovrà preferibilmente pignorare gli altri beni del debitore, prima di giungere al pignoramento di detti beni;
2. No, perché si tratta di beni assolutamente impignorabili;
3. Sì, ma solo quando gli altri beni mobili già pignorati siano insufficienti per soddisfare il creditore; in tal caso, salvo che si tratti di società, e di imprese commerciali, i beni potranno essere pignorati solo nei limiti di un quinto.

27. In che modo l'ufficiale giudiziario potrà valutare il valore dei beni pignorati?

1. L'ufficiale giudiziario stimerà i beni pignorati in base alla sua esperienza, ma può anche avvalersi dell'assistenza di un esperto;
2. L'ufficiale giudiziario stimerà il valore dei beni pignorati secondo dei listini che sono pubblicati su Internet dal tribunale di appartenenza;
3. L'ufficiale giudiziario stimerà il valore dei beni pignorati solo avvalendosi di uno stimatore regolarmente iscritto in un apposito albo, tenuto presso il ministero delle finanze; lo stimatore non sarà necessario, quando l'ufficiale giudiziario risulterà iscritto in tale albo.

28. *Che cosa succede nel momento in cui l'ufficiale giudiziario trova un altro ufficiale giudiziario che già sta svolgendo un pignoramento sui beni del debitore?*

1. In questo caso l'ufficiale giudiziario dovrà aspettare che il suo collega termini le operazioni; quando avrà finito potrà procedere al pignoramento sui beni non pignorati dal suo collega;
2. È il caso dell'unione di pignoramenti, in questa situazione l'ufficiale giudiziario provvederà a fare il pignoramento insieme al suo collega, e del pignoramento né sarà redatto un unico verbale;
3. L'ufficiale giudiziario dovrà aspettare che il suo collega termini le operazioni, successivamente provvederà a pignorare gli stessi beni già pignorati, redigendo apposito verbale separato da quello già redatto dal suo collega.

29. *Il debitore può essere nominato custode dei beni pignorati?*

1. Sì, ma con il consenso del creditore;
2. No, perché sarebbe troppo elevato il rischio per il creditore;
3. No, ma per il motivo che i beni pignorati sono sempre sottratti al debitore, e affidati a un istituto di vendite giudiziarie.

30. *Se l'espropriazione mobiliare è di valore inferiore a € 20.000, si seguiranno regole parzialmente diverse dall'espropriazione mobiliare con beni di valore superiore a tale somma?*

1. Sì, avremo l'ipotesi della piccola espropriazione, che prevede sempre automaticamente la diretta distribuzione della somma ricavata ai creditori;
2. Sì, avremo l'ipotesi della piccola espropriazione, perché può anche non aversi l'udienza prevista per l'assegnazione o la vendita dei beni pignorati;
3. No, salvo però il fatto che il creditore procedente non deve avvisare gli altri creditori muniti di diritti di prelazione il cui credito risulti da pubblici registri.

31. *Come si iscrive a ruolo la causa in seguito al pignoramento mobiliare?*

1. L'ufficiale giudiziario, compiute tutte le operazioni relative al pignoramento, deve consegnare senza ritardo al creditore il processo verbale, il titolo esecutivo e il precetto. Il creditore, ricevuti gli atti, deve effettuarne le copie conformi. La conformità delle copie è attestata dal suo avvocato, e il potere certificativo è riconosciuto all'avvocato solo in questo caso. Le copie autentiche del processo verbale, del titolo esecutivo e del precetto devono, insieme alla nota d'iscrizione a ruolo, essere depositate presso la cancelleria del giudice competente entro 15 giorni dalla consegna degli originali da parte dell'ufficiale giudiziario.
2. L'ufficiale giudiziario, compiute tutte le operazioni relative al pignoramento, deve consegnare senza ritardo al creditore il processo verbale, il titolo esecutivo e il precetto. Il creditore, ricevuti gli atti, deposita nella cancelleria del giudice competente il titolo esecutivo, il precetto, il verbale di pignoramento e la nota d'iscrizione a ruolo. Se tale operazione non avviene nei 15 giorni dalla consegna degli atti da parte dell'ufficiale giudiziario, il pignoramento effettuato perde efficacia.
3. L'ufficiale giudiziario, compiute tutte le operazioni relative al pignoramento, deposita il titolo esecutivo, il precetto e il verbale di pignoramento nella cancelleria del giudice competente. Ricevuti gli atti il cancelliere procederà a iscrivere la causa a ruolo.

32. Il pignoramento di un autoveicolo si svolge nella stessa maniera rispetto a tutti gli altri beni mobili?

1. No, l'ufficiale giudiziario prende materialmente i veicolo e lo porta nella custodia del creditore;nel caso in cui non abbia le chiavi del mezzo, provvede con l'ausilio di un carro attrezzi alla sua rimozione.
2. Sì, il fatto che gli autoveicoli siano registrati non vuol dire che non siano beni mobili; la differenza, semmai, sta nel fatto che su tali veicoli si può accendere ipoteca (perché registrati), mentre per la generalità dei beni mobili non registrati l'ipoteca non è ammissibile, e l'unica forma di garanzia è il pegno.
3. Trattandosi di un veicolo registrato il legislatore ha previsto una particolare procedura che prevede anche il coinvolgimento dei pubblici registri dove sono registrati gli autoveicoli e degli istituti di vendite giudiziarie, tuttavia si può procedere anche nelle forme ordinarie.

33. Nell'espropriazione mobiliare entro quale termine devono intervenire i creditori chirografari?

1. Devono intervenire contestualmente al pignoramento;
2. Devono intervenire non oltre l'udienza fissata per l'assegnazione o la vendita dei beni pignorati;
3. Devono intervenire prima che sia disposta la vendita o l'assegnazione dei beni pignorati.

34. Quale sarà la posizione dei creditori chirografari in caso di intervento tardivo in merito alla somma ricavata dalla vendita?

1. I creditori chirografari potranno soddisfarsi solo su quanto sarà avanzato dopo che siano stati soddisfatti gli altri creditori intervenuti tempestivamente;
2. I creditori chirografari non avranno alcun diritto sulla somma ricavata, e nel caso in cui questa sia superiore ai crediti del processo esecutivo, la parte eccedente sarà consegnata al debitore;
3. I creditori chirografari potranno comunque intervenire tardivamente, senza pregiudizio per il loro diritto, pagando all'erario una somma pari a un millesimo del loro credito, se è superiore a € 20.000, un centesimo del loro credito, se è inferiore a tale somma.

35. Nell'espropriazione mobiliare è prevista l'udienza dedicata alla distribuzione della somma ricavata?

1. No, non ci sarà tale udienza;
2. Sì, ci sarà questa udienza, e se i creditori non sono d'accordo sul progetto di distribuzione redatto dal giudice, sorgerà una controversia ex articolo 512;
3. No, non ci sarà questa udienza perché nell'espropriazione mobiliare si procede sempre con l'assegnazione dei beni pignorati ai creditori.

36. Nell'espropriazione mobiliare si può decidere fra la vendita o l'assegnazione, quando verrà presa tale decisione?

1. Questa decisione, nel caso in cui non si tratti di piccola espropriazione, è presa all'udienza dove si discute dell'assegnazione o della vendita; la decisione sarà presa dal presidente del tribunale;
2. Questa decisione, nel caso in cui non si tratti di piccola espropriazione, è presa all'udienza dove si discute dell'assegnazione o della vendita; la decisione sarà presa dal giudice dell'esecuzione;
3. La scelta fra assegnazione e vendita, è presa dai creditori nell'udienza in cui si discuterà circa le modalità dell'assegnazione o della vendita.

37. Si parla di vendita all'incanto o tramite commissionario, qual è la differenza?

1. La vendita all'incanto è quella affidata a un professionista iscritto in appositi albi o al notaio, mentre quella tramite commissionario è affidata a una commissione eletta dai creditori;
2. La vendita all'incanto è fatta attraverso la pubblicazione di beni da vendere sui giornali a ciò autorizzati, mentre quella tramite commissionario è fatta affidando l'incarico di vendere i beni al cancelliere del tribunale;
3. Sostanzialmente la vendita all'incanto è una vendita all'asta, dove il bene pignorato sarà aggiudicato all'offerente che abbia fatto l'offerta più alta, mentre la vendita tramite commissionario consiste in un mandato affidato a un soggetto detto, appunto, commissionario che avrà avuto l'incarico di vendere i beni pignorati.

38. Chi redige il piano di riparto delle somme ricavate dalla vendita nell'espropriazione mobiliare?

1. Il progetto è redatto dai creditori, ma nel caso in cui questi non si mettano d'accordo, sarà il giudice a provvedere alla distribuzione della somma ricavata dalla vendita dei beni pignorati;
2. Il progetto è redatto dal giudice dell'esecuzione, e nei casi in cui sorgano contestazioni circa la divisione operata dal giudice, sorgerà una controversia ex articolo 512;
3. Il progetto è redatto da un esperto nominato dal giudice dell'esecuzione iscritto in appositi Albi; lo stesso progetto è poi sottoposto all'approvazione dei creditori; se lo approvano, si procederà alla distribuzione della somma ricavata, se non lo approvano, sarà il giudice dell'esecuzione a procedere alla distribuzione.

39. Quando si procede all'espropriazione mobiliare presso terzi?

1. Quando si vogliano pignorare crediti che il debitore ha nei confronti dei terzi, oppure beni mobili del debitore che sono in possesso di terzi, ma di cui lui non ha la diretta disponibilità;
2. Si procede quando vi siano dei beni del debitore che non si trovano presso la residenza del debitore stesso;
3. Si procede a tale espropriazione quando il debitore ha venduto dei beni ad un terzo, in base a un atto che però è stato successivamente dichiarato nullo.

40. C'è un solo modo di procedere al pignoramento mobiliare presso terzi?

1. No, dipende dal tipo di bene sottoposto a pignoramento, cioè se è un bene mobile o credito;
2. Sì, dove si è mai visto che la stessa procedura possa svolgersi in due modi diversi?
3. No, la procedura è diversa quando la ricerca dei beni da pignorare è eseguita in via telematica ex art. 492 bis.

41. Nell'espropriazione mobiliare non telematica presso terzi come si procede al pignoramento?

1. Si procede attraverso la notifica di un atto al debitore e al terzo, il debitore è citato in giudizio ma l'ingiunzione contenuta nell'atto è rivolta al debitore ma non al terzo;
2. Si procede attraverso la notifica di un atto al debitore e al terzo, entrambi sono citati in giudizio.
3. Si procede nel modo ordinario, nel senso che l'ufficiale giudiziario si reca presso il domicilio del debitore e nei luoghi a lui appartenenti per ricercare le cose da pignorare;

4. Si procede attraverso la notifica di un atto al debitore e al terzo ingiungendo sia al debitore sia al terzo di non sottrarre alla garanzia del credito i beni pignorati.

42. Nel procedimento di espropriazione mobiliare presso terzi, come s'iscrive a ruolo la causa?

1. Eseguita l'ultima notificazione, l'ufficiale giudiziario consegna senza ritardo al creditore l'originale dell'atto di citazione. Entro 30 giorni, pena inefficacia del pignoramento, il creditore deve depositare nella cancelleria del *giudice competente* per l'esecuzione la nota di iscrizione a ruolo dell'atto di citazione, del titolo esecutivo e del precetto.
2. Eseguita l'ultima notificazione, l'ufficiale giudiziario consegna senza ritardo al creditore l'originale dell'atto di citazione. Entro 30 giorni, pena inefficacia del pignoramento, il creditore deve depositare nella cancelleria del giudice competente per l'esecuzione la nota di iscrizione a ruolo con le copie conformi dell'atto di citazione, del titolo esecutivo e del precetto. La conformità di queste copie è attestata dall'avvocato del creditore ai soli fini del pignoramento.
3. Eseguita l'ultima notificazione, l'ufficiale giudiziario deposita nella cancelleria del giudice competente il titolo esecutivo, il precetto e l'atto notificato al debitore e al terzo. Ricevuti gli atti, il cancelliere iscrive la causa a ruolo.

43. Come il terzo informa il creditore circa i suoi rapporti con il debitore?

1. Con una dichiarazione, da notificare al creditore tramite ufficiale giudiziario;
2. Con una dichiarazione che deve inviare al creditore procedente tramite una raccomandata o posta elettronica certificata;
3. Comparendo in udienza, ma solo nel caso in cui il terzo sia il datore di lavoro del debitore, e quindi si sia pignorato lo stipendio del debitore.

44. Che succede se il terzo non invia la dichiarazione al creditore nei 10 giorni dalla data della notifica dell'atto di citazione da parte del creditore?

1. Il giudice fissa con ordinanza una successiva udienza, che deve essere notificata al terzo almeno 10 giorni prima della data fissata per la nuova udienza;
2. Il credito pignorato o il possesso del bene di appartenenza del debitore, nei termini indicati dal creditore, si considera non contestato ai fini del procedimento in corso e il giudice procede alla vendita o all'assegnazione.
3. Il giudice rinvia a un'altra udienza la cui data fissa con ordinanza; nell'ordinanza si avverte espressamente il terzo che in caso di sua mancata comparizione si disporrà l'accompagnamento coattivo.

45. Che succede se il terzo, non avendo inviato la dichiarazione al creditore, non si presenta nemmeno all'udienza fissata dal giudice, o comparendo si rifiuta di rispondere?

1. Poiché il procedimento ha fallito il suo scopo, il pignoramento perderà efficacia, ma il terzo sarà tenuto al pagamento delle spese del giudizio nei confronti del creditore;
2. Si apre un normale processo di cognizione volto ad accertare la posizione del terzo;
3. Il credito pignorato o il possesso del bene di appartenenza del debitore, nei termini indicati dal creditore, si considera non contestato ai fini del procedimento in corso se è possibile in base allegazioni del creditore

l'identificazione del credito o dei beni di appartenenza del debitore in possesso del terzo e quindi il giudice procede alla vendita o all'assegnazione.

46. *Nel caso in cui si siano individuati, in seguito alle ricerche telematiche ex art. 492 bis beni o crediti del debitore, ma nella disponibilità di terzi, come si procede con il pignoramento mobiliare presso terzi?*

1. Vi procede direttamente l'ufficiale giudiziario, notificando il verbale delle ricerche, comprensivo dell'ingiunzione ex art. 492 e della intimazione al terzo, al debitore e al terzo.
2. L'ufficiale giudiziario consegna al creditore il verbale di pignoramento, che lo stesso creditore provvederà a notificare al debitore e al terzo.
3. Individuati i beni, l'ufficiale giudiziario consegna il verbale delle ricerche effettuate al creditore che ha 30 gg. di tempo per notificare il normale atto di pignoramento mobiliare presso terzi al debitore e al terzo e per iscrivere la causa a ruolo.

47. *Nel caso di pignoramento eseguito in seguito alle ricerche telematiche ex art. 492 bis, quando il terzo dovrà emettere la dichiarazione ex art. 547?*

1. Deve comparire all'udienza fissata per l'assegnazione o la vendita.
2. Deve inviare al creditore e mezzo raccomandata o a mezzo posta elettronica certificata la dichiarazione ex art. 547 entro 10 giorni dalla notifica del atto di pignoramento svoltosi in seguito alla ricerche telematiche;
3. Deve inviare al creditore e mezzo raccomandata o a mezzo posta elettronica certificata la dichiarazione ex art. 547 entro 10 giorni dalla notifica del decreto del giudice dell'esecuzione che fissa la data per l'assegnazione o la vendita.

48. *Possono essere pignorati nelle forme del pignoramento mobiliare presso terzi, i crediti aventi per oggetto sussidi di grazia o di sostentamento a persone comprese nell'elenco dei poveri, oppure sussidi dovuti per maternità, malattie o funerali da casse di assicurazione, da enti di assistenza o da istituti di beneficenza?*

1. Sì, ma solo nella misura stabilita del giudice;
2. No, mai.
3. Sì, ma solo nei limiti di un quinto del loro valore.

49. *Vi sono differenze fra pignoramento mobiliare il pignoramento immobiliare?*

1. Sì, vi sono differenze, in quanto nel pignoramento mobiliare ufficiale giudiziario notifica un atto al debitore dove sono indicati i beni da pignorare, mentre nel pignoramento immobiliare, l'ufficiale giudiziario si reca materialmente presso l'immobile da pignorare, lo identifica, e esegue il pignoramento;
2. No, visto che si tratta comunque di atti di pignoramento;
3. Sì, si tratta di procedimenti diversi, il pignoramento immobiliare è più complesso del mobiliare.

50. *Il pignoramento immobiliare si conclude con la notifica dell'atto di pignoramento al debitore?*

1. Sì, il pignoramento immobiliare si conclude con la notifica dell'atto di pignoramento al debitore;

2. Si ritiene di no, perché il pignoramento immobiliare è una procedura, gli effetti del pignoramento decorrono dal momento in cui l'atto di pignoramento è trascritto presso i registri della conservatoria immobiliare.

51. *Come s'iscrive a ruolo la causa dopo il pignoramento immobiliare?*

1. Eseguita l'ultima notificazione, l'ufficiale giudiziario consegna senza ritardo al creditore l'atto di pignoramento e la nota di trascrizione restituitagli dal conservatore dei registri immobiliari. Il creditore ricevuti tali atti, deve depositare nella cancelleria del tribunale competente per l'esecuzione la nota d'iscrizione a ruolo, con le copie conformi del titolo esecutivo, del precetto e dell'atto di pignoramento e della nota di trascrizione entro 15 giorni dalla consegna dell'atto di pignoramento. La conformità delle copie è attestata dall'avvocato del creditore ma ai soli fini dell'iscrizione della causa a ruolo.
2. Eseguita l'ultima notificazione e ricevuta la nota di trascrizione da parte del conservatore dei registri immobiliari, l'ufficiale giudiziario consegna i detti documenti, insieme al titolo esecutivo e al precetto, al cancelliere del tribunale.
3. Eseguita l'ultima notificazione, l'ufficiale giudiziario consegna senza ritardo al creditore l'atto di pignoramento e la nota di trascrizione restituitagli dal conservatore dei registri immobiliari. Il creditore ricevuti tali atti, deve depositare nella cancelleria del tribunale competente per l'esecuzione la nota d'iscrizione a ruolo, del titolo esecutivo, del precetto e dell'atto di pignoramento e della nota di trascrizione entro 25 giorni dalla consegna dell'atto di pignoramento.

52. *Nell'espropriazione immobiliare fino a che momento possono intervenire i creditori chirografari?*

1. I creditori chirografari devono intervenire non oltre l'udienza fissata per l'autorizzazione alla vendita, se intervengono successivamente, si dovranno accontentare di quanto residua dalla somma ricavata;
2. I creditori chirografari devono intervenire non oltre l'udienza fissata per la discussione del progetto di distribuzione della somma ricavata, se intervengono successivamente si dovranno accontentare di quello che residua;
3. I creditori chirografari devono intervenire entro il termine di 90 giorni dal pignoramento, se intervengono successivamente dovranno accontentarsi di quanto residua dalla vendita.

53. *Nell'espropriazione immobiliare, si segue il solito schema del pignoramento, istanza per la fissazione della data d'udienza per stabilire le modalità della vendita, vendita, ripartizione delle somme ai creditori?*

1. No, perché dopo l'istanza volta fissare la data d'udienza in cui si discuterà della vendita, i creditori dovranno depositare ex articolo 567 comma due, tutta la documentazione relativa all'immobile pignorato;
2. Sì, lo schema è quello classico dell'espropriazione;
3. No, ci sono altri due passaggi, quello relativo alla documentazione da depositare dopo l'istanza volta a fissare la data d'udienza in cui si discuterà della vendita, e l'udienza prevista per la discussione del progetto di distribuzione redatto dal giudice.

54. *Nell'espropriazione immobiliare il giudice potrà decidere indifferentemente fra vendita e assegnazione?*

1. No, il giudice dovrà disporre sempre la vendita, mentre all'assegnazione si giungerà solo in caso d'insuccesso della vendita;

2. Sì, il giudice potrà scegliere fra vendita e assegnazione secondo la convenienza dei creditori intervenuti nel processo di espropriazione;
3. No, il giudice dovrà prima di tutto verificare, se è presente un solo creditore, la possibilità dell'assegnazione, e solo quando questa sia rifiutata dal creditore, procederà alla vendita; se vi sono più creditori, la proposta di assegnazione è inviata a tutti creditori che partecipano all'espropriazione.

55. *Nella espropriazione immobiliare, il giudice potrà scegliere indifferentemente fra vendita senza incanto e vendita con incanto?*

1. Sì, il giudice potrà scegliere tra l'una e l'altra secondo le particolari convenienze dei creditori.
2. No, il giudice sceglierà sempre la vendita senza incanto, e solo in caso d'insuccesso, la vendita con incanto.

56. *Nella espropriazione immobiliare effettuata attraverso vendita con incanto, l'aggiudicazione avviene automaticamente quando, dopo tre minuti dall'ultima offerta, non vi sono state altre offerte superiori?*

1. Tendenzialmente sì, ma se entro 10 giorni dall'incanto è depositata un'altra offerta superiore di un quinto rispetto quella che ha vinto l'incanto, il giudice indice una gara indicando il termine per il deposito di ulteriori offerte, e quindi potrebbe accadere che si aggiudichi l'immobile un soggetto diverso rispetto a quello che aveva vinto il primo incanto;
2. Sì, una volta vinto l'incanto, l'aggiudicatario ha il diritto sul bene per cui ha fatto l'offerta più alta, anche se questa si può essere revocata nel momento in cui non abbia versato la somma offerta;
3. No, perché dopo l'offerta più alta, il soggetto incaricato della vendita, rinvia sempre l'incanto al giorno successivo; nel caso in cui nel giorno successivo, nessun offerente si presenti, oppure non vi siano altre offerte, l'aggiudicazione sarà fatta in maniera definitiva alla persona che aveva offerto di più del giorno precedente.

57. *In che momento passerà la proprietà del bene immobile all'aggiudicatario?*

1. La proprietà passerà all'aggiudicatario nel momento in cui ha vinto la gara sull'immobile, e quindi quando ha fatto l'offerta più alta; di conseguenza il giudice pronuncerà decreto di aggiudicazione del bene immobile all'offerente che ha vinto la gara o l'incanto;
2. La proprietà passerà all'aggiudicatario solo dopo che avrà versato completamente il prezzo dell'immobile, e precisamente quando il giudice, dopo il pagamento, avrà pronunciato decreto di aggiudicazione del bene immobile;
3. La proprietà passerà all'aggiudicatario solo dopo che il giudice avrà verificato che l'aggiudicazione è avvenuta correttamente, e che non vi siano state opposizioni alla stessa aggiudicazione; dopo queste verifiche pronuncerà decreto di aggiudicazione, e l'immobile passerà in proprietà all'offerente che ha offerto una somma più alta.

57.a. *Che succede, nel caso in cui il prezzo del bene aggiudicato debba essere corrisposto a rate quando l'aggiudicatario non le paga?*

1. Dopo la terza rata non pagata decade dall'aggiudicazione;
2. Non è possibile che il prezzo sia versato a rate;

3. Vi sarà la decadenza nei confronti dell'aggiudicatario che non avrà versato anche una sola rata entro 10 giorni dal termine fissato dal giudice

58. *Nella espropriazione immobiliare, cosa succede se i creditori non approvano il progetto di distribuzione preparato dal giudice dell'esecuzione?*

1. Il giudice non procede alla distribuzione della somma ricavata, e fissa la data di un'altra udienza per permettere un accordo fra i diversi creditori; alla successiva udienza se questo accordo è raggiunto, si procederà alla distribuzione della somma ricavata, se invece l'accordo non è raggiunto, il giudice procederà comunque alla distribuzione della somma ricavata secondo il suo originario progetto; l'ordinanza del giudice è impugnabile secondo le forme delle opposizione agli atti esecutivi;
2. Il giudice procede comunque alla distribuzione della somma ricavata secondo il suo progetto, ma i creditori dissenzienti potranno impugnare l'ordinanza del giudice secondo le forme dell'opposizione all'esecuzione;
3. Si apre una controversia ex articolo 512.

59. *È possibile espropriare dei beni indivisi? E cosa s'intende per bene indiviso?*

1. Sì, è possibile espropriare questi beni; bene indiviso è quello in comproprietà di più persone;
2. Sì, è possibile, anche se molto complicato perché un bene è indiviso quando non può essere materialmente diviso in parti;
3. No, non è possibile tale tipo di espropriazione, perché se un bene è in comproprietà di più soggetti, ed è anche indivisibile, e quindi indiviso, non sarà possibile l'espropriazione di tale bene per un debito di un solo comproprietario, ma se tutti i comproprietari sono debitori in solido, allora sarà possibile tale espropriazione, che non avrà alcuna differenza rispetto a quella ordinaria, salvo che il precetto dovrà essere notificato a tutti i comproprietari debitori.

60. *Nella espropriazione dei beni indivisi, quali sono le differenze rispetto alla normale espropriazione?*

1. La differenza sta nel fatto che prima del pignoramento è notificato avviso agli altri comproprietari non debitori; nell'avviso, sottoscritto dal creditore che ha notificato il precetto, vi sarà l'indicazione del bene da pignorare, e l'invito agli altri comproprietari a non dividere il bene senza l'autorizzazione del giudice.
2. La differenza sta nel fatto che prima del pignoramento è notificato avviso agli altri comproprietari non debitori; nell'avviso, sottoscritto dal creditore che ha notificato il precetto, vi sarà l'indicazione del bene da pignorare, e l'invito agli altri comproprietari a non dividere il bene prima dello stesso pignoramento;
3. La differenza sta nel fatto che del pignoramento è dato avviso anche agli altri comproprietari non debitori, nell'avviso, sottoscritto dal creditore pignorante, vi sarà l'indicazione del bene pignorato, la data dell'atto di pignoramento, e della trascrizione di esso e l'indicazione del creditore pignorante;

61. *È possibile che l'espropriazione possa avvenire legittimamente contro un terzo proprietario del bene immobile, ma non debitore?*

1. Sì, è possibile, può accadere, per esempio, in seguito all'esperimento e al successo di un'azione revocatoria;
2. Si, è possibile, può accadere, per esempio, quando il proprietario si sia accollato il debito di un'altra persona, e quest'ultima non abbia poi onorato il debito; di conseguenza i creditori di quest'ultimo debitore

procedono espropriando il bene di colui che si è accollato il debito originario, e nel caso in cui questi non paghi, procedono all'espropriazione del bene immobile di sua proprietà;
3. No, non è mai possibile, anche se il codice prevede espressamente queste ipotesi, ma in realtà si tratta di una finzione, perché chi subisce l'espropriazione solo formalmente è proprietario non debitore, mentre sostanzialmente non solo è proprietario del bene da espropriare, ma è anche debitore, e quindi la sua posizione non può mai essere equiparata a quella di un terzo.

62. Perché si parla di esecuzione in forma specifica?

1. Si parla di esecuzione in forma specifica perché si fa riferimento a regole particolari in relazione a tipi particolari di beni da espropriare; nei casi previsti dal codice per determinati beni, come quelli appartenenti al demanio, si useranno regole particolari, appunto regole specifiche;
2. Si usa questo termine perché l'interesse del creditore non è quello di avere una somma di danaro, ma di avere una specifica prestazione da parte del debitore, che può consistere in obblighi di fare o di non fare, o della consegna o rilascio di beni mobili o immobili;
3. Si parla di esecuzione in forma specifica perché il giudice dell'esecuzione integra con sua ordinanza il titolo esecutivo del creditore, con norme speciali che si riferiscono al tipo di bene da espropriare, o da consegnare al creditore.

63. Che differenza c'è tra l'esecuzione per consegna e quella del rilascio?

1. La differenza fondamentale sta nel fatto che l'esecuzione per consegna fa riferimento a beni mobili, mentre quella del rilascio fa riferimento a beni immobili;
2. La differenza fondamentale sta nel fatto che nell'esecuzione per consegna il debitore è venuto meno a uno specifico obbligo di consegnare il bene presso il domicilio del creditore, mentre in quella del rilascio il debitore è venuto meno di uno specifico obbligo di consegnare il bene al creditore presso il suo domicilio, quando questi si sia presentato e non abbia ottenuto niente dallo stesso debitore;
3. La differenza fondamentale sta nel fatto che nell'esecuzione per consegna si seguono le regole previste per l'espropriazione mobiliare, mentre nell'esecuzione del rilascio si seguono le regole previste per l'espropriazione immobiliare, visto che la prima fa riferimento a beni mobili, mentre la seconda fa riferimento a beni immobili.

64. La procedura nell'esecuzione per consegna e quella per rilascio è identica?

1. Fondamentalmente sì, ma nell'esecuzione per rilascio l'ufficiale giudiziario comunica almeno 10 giorni prima alla parte che tenuta a rilasciare l'immobile il giorno e l'ora in cui si presenterà per procedere alla esecuzione;
2. Fondamentalmente sì, ma nell'esecuzione per rilascio l'ufficiale giudiziario comunica almeno 5 giorni prima alla parte che tenuta a rilasciare l'immobile il giorno e l'ora in cui si presenterà per procedere alla esecuzione;
3. Le procedure sono profondamente diverse, perché nell'esecuzione per rilascio, prevista per i beni immobili, l'ufficiale giudiziario dovrà notificare un atto di pignoramento, dove è indicato esattamente il bene da rilasciare; l'atto sarà poi successivamente trascritto presso la conservatoria dei registri immobiliari, e solo dopo tale trascrizione si procederà *all'esecuzione*.

65. *L'esecuzione degli obblighi di fare o di non fare è tecnicamente possibile quale che sia l'obbligo da eseguire o non eseguire?*

1. Sì, anche quando si tratta di obblighi di fare infungibili, il giudice, attraverso una particolare procedura potrà non solo sanzionare il debitore inadempiente ma nominare un commissario ad acta che si occupi dell'esecuzione in forma specifica;
2. No, se si tratta di obblighi di fare infungibili, il creditore, di fronte al rifiuto del debitore di adempiere, non avrà altra strada che quella della richiesta di risarcimento del danno, anche se il giudice potrebbe sanzionare, su richiesta del creditore, il debitore inadempiente a pagare una serie di somme al creditore fino a quando l'obbligo non sarà eseguito;
3. Sì, l'esecuzione è sempre possibile quale che sia l'obbligo del debitore inadempiente.

65.a. *Nelle esecuzioni vi possono essere delle difficoltà, il legislatore ha escogitato un modo particolare per spingere il debitore ad adempiere?*

1. No, c'è già tutta la disciplina del processo esecutivo che dovrebbe essere sufficiente a spingere il debitore ad adempiere;
2. Sì, attraverso la minaccia di sanzioni penali nei confronti del debitore inadempiente;
3. Sì, ma solo per le esecuzioni diverse dal pagamento di somme di denaro. In questo caso il giudice direttamente nel provvedimento di condanna il giudice, salvo che sia manifestamente iniquo, fissa, su richiesta di parte, la somma di denaro dovuta dall'obbligato per ogni violazione o inosservanza successiva ovvero per ogni ritardo nell'esecuzione del provvedimento, determinandone la decorrenza.

66. *Qual è la differenza fondamentale tra l'opposizione all'esecuzione dell'opposizione agli atti esecutivi?*

1. Nell'opposizione all'esecuzione il debitore fa valere un diritto suo proprio, mentre nell'opposizione agli atti esecutivi è il terzo che propone opposizione, quando per errore abbia subito l'esecuzione per un debito altrui;
2. Nell'opposizione all'esecuzione si contesta il diritto del creditore a procedere all'esecuzione, mentre nell'opposizione agli atti esecutivi si contesta la regolarità formale degli atti che precedono l'esecuzione, compresa la nullità del precetto, oppure la validità o la regolarità dei singoli atti dell'esecuzione stessa;
3. Mentre con l'opposizione all'esecuzione si incardina un processo di merito volto a verificare il diritto del creditore a procedere con l'esecuzione, l'opposizione agli atti esecutivi ha natura cautelare, ed è quindi chiesta dal debitore nei casi in cui vi sia il periculum in mora.

66.a. *Quando può essere presentata un'opposizione all'esecuzione nell'esecuzione per espropriazione?*

1. Nell'ordinario termine prescrizionale di 10 anni;
2. L'opposizione è inammissibile se è proposta dopo che è stata disposta la vendita o l'assegnazione a norma degli articoli 530, 552, 569, salvo che sia fondata su fatti sopravvenuti oppure l'opponente dimostri di non aver potuto proporla tempestivamente per causa a lui non imputabile.
3. L'opposizione è inammissibile se è proposta dopo dieci giorni stata disposta la vendita o l'assegnazione a norma degli articoli 530, 552, 569, salvo che sia fondata su fatti sopravvenuti ovvero l'opponente dimostri di non aver potuto proporla tempestivamente per causa a lui non imputabile.

67. *Nel caso di opposizione all'esecuzione, c'è differenza tra l'opposizione proposta prima che sia iniziato il processo di esecuzione, e quella proposta dopo che sia iniziato il processo di esecuzione?*

1. Sì, vi è una notevole differenza, perché con l'opposizione proposta prima che sia iniziata l'esecuzione, il debitore chiede l'accertamento circa l'esistenza del diritto del creditore a procedere all'esecuzione, mentre se l'opposizione è presentata dopo che sia iniziato il processo esecutivo, il debitore non solo chiede l'accertamento circa il diritto del creditore a procedere all'esecuzione, ma chiede anche di accertare la regolarità del processo esecutivo;
2. No, sostanzialmente è lo stesso procedimento, solo che se l'opposizione è proposta prima che sia iniziata esecuzione, non vi sarà alcuna richiesta di sospensione dell'esecuzione;
3. Sì, la differenza è di natura formale, perché prima dell'esecuzione l'opposizione è proposta con citazione davanti al giudice normalmente competente per il merito, mentre dopo l'inizio l'esecuzione, l'opposizione è proposta con ricorso davanti al giudice dell'esecuzione.

68. *Nel caso in cui sia proposta opposizione all'esecuzione dopo l'inizio del processo esecutivo, è possibile che il giudice dell'esecuzione si dichiari non competente per l'opposizione e rimetta le parti davanti al giudice competente?*

1. Sì, è possibile;
2. No, non è possibile perché comunque il giudice dell'esecuzione è sempre competente sulle opposizioni che sono proposte davanti a lui.

69. *Nel caso di opposizione agli atti esecutivi, c'è differenza se questa è proposta prima dell'esecuzione, o dopo l'esecuzione?*

1. Sì, c'è differenza perché se proposta prima dell'esecuzione questa sarà fatta attraverso citazione, mentre dopo l'esecuzione sarà proposta con ricorso;
2. No, non c'è alcuna differenza, perché in entrambi casi bisognerà depositare un ricorso al giudice dell'esecuzione;
3. Sì, c'è differenza, perché se proposta prima dell'esecuzione dovrà essere presentata con ricorso al giudice normalmente competente per il merito, mentre dopo l'esecuzione sarà proposta con citazione davanti al giudice dell'esecuzione.

70. *Nel caso di opposizione agli atti esecutivi proposta dopo che sia iniziata l'esecuzione, il giudice dell'esecuzione potrà poi trattare la causa di merito?*

1. No, il giudice dell'esecuzione non potrà poi trattare la successiva causa di merito;
2. Sì, il giudice dell'esecuzione potrà trattare anche la successiva causa di merito, perché unico è il procedimento di opposizione agli atti esecutivi.

71. *Nel caso di opposizione agli atti esecutivi proposta dopo che sia iniziata esecuzione, i termini di comparizione del giudizio di merito sono gli stessi previsti ex articolo 163 bis?*

1. Trattandosi di un giudizio di merito, i termini sono identici a quelli previsti dall'articolo 163 bis.
2. No, perché sono ridotti alla metà;

72. Nel caso di opposizione agli atti esecutivi, e di opposizione all'esecuzione, proposti dopo l'inizio l'esecuzione, quando la parte che intende proseguire nel giudizio di merito dovrà costituirsi in giudizio?

1. Dopo la notifica della citazione, la parte si costituirà in giudizio, ma poiché i termini di comparizione sono ridotti della metà, il termine di costituzione della parte sarà anche essere ridotto della metà, passando da 10 a cinque giorni;
2. Dopo la notifica della citazione, la parte si costituirà in giudizio rispettando il normale termine di 10 giorni dalla notifica della citazione;
3. Prima della notifica della citazione, la parte che ha interesse a proseguire l'opposizione dovrà prima iscrivere la causa ruolo, e successivamente iniziare il giudizio di merito con la notifica della citazione;

73. Quando un terzo può fare opposizione all'esecuzione?

1. Quando un terzo pretende di avere la proprietà o altro diritto reale sui beni pignorati;
2. Quando un terzo vuole impugnare il titolo esecutivo perché frutto della frode o collusione delle parti ai suoi danni;
3. Quando un terzo ha ricevuto un'errata notifica del titolo esecutivo o del precetto;
4. Quando un terzo subisce l'esecuzione per consegna.

74. Questa opposizione è assimilabile all'opposizione all'esecuzione o agli atti esecutivi?

1. All'opposizione agli atti esecutivi;
2. All'opposizione all'esecuzione;
3. Né all'una né all'altra, è un procedimento con sua specifiche peculiarità.

75. Come si propone questa opposizione?

1. Con citazione al giudice normalmente competente per il merito;
2. Con ricorso al giudice dell'esecuzione;
3. Con ricorso al presidente del tribunale.

76. Il terzo, per vedere riconosciuto il suo diritto, cosa dovrà provare?

1. Deve provare il suo diritto con un documento avente date certa anteriore al pignoramento, ma la prova testimoniale è anche ammissibile se per la professione o il commercio del debitore o dello stesso terzo appare verosimile che il debitore avesse presso di sé beni di terzi;
2. Deve provare il suo diritto con un documento avente date certa anteriore al pignoramento, la regola non ammette eccezioni;
3. Deve provare il suo diritto con un documento avente date certa anteriore al precetto, ma la prova testimoniale è anche ammissibile secondo le normali regole del processo di cognizione;

77. La sospensione del processo esecutivo avviene negli stessi casi della sospensione del processo di cognizione?

1. No, nel processo di cognizione il processo si sospende per questioni di pregiudizialità dipendenza, nel processo esecutivo per i motivi più vari, spesso rapportabili a esigenze cautelari;
2. No, nel processo di cognizione il processo di sospende per assicurare il contraddittorio tra le parti, nel processo esecutivo per risolvere questioni di pregiudizialità dipendenza;
3.Sì, i casi sono gli stessi, solo che nel processo esecutivo è disposta sempre dal giudice dell'esecuzione.

78. Da chi è disposta la sospensione del processo esecutivo?

1. Solo dal giudice dell'esecuzione, salvo i casi in cui le parti abbiano scelto il procedimento arbitrale;
2. Dal giudice dell'esecuzione, ma sono molti i casi in cui è il giudice del processo di cognizione che dispone la sospensione quando davanti a lui è stato impugnato il titolo esecutivo;
3. Dal presidente del tribunale presso cui è iniziata l'esecuzione.

79. E' possibile che il processo di esecuzione sia sospeso su istanza di parte?

1. Sì, è possibile;
2. No.
3. Solo se il giudice dell'esecuzione lo autorizzi.

80. L'estinzione del processo esecutivo è rilevabile d'ufficio?

1. No, solo su eccezione di parte, accade per quella del processo di cognizione;
2. Sì, come accade per quella del processo di cognizione.

81. L'ordinanza che dichiara l'estinzione è impugnabile?

1. Sì, con reclamo al collegio;
2. Sì, in appello;
3. No.

>>>

Processo esecutivo: Risposte

1. Qual è lo scopo del processo esecutivo?

1. Scopo del processo esecutivo è quello di rendere concretamente ragione al creditore quando il suo diritto possa essere leso in maniera grave o irreparabile;
2. Lo scopo è processo esecutivo è quello di accertare il diritto della parte che lo aziona;
3. È quello di rendere concreto il comando contenuto in un titolo esecutivo; di conseguenza scopo fondamentale del processo esecutivo è quello di mettere a disposizione del creditore gli organi dello Stato affinché possa ottenere la loro collaborazione al fine di soddisfare materialmente il suo credito;

2. Quando il diritto contenuto in titolo esecutivo è certo?

1. In realtà non esiste una regola sostanziale che individui il requisito della certezza del diritto contenuto in un titolo esecutivo, e quindi possiamo concludere che un diritto contenuto nel titolo esecutivo è certo, quando la legge lo ritenga tale, cioè quando la legge la incorpori il diritto del creditore in un titolo esecutivo;
2. Il diritto contenuto in un titolo esecutivo è certo quando è rappresentato in una sentenza;
3. Il diritto contenuto in un titolo esecutivo è certo quando rappresenta un diritto avente efficacia costitutiva.

3. Se il creditore ha una cambiale, può iniziare con questa, che è un titolo esecutivo, l'esecuzione in forma specifica?

1. Sì, essendo la cambiale un titolo esecutivo, possono essere azionati tutti processi di esecuzione, compresi quelli in forma specifica;
2. No, le esecuzioni in forma specifica non possono essere azionate con una cambiale;
3. No, ma perché è sbagliata la premessa, visto che i titoli esecutivi non possono essere di formazione privata, come la cambiale, ma possono essere solo di formazione giudiziale, oppure provenienti da notaio.

4. Se il titolo esecutivo è un atto ricevuto da notaio, si potrà con questo azionare un processo di esecuzione forzata di consegna o rilascio?

1. Sì, è possibile perché il codice prevede espressamente tale eventualità;
2. No, con tale titolo sarà sicuramente possibile l'espropriazione forzata, ma non quella per consegna rilascio, che può essere azionata solo attraverso un titolo di formazione giudiziale;
3. Sì, visto che con un titolo rappresentato da un atto ricevuto da notaio è espressamente previsto che possono essere azionati i processi di esecuzione forzata relativi agli obblighi di fare di non fare a maggior ragione, è possibile azionare un processo di esecuzione forzata per consegna rilascio.

5. Che significa dire che un titolo esecutivo deve essere spedito in forma esecutiva?

1. Significa che il titolo esecutivo, prima di essere messo in esecuzione, deve essere approvato dal giudice dell'esecuzione, e poi spedito con raccomandata con ricevuta di ritorno.
2. Significa che il titolo esecutivo, prima di essere messo effettivamente in esecuzione, deve essere spedito al debitore attraverso raccomandata con ricevuta di ritorno;
3. Non significa niente perché la spedizione in forma esecutiva per sentenze, e gli altri provvedimenti della autorità giudiziaria, atti ricevuti da notaio o altro pubblico ufficiale è stata abrogata, ora basta il rilascio di una copia del titolo in via vi sia l'attestazione che è conforme all'originale.

6. Che cosa è il precetto?

1. Il precetto è un atto di parte, attraverso cui il creditore intima il debitore ad adempiere a quanto contenuto nel titolo esecutivo;
2. Il precetto è un atto di parte, attraverso cui creditore ingiunge al debitore ad adempiere a quanto contenuto nel titolo esecutivo;
3. Il precetto è un atto dell'ufficiale giudiziario, attraverso cui questi intima al debitore ad adempiere a quanto contenuto nel titolo esecutivo.

7. Quando il creditore potrà iniziare l'azione esecutiva una volta che ha notificato il precetto?

1. Il creditore potrà sempre iniziare l'azione esecutiva dal giorno successivo alla notifica del titolo esecutivo, e comunque non oltre 90 giorni da detta notifica;
2. Il creditore, di regola, potrà iniziare l'azione esecutiva solo dopo 10 giorni la notifica del titolo esecutivo, e non oltre 90 giorni dalla stessa;
3. Il creditore di regola, potrà iniziare l'azione esecutiva solo dopo 10 giorni dalla notifica del titolo esecutivo, e non oltre 180 giorni dalla notifica della stessa.

8. In caso di espropriazione forzata, quando inizia il processo esecutivo?

1. Il processo esecutivo inizia con l'istanza con cui si chiede al giudice di fissare l'udienza per la vendita o l'assegnazione dei beni pignorati.
2. Il processo esecutivo inizia con la notifica del precetto;
3. Il processo esecutivo inizia con il pignoramento.

9. Che cosa è il pignoramento?

1. Il pignoramento consiste in una ingiunzione che l'ufficiale giudiziario fa al debitore di astenersi da qualunque atto diretto a sottrarre alla garanzia del credito, esattamente indicato, i beni che si assoggettano all'espropriazione, e i frutti di essi;
2. Il pignoramento consiste in una intimazione che l'ufficiale giudiziario fa al debitore di astenersi da qualunque atto diretto a sottrarre alla garanzia del credito, esattamente indicato, i beni che si assoggettano all'espropriazione, e i frutti di essi;
3. Il pignoramento consiste nella garanzia che l'ufficiale giudiziario crea sui beni soggetti all'espropriazione forzata; in caso di inadempimento del debitore, l'ufficiale giudiziario provvederà alla vendita dei beni pignorati.

10. Il creditore può chiedere che si proceda a pignorare i beni del debitore in seguito a ricerche telematiche?

1. Sì, ma deve essere munito del titolo esecutivo e del precetto. In tal caso l'ufficiale giudiziario addetto al tribunale del luogo in cui il debitore ha la residenza, il domicilio, la dimora o la sede, procede alla ricerca con modalità telematiche dei beni da pignorare;
2. Sì, ma deve presentare istanza al presidente del tribunale del luogo in cui il debitore ha la residenza, il domicilio, la dimora o la sede, verificato il diritto della parte istante a procedere ad esecuzione forzata, autorizza la ricerca con modalità telematiche dei beni da pignorare.
3. Evidentemente no, perché sarebbe una grave violazione della privacy del debitore.

11. Con il pignoramento il debitore perde la proprietà dei beni?

1. Sì, con il pignoramento il debitore perde la proprietà dei beni pignorati, ma nel caso in cui il processo esecutivo si estingue, i beni torneranno in proprietà del debitore;
2. No, sostanzialmente ne perde il possesso, e quindi gli eventuali atti compiuti dal debitore sui beni pignorati, saranno inopponibili ai creditori del processo esecutivo;

3. Sì, con il pignoramento il debitore perde la proprietà dei beni pignorati, e nel caso in cui il processo esecutivo si estingua, i beni passeranno in proprietà dello Stato.

12. Se l'ufficiale giudiziario va a pignorare un credito, che però era stato ceduto dal debitore, tale credito potrà essere comunque utilmente pignorato?

1. Dipende, il cessionario di un credito, cioè il nuovo creditore prevarrà sul pignoramento dello stesso credito se ha notificato l'avvenuta cessione del credito o ha ricevuto l'accettazione del debitore ceduto prima dell'atto di pignoramento, diversamente prevarrà il pignoramento;
2. Nel caso in cui sia stato pignorato un credito del debitore, ceduto però dallo stesso debitore, il cessionario del credito prevarrà sul pignoramento solo quando dimostri con un atto avente data certa anteriore al pignoramento che ha acquistato il credito prima dello stesso pignoramento;
3. Una volta che l'ufficiale giudiziario ha pignorato un credito del debitore, questo è comunque assoggettato al pignoramento, proprio perché ancora nella disponibilità del debitore pignorato.

13. Il debitore, una volta che l'ufficiale giudiziario che ha eseguito il pignoramento, può evitarlo chiedendo la conversione del pignoramento?

1. No, ma per il semplice motivo che non è possibile convertire il pignoramento, tuttavia il debitore poteva evitare lo stesso pignoramento pagando l'intera somma dovuta nelle mani dell'ufficiale giudiziario, comprensiva delle spese di procedimento.
2. Sì, pagando nelle mani dell'ufficiale giudiziario l'intera somma dovuta, comprensiva delle spese, praticamente eviterà il pignoramento;
3. No, perché la conversione del pignoramento fa riferimento a un pignoramento già avvenuto, ed è per questo motivo che se ne chiede la conversione.

14. Cosa s'intende per estensione del pignoramento?

1. In generale si fa riferimento a quei casi in cui il pignoramento non sia stato sufficiente a soddisfare il creditore procedente e i creditori intervenuti, in tal caso il creditore procedente può invitare i creditori intervenuti a soddisfarsi su altri beni del debitore utilmente pignorabili, se questi non si avvalgono dell'invito del creditore che ha eseguito il pignoramento, saranno soddisfatti solo dopo la soddisfazione del creditore procedente;
2. Si fa riferimento a tutti i casi in cui il pignoramento si estende non solo sui beni pignorati del debitore, ma anche su beni di terzi erano a loro volta debitori del debitore che ha subito il pignoramento;
3. L'estensione del pignoramento si ha ogni qual volta i beni pignorati non siano sufficienti a soddisfare i creditori, sia il creditore procedente, sia i creditori intervenuti; in questo caso l'ufficiale giudiziario di sua iniziativa estende il pignoramento anche ad altri beni del debitore che siano utilmente pignorabili.

15. Nel processo esecutivo possono intervenire gli altri creditori del debitore che ha subito il pignoramento?

1. Sì, possono intervenire;
2. Sì, possono intervenire, e devono essere avvertiti dell'esistenza del pignoramento dal giudice dell'esecuzione;
3. Sì, possono intervenire ma solo quelli che hanno un diritto di prelazione sui beni pignorati.

16. Chi sono i creditori che possono intervenire nel processo esecutivo?

1. Come principio generale possono intervenire tutti i creditori così come stabilito dall'articolo 2741 del codice civile, ma in realtà il codice di procedura civile seleziona le categorie dei creditori che possono realmente intervenire nel processo;
2. Possono intervenire tutti gli altri creditori che come quello procedente hanno titolo esecutivo, mentre gli altri creditori non muniti di titolo non possono intervenire nel processo esecutivo, ma saranno costretti a munirsi di tale titolo;
3. Possono intervenire solamente i creditori che siano stati avvertiti dell'esistenza del processo esecutivo dal giudice dell'esecuzione.

17. In quali termini possono intervenire i creditori del processo esecutivo?

1. I creditori, in via generale, e salvi casi previsti dalle singole procedure espropriative, possono intervenire fino al momento in cui sarà distribuita la somma ricavata dalla vendita;
2. In via generale, e salvi casi previsti dalle singole procedure espropriative, i creditori possono intervenire fino al giorno fissato per il pignoramento;
3. In via generale, e salvi i casi previsti dalle singole procedure espropriative, i creditori possono intervenire con ricorso che deve essere depositato prima che sia tenuta l'udienza in cui è disposta la vendita o l'assegnazione;

18. Che cosa succede se è intervenuto un creditore non munito di titolo esecutivo?

1. Il creditore non munito di titolo esecutivo deve provocare il contraddittorio con il debitore, per verificare se quest'ultimo contesti o meno il suo credito; in caso di contestazione, il creditore potrà presentare istanza al giudice dell'esecuzione, affinché gli siano accantonate le somme che gli spetterebbero, ma per fare ciò dovrà dimostrare di aver proposto, nei 30 giorni successivi all'udienza dove è avvenuto il disconoscimento, l'azione necessaria affinché ottenga un titolo esecutivo;
2. Il creditore non munito di titolo esecutivo deve provocare il contraddittorio con il debitore, per verificare se quest'ultimo contesti o meno il suo credito; in caso di contestazione, il giudice dell'esecuzione accantonerà le somme che spettano al creditore che ha subito la contestazione, che comunque gli saranno consegnate quando il debitore, di nuovo sollecitato dal creditore, riconoscerà anche implicitamente di essere debitore del creditore non munito di titolo esecutivo;
3. Se è intervenuto un creditore non munito di titolo esecutivo, questi potrà ottenere la soddisfazione del suo credito, ma solo dopo che siano stati soddisfatti gli altri creditori muniti di titolo esecutivo; per evitare però tale situazione, non dovrà provocare un contraddittorio con il debitore, e se questi riconosce di essere tale, godrà della parità di trattamento con gli altri creditori;

19. Nel caso di concorso di creditori, si applicherà la regola della par condicio creditorum?

1. Sì, ma bisogna distinguere tra creditori muniti di titolo esecutivo, e creditori non muniti di titolo esecutivo; questi ultimi avranno diritto a concorrere con i creditori muniti di titolo esecutivo, solo quando il debitore avrà riconosciuto in udienza il loro credito;
2. Sì, ma bisognerà comunque rispettare le regole, in merito alla distribuzione della somma ricavata, tra creditori chirografari e creditori privilegiati;

3. No, perché il codice di procedura civile prevede un ordine di rimborso della somma ricavata tra diversi creditori, ed infatti saranno soddisfatti per primi quelli muniti di titolo esecutivo, sulla somma rimanente saranno soddisfatti i creditori che hanno delle cause legittime di prelazione, ed infine saranno soddisfatti i creditori chirografari, ovviamente non muniti di titolo esecutivo.

20. Qual è lo scopo della vendita forzata?

1. Scopo della vendita forzata, è quello di sottrarre fisicamente, e con l'assistenza delle forze dell'ordine, se è necessario, i beni al debitore.
2. Lo scopo della vendita forzata è quello di sanzionare il debitore inadempiente che ha subito il pignoramento;
3. Lo scopo è di trasformare i beni pignorati in danaro da distribuire ai creditori.

21. La vendita forzata fa acquistare all'aggiudicatario i beni a titolo originario o a titolo derivativo?

1. La questione è controversa, ma si ritiene che l'aggiudicatario acquisisca la proprietà dei beni a titolo derivativo;
2. Non ci sono dubbi circa il fatto che l'aggiudicatario acquisisca la proprietà dei beni venduti attraverso la vendita forzata a titolo originario;
3. In realtà l'aggiudicatario non acquista, attraverso la vendita forzata, un vero e proprio diritto di proprietà sui beni, ma questi gli sono concessi dallo Stato per un periodo di tempo indeterminato; al primo inadempimento da parte del aggiudicatario, i beni torneranno ad essere di proprietà del debitore, per poi essere di nuovo venduti forzatamente.

22. Che cosa s'intende per assegnazione dei beni pignorati?

1. L'assegnazione è il modo privilegiato per soddisfare i creditori del processo esecutivo; infatti questi saranno maggiormente soddisfatti quando diverranno proprietari dei beni pignorati, che poi saranno liberi di vendere o meno;
2. L'assegnazione è un modo alternativo alla vendita per soddisfare i creditori, nel senso che i beni pignorati invece di essere venduti, potranno essere assegnati in proprietà ai creditori del processo esecutivo; di solito all'assegnazione si giunge solo quando non si sia riusciti a vendere i beni pignorati;
3. I modi per soddisfare i creditori del processo esecutivo, sono la vendita e l'assegnazione; tuttavia l'assegnazione sarà possibile solo quando, prima del pignoramento, il creditore che chiede l'assegnazione, e il debitore abbiano stipulato un apposito patto, in base al quale, in caso di inadempimento del debitore, il bene oggetto della garanzia passi senz'altro al creditore. Il giudice dell'esecuzione non dovrà fare altro che prendere atto di tale patto, e quindi assegnare il bene al creditore.

22. a. Quando deve essere presentata l'istanza di vendita?

1. Di regola dopo 10 e non oltre 45 giorni dal pignoramento;
2. Di regola dopo 10 e non oltre 90 giorni dal pignoramento;
3. Di regola dopo 15 e non oltre 90 giorni dal pignoramento.

23. Che cosa avranno a oggetto le eventuali controversie sorte in occasione della distribuzione della somma ricavata?

1. Tali controversie avranno a oggetto la regolarità del processo esecutivo; queste controversie saranno discusse in occasione della distribuzione della somma ricavata;
2. Tali controversie sorgeranno tra i creditori concorrenti oppure tra creditore e debitore, o terzo assoggettato alla espropriazione, circa la sussistenza o l'ammontare di uno o più crediti, oppure circa la sussistenza dei diritti di prelazione;
3. Tali controversie sorgeranno tra debitore e creditori, quando il debitore intenda contestare la competenza per territorio del tribunale che sta svolgendo l'esecuzione.

24. Le controversie sorte in sede di distribuzione della somma ricavata, dopo la fase preliminare, saranno risolte secondo le forme dell'opposizione all'esecuzione, oppure secondo le forme dell'opposizione agli atti esecutivi?

1. Dell'opposizione all'esecuzione;
2. Dell'opposizione agli atti esecutivi;
3. Saranno risolte, in realtà, dopo la fase preliminare, secondo le forme del normale processo di cognizione.

25. In sostanza, come si svolge il pignoramento mobiliare?

1. In sostanza l'ufficiale giudiziario si reca materialmente dal debitore, o nei luoghi a lui appartenenti, e ricerca le cose da pignorare; individuate tali cose procederà a pignoramento;
2. In sostanza l'ufficiale giudiziario notifica un atto al debitore, in cui sono indicate le cose da pignorare;
3. In sostanza l'ufficiale giudiziario notifica un atto debitore, in cui sono indicate le cose da pignorare; successivamente si recherà presso il debitore per individuare e prendere materialmente le cose già pignorate.

26. Gli strumenti, gli oggetti e i libri indispensabili per l'esercizio della professione arte o mestiere, possono essere pignorati?

1. Sì, sono sempre pignorabili insieme altri beni del debitore, ma l'ufficiale giudiziario dovrà preferibilmente pignorare gli altri beni del debitore, prima di giungere al pignoramento di detti beni;
2. No, perché si tratta di beni assolutamente impignorabili;
3. Sì, ma solo quando gli altri beni mobili già pignorati siano insufficienti per soddisfare il creditore; in tal caso, salvo che si tratti di società, e di imprese commerciali, i beni potranno essere pignorati solo nei limiti di un quinto;

27. In che modo l'ufficiale giudiziario potrà valutare il valore dei beni pignorati?

1. L'ufficiale giudiziario stimerà i beni pignorati in base alla sua esperienza, ma può anche avvalersi dell'assistenza di un esperto;
2. L'ufficiale giudiziario stimerà il valore dei beni pignorati secondo dei listini che sono pubblicati su Internet dal tribunale di appartenenza;
3. L'ufficiale giudiziario stimerà il valore dei beni pignorati solo avvalendosi di uno stimatore regolarmente iscritto in un apposito albo, tenuto presso il ministero delle finanze; lo stimatore non sarà necessario, quando l'ufficiale giudiziario risulterà iscritto in tale albo.

28. Che cosa succede nel momento in cui l'ufficiale giudiziario trova un altro ufficiale giudiziario che già sta svolgendo un pignoramento sui beni del debitore?

1. In questo caso l'ufficiale giudiziario dovrà aspettare che il suo collega termini le operazioni; quando avrà finito potrà procedere al pignoramento sui beni non pignorati dal suo collega;
2. È il caso dell'unione di pignoramenti, in questa situazione l'ufficiale giudiziario provvederà a fare il pignoramento insieme al suo collega, e del pignoramento né sarà redatto un unico verbale;
3. L'ufficiale giudiziario dovrà aspettare che il suo collega termini le operazioni, successivamente provvederà a pignorare gli stessi beni già pignorati, redigendo apposito verbale separato da quello già redatto dal suo collega.

29. Il debitore può essere nominato custode dei beni pignorati?

1. Sì, ma con il consenso del creditore;
2. No, perché sarebbe troppo elevato il rischio per il creditore;
3. No, ma per il motivo che i beni pignorati sono sempre sottratti al debitore, e affidati a un istituto di vendite giudiziarie.

30. Se l'espropriazione mobiliare è di valore inferiore a € 20.000, si seguiranno regole parzialmente diverse dall'espropriazione mobiliare con beni di valore superiore a tale somma?

1. Sì, avremo l'ipotesi della piccola espropriazione, che prevede sempre automaticamente la diretta distribuzione della somma ricavata ai creditori;
2. Sì, avremo l'ipotesi della piccola espropriazione, perché può anche non aversi l'udienza prevista per l'assegnazione o la vendita dei beni pignorati;
3. No, salvo però il fatto che il creditore procedente non deve avvisare gli altri creditori muniti di diritti di prelazione il cui credito risulti da pubblici registri.

31. Come si iscrive a ruolo la causa in seguito al pignoramento mobiliare?

1. L'ufficiale giudiziario, compiute tutte le operazioni relative al pignoramento, deve consegnare senza ritardo al creditore il processo verbale, il titolo esecutivo e il precetto. Il creditore, ricevuti gli atti, deve effettuarne le copie conformi. La conformità delle copie è attestata dal suo avvocato, e il potere certificativo è riconosciuto all'avvocato solo in questo caso. Le copie autentiche del processo verbale, del titolo esecutivo e del precetto devono, insieme alla nota d'iscrizione a ruolo, essere depositate presso la cancelleria del giudice competente entro 15 giorni dalla consegna degli originali da parte dell'ufficiale giudiziario.
2. L'ufficiale giudiziario, compiute tutte le operazioni relative al pignoramento, deve consegnare senza ritardo al creditore il processo verbale, il titolo esecutivo e il precetto. Il creditore, ricevuti gli atti, deposita nella cancelleria del giudice competente il titolo esecutivo, il precetto, il verbale di pignoramento e la nota d'iscrizione a ruolo. Se tale operazione non avviene nei 15 giorni dalla consegna degli atti da parte dell'ufficiale giudiziario, il pignoramento effettuato perde efficacia.
3. L'ufficiale giudiziario, compiute tutte le operazioni relative al pignoramento, deposita il titolo esecutivo, il precetto e il verbale di pignoramento nella cancelleria del giudice competente. Ricevuti gli atti il cancelliere procederà a iscrivere la causa a ruolo.

32. Il pignoramento di un autoveicolo si svolge nella stessa maniera rispetto a tutti gli altri beni mobili?

1. No, l'ufficiale giudiziario prende materialmente i veicolo e lo porta nella custodia del creditore;nel caso in cui non abbia le chiavi del mezzo, provvede con l'ausilio di un carro attrezzi alla sua rimozione.
2. Sì, il fatto che gli autoveicoli siano registrati non vuol dire che non siano beni mobili; la differenza, semmai, sta nel fatto che su tali veicoli si può accendere ipoteca (perché registrati), mentre per la generalità dei beni mobili non registrati l'ipoteca non è ammissibile, e l'unica forma di garanzia è il pegno.
3. Trattandosi di un veicolo registrato il legislatore ha previsto una particolare procedura che prevede anche il coinvolgimento dei pubblici registri dove sono registrati gli autoveicoli e degli istituti di vendite giudiziarie, tuttavia si può procedere anche nelle forme ordinarie.

33. Nell'espropriazione mobiliare entro quale termine devono intervenire i creditori chirografari?

1. Devono intervenire contestualmente al pignoramento;
2. Devono intervenire non oltre l'udienza fissata per l'assegnazione o la vendita dei beni pignorati;
3. Devono intervenire prima che sia disposta la vendita o l'assegnazione dei beni pignorati.

34. Quale sarà la posizione dei creditori chirografari in caso di intervento tardivo in merito alla somma ricavata dalla vendita?

1. I creditori chirografari potranno soddisfarsi solo su quanto sarà avanzato dopo che siano stati soddisfatti gli altri creditori intervenuti tempestivamente;
2. I creditori chirografari non avranno alcun diritto sulla somma ricavata, e nel caso in cui questa sia superiore ai crediti del processo esecutivo, la parte eccedente sarà consegnata al debitore;
3. I creditori chirografari potranno comunque intervenire tardivamente, senza pregiudizio per il loro diritto, pagando all'erario una somma pari a un millesimo del loro credito, se è superiore a € 20.000, un centesimo del loro credito, se è inferiore a tale somma.

35. Nell'espropriazione mobiliare è prevista l'udienza dedicata alla distribuzione della somma ricavata?

1. No, non ci sarà tale udienza;
2. Sì, ci sarà questa udienza, e se i creditori non sono d'accordo sul progetto di distribuzione redatto dal giudice, sorgerà una controversia ex articolo 512;
3. No, non ci sarà questa udienza perché nell'espropriazione mobiliare si procede sempre con l'assegnazione dei beni pignorati ai creditori.

36. Nell'espropriazione mobiliare si può decidere fra la vendita o l'assegnazione, quando verrà presa tale decisione?

1. Questa decisione, nel caso in cui non si tratti di piccola espropriazione, è presa all'udienza dove si discute dell'assegnazione o della vendita; la decisione sarà presa dal presidente del tribunale;
2. Questa decisione, nel caso in cui non si tratti di piccola espropriazione, è presa all'udienza dove si discute dell'assegnazione o della vendita; la decisione sarà presa dal giudice dell'esecuzione;
3. La scelta fra assegnazione e vendita, è presa dai creditori nell'udienza in cui si discuterà circa le modalità dell'assegnazione o della vendita.

37. Si parla di vendita all'incanto o tramite commissionario, qual è la differenza?

1. La vendita all'incanto è quella affidata a un professionista iscritto in appositi albi o al notaio, mentre quella tramite commissionario è affidata a una commissione eletta dai creditori;
2. La vendita all'incanto è fatta attraverso la pubblicazione di beni da vendere sui giornali a ciò autorizzati, mentre quella tramite commissionario è fatta affidando l'incarico di vendere i beni al cancelliere del tribunale;
3. Sostanzialmente la vendita all'incanto è una vendita all'asta, dove il bene pignorato sarà aggiudicato all'offerente che abbia fatto l'offerta più alta, mentre la vendita tramite commissionario consiste in un mandato affidato a un soggetto detto, appunto, commissionario che avrà avuto l'incarico di vendere i beni pignorati.

38. Chi redige il piano di riparto delle somme ricavate dalla vendita nell'espropriazione mobiliare?

1. Il progetto è redatto dai creditori, ma nel caso in cui questi non si mettano d'accordo, sarà il giudice a provvedere alla distribuzione della somma ricavata dalla vendita dei beni pignorati;
2. Il progetto è redatto dal giudice dell'esecuzione, e nei casi in cui sorgano contestazioni circa la divisione operata dal giudice, sorgerà una controversia ex articolo 512;
3. Il progetto è redatto da un esperto nominato dal giudice dell'esecuzione iscritto in appositi Albi; lo stesso progetto è poi sottoposto all'approvazione dei creditori; se lo approvano, si procederà alla distribuzione della somma ricavata, se non lo approvano, sarà il giudice dell'esecuzione a procedere alla distribuzione.

39. Quando si procede all'espropriazione mobiliare presso terzi?

1. Quando si vogliano pignorare crediti che il debitore ha nei confronti dei terzi, oppure beni mobili del debitore che sono in possesso di terzi, ma di cui lui non ha la diretta disponibilità;
2. Si procede quando vi siano dei beni del debitore che non si trovano presso la residenza del debitore stesso;
3. Si procede a tale espropriazione quando il debitore ha venduto dei beni ad un terzo, in base a un atto che però è stato successivamente dichiarato nullo.

40. C'è un solo modo di procedere al pignoramento mobiliare presso terzi?

1. No, dipende dal tipo di bene sottoposto a pignoramento, cioè se è un bene mobile o credito;
2. Sì, dove si è mai visto che la stessa procedura possa svolgersi in due modi diversi?
3. No, la procedura è diversa quando la ricerca dei beni da pignorare è eseguita in via telematica ex art. 492 bis.

41. Nell'espropriazione mobiliare non telematica presso terzi come si procede al pignoramento?

1. Si procede attraverso la notifica di un atto al debitore e al terzo, il debitore è citato in giudizio ma l'ingiunzione contenuta nell'atto è rivolta al debitore ma non al terzo;
2. Si procede attraverso la notifica di un atto al debitore e al terzo, entrambi sono citati in giudizio.
3. Si procede nel modo ordinario, nel senso che l'ufficiale giudiziario si reca presso il domicilio del debitore e nei luoghi a lui appartenenti per ricercare le cose da pignorare;
4. Si procede attraverso la notifica di un atto al debitore e al terzo ingiungendo sia al debitore sia al terzo di non sottrarre alla garanzia del credito i beni pignorati.

42. Nel procedimento di espropriazione mobiliare presso terzi, come s'iscrive a ruolo la causa?

1. Eseguita l'ultima notificazione, l'ufficiale giudiziario consegna senza ritardo al creditore l'originale dell'atto di citazione. Entro 30 giorni, pena inefficacia del pignoramento, il creditore deve depositare nella cancelleria del *giudice competente* per l'esecuzione la nota di iscrizione a ruolo dell'atto di citazione, del titolo esecutivo e del precetto.
2. Eseguita l'ultima notificazione, l'ufficiale giudiziario consegna senza ritardo al creditore l'originale dell'atto di citazione. Entro 30 giorni, pena inefficacia del pignoramento, il creditore deve depositare nella cancelleria del giudice competente per l'esecuzione la nota di iscrizione a ruolo con le copie conformi dell'atto di citazione, del titolo esecutivo e del precetto. La conformità di queste copie è attestata dall'avvocato del creditore ai soli fini del pignoramento.
3. Eseguita l'ultima notificazione, l'ufficiale giudiziario deposita nella cancelleria del giudice competente il titolo esecutivo, il precetto e l'atto notificato al debitore e al terzo. Ricevuti gli atti, il cancelliere iscrive la causa a ruolo.

43. Come il terzo informa il creditore circa i suoi rapporti con il debitore?

1. Con una dichiarazione, da notificare al creditore tramite ufficiale giudiziario;
2. Con una dichiarazione che deve inviare al creditore procedente tramite una raccomandata o posta elettronica certificata;
3. Comparendo in udienza, ma solo nel caso in cui il terzo sia il datore di lavoro del debitore, e quindi si sia pignorato lo stipendio del debitore.

44. Che succede se il terzo non invia la dichiarazione al creditore nei 10 giorni dalla data della notifica dell'atto di citazione da parte del creditore?

1. Il giudice fissa con ordinanza una successiva udienza, che deve essere notificata al terzo almeno 10 giorni prima della data fissata per la nuova udienza;
2. Il credito pignorato o il possesso del bene di appartenenza del debitore, nei termini indicati dal creditore, si considera non contestato ai fini del procedimento in corso e il giudice procede alla vendita o all'assegnazione.
3. Il giudice rinvia a un'altra udienza la cui data fissa con ordinanza; nell'ordinanza si avverte espressamente il terzo che in caso di sua mancata comparizione si disporrà l'accompagnamento coattivo.

45. Che succede se il terzo, non avendo inviato la dichiarazione al creditore, non si presenta nemmeno all'udienza fissata dal giudice, o comparendo si rifiuta di rispondere?

1. Poiché il procedimento ha fallito il suo scopo, il pignoramento perderà efficacia, ma il terzo sarà tenuto al pagamento delle spese del giudizio nei confronti del creditore;
2. Si apre un normale processo di cognizione volto ad accertare la posizione del terzo;
3. Il credito pignorato o il possesso del bene di appartenenza del debitore, nei termini indicati dal creditore, si considera non contestato ai fini del procedimento in corso se è possibile in base allegazioni del creditore l'identificazione del credito o dei beni di appartenenza del debitore in possesso del terzo e quindi il giudice procede alla vendita o all'assegnazione.

46. *Nel caso in cui si siano individuati, in seguito alle ricerche telematiche ex art. 492 bis beni o crediti del debitore, ma nella disponibilità di terzi, come si procede con il pignoramento mobiliare presso terzi?*

1. Vi procede direttamente l'ufficiale giudiziario, notificando il verbale delle ricerche, comprensivo dell'ingiunzione ex art. 492 e della intimazione al terzo, al debitore e al terzo.
2. L'ufficiale giudiziario consegna al creditore il verbale di pignoramento, che lo stesso creditore provvederà a notificare al debitore e al terzo.
3. Individuati i beni, l'ufficiale giudiziario consegna il verbale delle ricerche effettuate al creditore che ha 30 gg. di tempo per notificare il normale atto di pignoramento mobiliare presso terzi al debitore e al terzo e per iscrivere la causa a ruolo.

47. *Nel caso di pignoramento eseguito in seguito alle ricerche telematiche ex art. 492 bis, quando il terzo dovrà emettere la dichiarazione ex art. 547?*

1. Deve comparire all'udienza fissata per l'assegnazione o la vendita.
2. Deve inviare al creditore e mezzo raccomandata o a mezzo posta elettronica certificata la dichiarazione ex art. 547 entro 10 giorni dalla notifica del atto di pignoramento svoltosi in seguito alla ricerche telematiche;
3. Deve inviare al creditore e mezzo raccomandata o a mezzo posta elettronica certificata la dichiarazione ex art. 547 entro 10 giorni dalla notifica del decreto del giudice dell'esecuzione che fissa la data per l'assegnazione o la vendita;

48. *Possono essere pignorati nelle forme del pignoramento mobiliare presso terzi, i crediti aventi per oggetto sussidi di grazia o di sostentamento a persone comprese nell'elenco dei poveri, oppure sussidi dovuti per maternità, malattie o funerali da casse di assicurazione, da enti di assistenza o da istituti di beneficenza?*

1. Sì, ma solo nella misura stabilita del giudice;
2. No, mai.
3. Sì, ma solo nei limiti di un quinto del loro valore.

49. *Vi sono differenze fra pignoramento mobiliare il pignoramento immobiliare?*

1. Sì, vi sono differenze, in quanto nel pignoramento mobiliare ufficiale giudiziario notifica un atto al debitore dove sono indicati i beni da pignorare, mentre nel pignoramento immobiliare, l'ufficiale giudiziario si reca materialmente presso l'immobile da pignorare, lo identifica, e esegue il pignoramento;
2. No, visto che si tratta comunque di atti di pignoramento;
3. Sì, si tratta di procedimenti diversi, il pignoramento immobiliare è più complesso del mobiliare.

50. *Il pignoramento immobiliare si conclude con la notifica dell'atto di pignoramento al debitore?*

1. Sì, il pignoramento immobiliare si conclude con la notifica dell'atto di pignoramento al debitore;
2. Si ritiene di no, perché il pignoramento immobiliare è una procedura, gli effetti del pignoramento decorrono dal momento in cui l'atto di pignoramento è trascritto presso i registri della conservatoria immobiliare;

51. *Come s'iscrive a ruolo la causa dopo il pignoramento immobiliare?*

1. Eseguita l'ultima notificazione, l'ufficiale giudiziario consegna senza ritardo al creditore l'atto di pignoramento e la nota di trascrizione restituitagli dal conservatore dei registri immobiliari. Il creditore ricevuti tali atti, deve depositare nella cancelleria del tribunale competente per l'esecuzione la nota d'iscrizione a ruolo, con le copie conformi del titolo esecutivo, del precetto e dell'atto di pignoramento e della nota di trascrizione entro 15 giorni dalla consegna dell'atto di pignoramento. La conformità delle copie è attestata dall'avvocato del creditore ma ai soli fini dell'iscrizione della causa a ruolo.
2. Eseguita l'ultima notificazione e ricevuta la nota di trascrizione da parte del conservatore dei registri immobiliari, l'ufficiale giudiziario consegna i detti documenti, insieme al titolo esecutivo e al precetto, al cancelliere del tribunale.
3. Eseguita l'ultima notificazione, l'ufficiale giudiziario consegna senza ritardo al creditore l'atto di pignoramento e la nota di trascrizione restituitagli dal conservatore dei registri immobiliari. Il creditore ricevuti tali atti, deve depositare nella cancelleria del tribunale competente per l'esecuzione la nota d'iscrizione a ruolo, del titolo esecutivo, del precetto e dell'atto di pignoramento e della nota di trascrizione entro 25 giorni dalla consegna dell'atto di pignoramento.

52. Nell'espropriazione immobiliare fino a che momento possono intervenire i creditori chirografari?

1. I creditori chirografari devono intervenire non oltre l'udienza fissata per l'autorizzazione alla vendita, se intervengono successivamente, si dovranno accontentare di quanto residua dalla somma ricavata;
2. I creditori chirografari devono intervenire non oltre l'udienza fissata per la discussione del progetto di distribuzione della somma ricavata, se intervengono successivamente si dovranno accontentare di quello che residua;
3. I creditori chirografari devono intervenire entro il termine di 90 giorni dal pignoramento, se intervengono successivamente dovranno accontentarsi di quanto residua dalla vendita.

53. Nell'espropriazione immobiliare, si segue il solito schema del pignoramento, istanza per la fissazione della data d'udienza per stabilire le modalità della vendita, vendita, ripartizione delle somme ai creditori?

1. No, perché dopo l'istanza volta fissare la data d'udienza in cui si discuterà della vendita, i creditori dovranno depositare ex articolo 567 comma due, tutta la documentazione relativa all'immobile pignorato;
2. Sì, lo schema è quello classico dell'espropriazione;
3. No, ci sono altri due passaggi, quello relativo alla documentazione da depositare dopo l'istanza volta a fissare la data d'udienza in cui si discuterà della vendita, e l'udienza prevista per la discussione del progetto di distribuzione redatto dal giudice

54. Nell'espropriazione immobiliare il giudice potrà decidere indifferentemente fra vendita e assegnazione?

1. No, il giudice dovrà disporre sempre la vendita, mentre all'assegnazione si giungerà solo in caso d'insuccesso della vendita;
2. Sì, il giudice potrà scegliere fra vendita e assegnazione secondo la convenienza dei creditori intervenuti nel processo di espropriazione;
3. No, il giudice dovrà prima di tutto verificare, se è presente un solo creditore, la possibilità dell'assegnazione, e solo quando questa sia rifiutata dal creditore, procederà alla vendita; se vi sono più creditori, la proposta di assegnazione è inviata a tutti creditori che partecipano all'espropriazione.

55. Nella espropriazione immobiliare, il giudice potrà scegliere indifferentemente fra vendita senza incanto e vendita con incanto?

1. Sì, il giudice potrà scegliere tra l'una e l'altra secondo le particolari convenienze dei creditori.
2. No, il giudice sceglierà sempre la vendita senza incanto, e solo in caso d'insuccesso, la vendita con incanto.

56. Nella espropriazione immobiliare effettuata attraverso vendita con incanto, l'aggiudicazione avviene automaticamente quando, dopo tre minuti dall'ultima offerta, non vi sono state altre offerte superiori?

1. Tendenzialmente sì, ma se entro 10 giorni dall'incanto è depositata un'altra offerta superiore di un quinto rispetto quella che ha vinto l'incanto, il giudice indice una gara indicando il termine per il deposito di ulteriori offerte, e quindi potrebbe accadere che si aggiudichi l'immobile un soggetto diverso rispetto a quello che aveva vinto il primo incanto;
2. Sì, una volta vinto l'incanto, l'aggiudicatario ha il diritto sul bene per cui ha fatto l'offerta più alta, anche se questa si può essere revocata nel momento in cui non abbia versato la somma offerta;
3. No, perché dopo l'offerta più alta, il soggetto incaricato della vendita, rinvia sempre l'incanto al giorno successivo; nel caso in cui nel giorno successivo, nessun offerente si presenti, oppure non vi siano altre offerte, l'aggiudicazione sarà fatta in maniera definitiva alla persona che aveva offerto di più del giorno precedente.

57. In che momento passerà la proprietà del bene immobile all'aggiudicatario?

1. La proprietà passerà all'aggiudicatario nel momento in cui ha vinto la gara sull'immobile, e quindi quando ha fatto l'offerta più alta; di conseguenza il giudice pronuncerà decreto di aggiudicazione del bene immobile all'offerente che ha vinto la gara o l'incanto;
2. La proprietà passerà all'aggiudicatario solo dopo che avrà versato completamente il prezzo dell'immobile, e precisamente quando il giudice, dopo il pagamento, avrà pronunciato decreto di aggiudicazione del bene immobile;
3. La proprietà passerà all'aggiudicatario solo dopo che il giudice avrà verificato che l'aggiudicazione è avvenuta correttamente, e che non vi siano state opposizioni alla stessa aggiudicazione; dopo queste verifiche pronuncerà decreto di aggiudicazione, e l'immobile passerà in proprietà all'offerente che ha offerto una somma più alta.

57.a. Che succede, nel caso in cui il prezzo del bene aggiudicato debba essere corrisposto a rate quando l'aggiudicatario non le paga?

1. Dopo la terza rata non pagata decade dall'aggiudicazione;
2. Non è possibile che il prezzo sia versato a rate;
3. Vi sarà la decadenza nei confronti dell'aggiudicatario che non avrà versato anche una sola rata entro 10 giorni dal termine fissato dal giudice

58. Nella espropriazione immobiliare, cosa succede se i creditori non approvano il progetto di distribuzione preparato dal giudice dell'esecuzione?

1. Il giudice non procede alla distribuzione della somma ricavata, e fissa la data di un'altra udienza per permettere un accordo fra i diversi creditori; alla successiva udienza se questo accordo è raggiunto, si procederà alla distribuzione della somma ricavata, se invece l'accordo non è raggiunto, il giudice procederà comunque alla distribuzione della somma ricavata secondo il suo originario progetto; l'ordinanza del giudice è impugnabile secondo le forme delle opposizione agli atti esecutivi;
2. Il giudice procede comunque alla distribuzione della somma ricavata secondo il suo progetto, ma i creditori dissenzienti potranno impugnare l'ordinanza del giudice secondo le forme dell'opposizione all'esecuzione;
3. Si apre una controversia ex articolo 512.

59. È possibile espropriare dei beni indivisi? E cosa s'intende per bene indiviso?

1. Sì, è possibile espropriare questi beni; bene indiviso è quello in comproprietà di più persone;
2. Sì, è possibile, anche se molto complicato perché un bene è indiviso quando non può essere materialmente diviso in parti;
3. No, non è possibile tale tipo di espropriazione, perché se un bene è in comproprietà di più soggetti, ed è anche indivisibile, e quindi indiviso, non sarà possibile l'espropriazione di tale bene per un debito di un solo comproprietario, ma se tutti i comproprietari sono debitori in solido, allora sarà possibile tale espropriazione, che non avrà alcuna differenza rispetto a quella ordinaria, salvo che il precetto dovrà essere notificato a tutti i comproprietari debitori.

60. Nella espropriazione dei beni indivisi, quali sono le differenze rispetto alla normale espropriazione?

1. La differenza sta nel fatto che prima del pignoramento è notificato avviso agli altri comproprietari non debitori; nell'avviso, sottoscritto dal creditore che ha notificato il precetto, vi sarà l'indicazione del bene da pignorare, e l'invito agli altri comproprietari a non dividere il bene senza l'autorizzazione del giudice.
2. La differenza sta nel fatto che prima del pignoramento è notificato avviso agli altri comproprietari non debitori; nell'avviso, sottoscritto dal creditore che ha notificato il precetto, vi sarà l'indicazione del bene da pignorare, e l'invito agli altri comproprietari a non dividere il bene prima dello stesso pignoramento;
3. La differenza sta nel fatto che del pignoramento è dato avviso anche agli altri comproprietari non debitori, nell'avviso, sottoscritto dal creditore pignorante, vi sarà l'indicazione del bene pignorato, la data dell'atto di pignoramento, e della trascrizione di esso e l'indicazione del creditore pignorante;

61. È possibile che l'espropriazione possa avvenire legittimamente contro un terzo proprietario del bene immobile, ma non debitore?

1. Sì, è possibile, può accadere, per esempio, in seguito all'esperimento e al successo di un'azione revocatoria;
2. Si, è possibile, può accadere, per esempio, quando il proprietario si sia accollato il debito di un'altra persona, e quest'ultima non abbia poi onorato il debito; di conseguenza i creditori di quest'ultimo debitore procedono espropriando il bene di colui che si è accollato il debito originario, e nel caso in cui questi non paghi, procedono all'espropriazione del bene immobile di sua proprietà;
3. No, non è mai possibile, anche se il codice prevede espressamente queste ipotesi, ma in realtà si tratta di una finzione, perché chi subisce l'espropriazione solo formalmente è proprietario non debitore, mentre sostanzialmente non solo è proprietario del bene da espropriare, ma è anche debitore, e quindi la sua posizione non può mai essere equiparata a quella di un terzo.

62. Perché si parla di esecuzione in forma specifica?

1. Si parla di esecuzione in forma specifica perché si fa riferimento a regole particolari in relazione a tipi particolari di beni da espropriare; nei casi previsti dal codice per determinati beni, come quelli appartenenti al demanio, si useranno regole particolari, appunto regole specifiche;
2. Si usa questo termine perché l'interesse del creditore non è quello di avere una somma di danaro, ma di avere una specifica prestazione da parte del debitore, che può consistere in obblighi di fare o di non fare, o della consegna o rilascio di beni mobili o immobili;
3. Si parla di esecuzione in forma specifica perché il giudice dell'esecuzione integra con sua ordinanza il titolo esecutivo del creditore, con norme speciali che si riferiscono al tipo di bene da espropriare, o da consegnare al creditore.

63. Che differenza c'è tra l'esecuzione per consegna e quella del rilascio?

1. La differenza fondamentale sta nel fatto che l'esecuzione per consegna fa riferimento a beni mobili, mentre quella del rilascio fa riferimento a beni immobili;
2. La differenza fondamentale sta nel fatto che nell'esecuzione per consegna il debitore è venuto meno a uno specifico obbligo di consegnare il bene presso il domicilio del creditore, mentre in quella del rilascio il debitore è venuto meno di uno specifico obbligo di consegnare il bene al creditore presso il suo domicilio, quando questi si sia presentato e non abbia ottenuto niente dallo stesso debitore;
3. La differenza fondamentale sta nel fatto che nell'esecuzione per consegna si seguono le regole previste per l'espropriazione mobiliare, mentre nell'esecuzione del rilascio si seguono le regole previste per l'espropriazione immobiliare, visto che la prima fa riferimento a beni mobili, mentre la seconda fa riferimento a beni immobili.

64. La procedura nell'esecuzione per consegna e quella per rilascio è identica?

1. Fondamentalmente sì, ma nell'esecuzione per rilascio l'ufficiale giudiziario comunica almeno 10 giorni prima alla parte che tenuta a rilasciare l'immobile il giorno e l'ora in cui si presenterà per procedere alla esecuzione;
2. Fondamentalmente sì, ma nell'esecuzione per rilascio l'ufficiale giudiziario comunica almeno 5 giorni prima alla parte che tenuta a rilasciare l'immobile il giorno e l'ora in cui si presenterà per procedere alla esecuzione;
3. Le procedure sono profondamente diverse, perché nell'esecuzione per rilascio, prevista per i beni immobili, l'ufficiale giudiziario dovrà notificare un atto di pignoramento, dove è indicato esattamente il bene da rilasciare; l'atto sarà poi successivamente trascritto presso la conservatoria dei registri immobiliari, e solo dopo tale trascrizione si procederà *all'esecuzione.*

65. L'esecuzione degli obblighi di fare o di non fare è tecnicamente possibile quale che sia l'obbligo da eseguire o non eseguire?

1. Sì, anche quando si tratta di obblighi di fare infungibili, il giudice, attraverso una particolare procedura potrà non solo sanzionare il debitore inadempiente ma nominare un commissario ad acta che si occupi dell'esecuzione in forma specifica;

2. No, se si tratta di obblighi di fare infungibili, il creditore, di fronte al rifiuto del debitore di adempiere, non avrà altra strada che quella della richiesta di risarcimento del danno, anche se il giudice potrebbe sanzionare, su richiesta del creditore, il debitore inadempiente a pagare una serie di somme al creditore fino a quando l'obbligo non sarà eseguito;
3. Sì, l'esecuzione è sempre possibile quale che sia l'obbligo del debitore inadempiente.

65.a. Nelle esecuzioni vi possono essere delle difficoltà, il legislatore ha escogitato un modo particolare per spingere il debitore ad adempiere?

1. No, c'è già tutta la disciplina del processo esecutivo che dovrebbe essere sufficiente a spingere il debitore ad adempiere;
2. Sì, attraverso la minaccia di sanzioni penali nei confronti del debitore inadempiente;
3. **Sì, ma solo per le esecuzioni diverse dal pagamento di somme di denaro. In questo caso il giudice direttamente nel provvedimento di condanna il giudice, salvo che sia manifestamente iniquo, fissa, su richiesta di parte, la somma di denaro dovuta dall'obbligato per ogni violazione o inosservanza successiva ovvero per ogni ritardo nell'esecuzione del provvedimento, determinandone la decorrenza.**

66. Qual è la differenza fondamentale tra l'opposizione all'esecuzione dell'opposizione agli atti esecutivi?

1. Nell'opposizione all'esecuzione il debitore fa valere un diritto suo proprio, mentre nell'opposizione agli atti esecutivi è il terzo che propone opposizione, quando per errore abbia subito l'esecuzione per un debito altrui;
2. **Nell'opposizione all'esecuzione si contesta il diritto del creditore a procedere all'esecuzione, mentre nell'opposizione agli atti esecutivi si contesta la regolarità formale degli atti che precedono l'esecuzione, compresa la nullità del precetto, oppure la validità o la regolarità dei singoli atti dell'esecuzione stessa;**
3. Mentre con l'opposizione all'esecuzione si incardina un processo di merito volto a verificare il diritto del creditore a procedere con l'esecuzione, l'opposizione agli atti esecutivi ha natura cautelare, ed è quindi chiesta dal debitore nei casi in cui vi sia il periculum in mora.

66.a. Quando può essere presentata un'opposizione all'esecuzione nell'esecuzione per espropriazione?

1. Nell'ordinario termine prescrizionale di 10 anni;
2. **L'opposizione è inammissibile se è proposta dopo che è stata disposta la vendita o l'assegnazione a norma degli articoli 530, 552, 569, salvo che sia fondata su fatti sopravvenuti oppure l'opponente dimostri di non aver potuto proporla tempestivamente per causa a lui non imputabile.**
3. L'opposizione è inammissibile se è proposta dopo dieci giorni stata disposta la vendita o l'assegnazione a norma degli articoli 530, 552, 569, salvo che sia fondata su fatti sopravvenuti ovvero l'opponente dimostri di non aver potuto proporla tempestivamente per causa a lui non imputabile.

67. Nel caso di opposizione all'esecuzione, c'è differenza tra l'opposizione proposta prima che sia iniziato il processo di esecuzione, e quella proposta dopo che sia iniziato il processo di esecuzione?

1. Sì, vi è una notevole differenza, perché con l'opposizione proposta prima che sia iniziata l'esecuzione, il debitore chiede l'accertamento circa l'esistenza del diritto del creditore a procedere all'esecuzione, mentre se l'opposizione è presentata dopo che sia iniziato il processo esecutivo, il debitore non solo chiede

l'accertamento circa il diritto del creditore a procedere all'esecuzione, ma chiede anche di accertare la regolarità del processo esecutivo;
2. No, sostanzialmente è lo stesso procedimento, solo che se l'opposizione è proposta prima che sia iniziata esecuzione, non vi sarà alcuna richiesta di sospensione dell'esecuzione;
3. Sì, la differenza è di natura formale, perché prima dell'esecuzione l'opposizione è proposta con citazione davanti al giudice normalmente competente per il merito, mentre dopo l'inizio l'esecuzione, l'opposizione è proposta con ricorso davanti al giudice dell'esecuzione.

68. Nel caso in cui sia proposta opposizione all'esecuzione dopo l'inizio del processo esecutivo, è possibile che il giudice dell'esecuzione si dichiari non competente per l'opposizione e rimetta le parti davanti al giudice competente?

1. Sì, è possibile;
2. No, non è possibile perché comunque il giudice dell'esecuzione è sempre competente sulle opposizioni che sono proposte davanti a lui.

69. Nel caso di opposizione agli atti esecutivi, c'è differenza se questa è proposta prima dell'esecuzione, o dopo l'esecuzione?

1. Sì, c'è differenza perché se proposta prima dell'esecuzione questa sarà fatta attraverso citazione, mentre dopo l'esecuzione sarà proposta con ricorso;
2. No, non c'è alcuna differenza, perché in entrambi casi bisognerà depositare un ricorso al giudice dell'esecuzione;
3. Sì, c'è differenza, perché se proposta prima dell'esecuzione dovrà essere presentata con ricorso al giudice normalmente competente per il merito, mentre dopo l'esecuzione sarà proposta con citazione davanti al giudice dell'esecuzione.

70. Nel caso di opposizione agli atti esecutivi proposta dopo che sia iniziata l'esecuzione, il giudice dell'esecuzione potrà poi trattare la causa di merito?

1. No, il giudice dell'esecuzione non potrà poi trattare la successiva causa di merito;
2. Sì, il giudice dell'esecuzione potrà trattare anche la successiva causa di merito, perché unico è il procedimento di opposizione agli atti esecutivi.

71. Nel caso di opposizione agli atti esecutivi proposta dopo che sia iniziata esecuzione, i termini di comparizione del giudizio di merito sono gli stessi previsti ex articolo 163 bis?

1. Trattandosi di un giudizio di merito, i termini sono identici a quelli previsti dall'articolo 163 bis.
2. No, perché sono ridotti alla metà;

72. Nel caso di opposizione agli atti esecutivi, e di opposizione all'esecuzione, proposti dopo l'inizio l'esecuzione, quando la parte che intende proseguire nel giudizio di merito dovrà costituirsi in giudizio?

1. Dopo la notifica della citazione, la parte si costituirà in giudizio, ma poiché i termini di comparizione sono ridotti della metà, il termine di costituzione della parte sarà anche essere ridotto della metà, passando da 10 a cinque giorni;
2. Dopo la notifica della citazione, la parte si costituirà in giudizio rispettando il normale termine di 10 giorni dalla notifica della citazione;
3. Prima della notifica della citazione, la parte che ha interesse a proseguire l'opposizione dovrà prima iscrivere la causa ruolo, e successivamente iniziare il giudizio di merito con la notifica della citazione;

73. Quando un terzo può fare opposizione all'esecuzione?

1. Quando un terzo pretende di avere la proprietà o altro diritto reale sui beni pignorati;
2. Quando un terzo vuole impugnare il titolo esecutivo perché frutto della frode o collusione delle parti ai suoi danni;
3. Quando un terzo ha ricevuto un'errata notifica del titolo esecutivo o del precetto;
4. Quando un terzo subisce l'esecuzione per consegna.

74. Questa opposizione è assimilabile all'opposizione all'esecuzione o agli atti esecutivi?

1. All'opposizione agli atti esecutivi;
2. All'opposizione all'esecuzione;
3. Né all'una né all'altra, è un procedimento con sua specifiche peculiarità.

75. Come si propone questa opposizione?

1. Con citazione al giudice normalmente competente per il merito;
2. Con ricorso al giudice dell'esecuzione;
3. Con ricorso al presidente del tribunale.

76. Il terzo, per vedere riconosciuto il suo diritto, cosa dovrà provare?

1. Deve provare il suo diritto con un documento avente date certa anteriore al pignoramento, ma la prova testimoniale è anche ammissibile se per la professione o il commercio del debitore o dello stesso terzo appare verosimile che il debitore avesse presso di sé beni di terzi;
2. Deve provare il suo diritto con un documento avente date certa anteriore al pignoramento, la regola non ammette eccezioni;
3. Deve provare il suo diritto con un documento avente date certa anteriore al precetto, ma la prova testimoniale è anche ammissibile secondo le normali regole del processo di cognizione;

77. La sospensione del processo esecutivo avviene negli stessi casi della sospensione del processo di cognizione?

1. No, nel processo di cognizione il processo si sospende per questioni di pregiudizialità dipendenza, nel processo esecutivo per i motivi più vari, spesso rapportabili a esigenze cautelari;
2. No, nel processo di cognizione il processo di sospende per assicurare il contraddittorio tra le parti, nel processo esecutivo per risolvere questioni di pregiudizialità dipendenza;
3.Sì, i casi sono gli stessi, solo che nel processo esecutivo è disposta sempre dal giudice dell'esecuzione.

78. Da chi è disposta la sospensione del processo esecutivo?

1. Solo dal giudice dell'esecuzione, salvo i casi in cui le parti abbiano scelto il procedimento arbitrale;
2. Dal giudice dell'esecuzione, ma sono molti i casi in cui è il giudice del processo di cognizione che dispone la sospensione quando davanti a lui è stato impugnato il titolo esecutivo;
3. Dal presidente del tribunale presso cui è iniziata l'esecuzione.

79. E' possibile che il processo di esecuzione sia sospeso su istanza di parte?

1. Sì, è possibile;
2. No.
3. Solo se il giudice dell'esecuzione lo autorizzi.

80. L'estinzione del processo esecutivo è rilevabile d'ufficio?

1. No, solo su eccezione di parte, accade per quella del processo di cognizione;
2. Sì, come accade per quella del processo di cognizione.

81. L'ordinanza che dichiara l'estinzione è impugnabile?

1. Sì, con reclamo al collegio;
2. Sì, in appello;
3. No.

Sezione quinta; Il processo cautelare e arbitrato.

Processo cautelare: Domande

1. In che cosa il processo cautelare si distingue da quello di cognizione?

1. Quello di cognizione consiste, fondamentalmente in un accertamento, quello cautelare, invece, è volto a porre rimedio a una situazione che in attesa del provvedimento finale del processo di cognizione, potrebbe ledere la posizione della parte in maniera grave o irreparabile;
2. Il processo di cognizione è basato su un accertamento, quello cautelare serve a tradurre in fatti concreti quanto è stabilito da una sentenza;
3. Il processo di cognizione si aziona in presenza del fumus boni iuris e del periculum in mora, quello cautelare prevede gli stessi presupposti, ma solo se questi sono fondati su un titolo esecutivo cautelare.

2. Cosa s'intende per periculum in mora?

1. E' il pericolo che corre il debitore quando il creditore rifiuti l'adempimento; in tal caso il creditore è in mora, e c'è il pericolo che persistendo nel rifiuto le ragioni del debitore siano lese in maniera grave o irreparabile;

2. E' il pregiudizio che corre il creditore quando il suo debitore, costituito in mora, non adempia alla sua prestazione;
3. E' il pericolo nel ritardo, cioè il pericolo che corre la parte che per far valere il suo diritto con provvedimento definitivo di cognizione rischia di vedere lesa la sua posizione in maniera grave o irreparabile;

3. *I provvedimenti cautelari possono passare in giudicato?*

1. Sì, solo se lo dispone il giudice;
2. Sì, solo in particolari casi, come nell'ipotesi ex art. 700;
3. No, mai;

4. *I provvedimenti cautelari possono conservare efficacia anche se non segue il giudizio di merito?*

1. Sì, fermo restando che non hanno efficacia di giudicato, provvedimenti come quello previsto dall'art. 700, o di nuova opera e danno temuto e tutti quelli che sono in grado di anticipare gli effetti della sentenza di merito possono conservare efficacia anche se non segue o si estingue il procedimento di merito;
2. Sì, solo i provvedimenti ex art. 700, possono conservare efficacia anche se non segue o si estingue il procedimento di merito;
3. No, se non possono passare mai in giudicato non possono conservare, in caso di mancato inizio del processo di merito, alcun tipo di efficacia.

5. *Il rito cautelare uniforme si applica solo ai provvedimenti cautelari previsti dal codice di procedura civile?*

1. Sì, si applica solo ai procedimenti cautelari previsti dal codice di procedura civile;
2. No, ha una portata generale, in quanto si applica sia agli procedimenti previsti dal codice di rito, sia a quelli previsti dal codice civile, sia, infine, a quelli previsti da leggi speciali, sempre che tutti questi procedimenti non abbiano regole particolari da doversi applicare;
3. No, si applica ai procedimenti cautelari previsti dal codice civile e di procedura civile.

6. *Il giudice di pace può pronunciare provvedimenti cautelari?*

1. No, la competenza spetta solo al tribunale, nel caso in cui la questione di merito fosse di competenza del giudice di pace;
2. Sì, ma solo quando il provvedimento cautelare richiesto durante la pendenza di un giudizio proposto davanti al giudice di pace;
3. Sì, se si tratta di provvedimenti che comunque fanno riferimento a una questione di competenza del giudice di pace, il provvedimento cautelare sarà proposto davanti a lui.

7. *Come s'introduce un giudizio cautelare?*

1. Con istanza da presentarsi al presidente del tribunale;
2. Con una citazione;
3. Con ricorso.

8. Cosa dovrà accertare il giudice in sede di giudizio cautelare?

1. Fondamentalmente, oltre alla legittimazione delle parti e all'interesse di agire, il fumus boni iuris e soprattutto periculum in mora, ma dovrà anche verificare se è competente a pronunciare il provvedimento cautelare;
2. Il giudice dovrà accertare l'esistenza del diritto vantato da chi chiede il provvedimento cautelare, oltre che verificare se esista in periculum in mora;
3. Il giudice dovrà accertare il fumus boni iuris, e solo in presenza di quest'elemento, che di per sé assorbe anche il periculum in mora, concederà il provvedimento cautelare.

9. Di regola, con quale provvedimento il giudice concederà, o meno, il provvedimento cautelare?

1. Con sentenza;
2. Con decreto;
3. Con ordinanza.

10. Il provvedimento cautelare è stato concesso prima che sia iniziato il giudizio di merito, normalmente, il giudice, che cosa dovrà fare?

1. Il giudice dovrà fissare alle parti un termine non superiore a 60 giorni affinché le parti inizino un giudizio di merito;
2. Il giudice dovrà fissare alle parti un termine non superiore a 90 giorni, affinché le parti inizino un giudizio di merito;
3. Il giudice, una volta pronunciato il provvedimento cautelare, fisserà la data di un'udienza, in un termine non superiore a 60 giorni dalla data dell'ordinanza che ha concesso il provvedimento cautelare, per proseguire il giudizio nel merito.

11. Cosa succede se nei 60 giorni il giudizio di merito non è iniziato?

1. In tutti i casi di provvedimenti cautelari, il mancato inizio entro 60 giorni del procedimento merito, comporterà l'inefficacia del provvedimento cautelare, salvo il caso, però, dell'articolo 700;
2. Per le ipotesi previste dall'art.700, denuncia di nuova opera o di danno temuto, ai provvedimenti di sospensione delle delibere assembleari ex art. 1137 cc. comma 4, provvedimenti che possono anticipare gli effetti di una sentenza di merito previsti o dal codice civile o da leggi speciali, il provvedimento cautelare manterrà la sua efficacia, anche se non passerà in giudicato, negli altri casi diventerà inefficace;
3. Nel caso in cui nei 60 giorni non sia iniziato il procedimento di merito, la parte più diligente con atto notificato all'altra parte riassumerà il procedimento cautelare, chiedendo al giudice di fissare una nuova data per iniziare il procedimento di merito; nel caso in cui, però, dopo la nuova data fissata dal giudice non si dia luogo a procedimento di merito, il giudice cancellerà la causa dal ruolo, e non sarà più possibile chiedere il provvedimento cautelare relativamente a quella situazione.

12. E' possibile che un provvedimento cautelare sia preso con decreto?

1. Sì è possibile, e ciò accade quando la convocazione della controparte potrebbe pregiudicare l'attuazione del provvedimento, e quindi in seguito al ricorso, il giudice decide la questione, senza sentire d'altra parte, con

decreto motivato, ma che poi dovrà essere confermato modificato o revocato, nel contraddittorio con l'altra parte, con ordinanza.
2. Sì è possibile, e ciò accade quando la convocazione della controparte potrebbe pregiudicare l'attuazione del provvedimento, e quindi in seguito al ricorso il giudice decide la questione, senza sentire d'altra parte, con decreto motivato chiudendo la procedura.
3. No, anche in casi di estrema urgenza, tanto da non permettere che sia sentita l'altra parte, il giudice pronuncerà sempre ordinanza, anche quando, in seguito all'instaurazione del contraddittorio, dovrà modificare confermare o revocare il provvedimento cautelare già preso.

13. È possibile impugnare il provvedimento cautelare?

1. Sì è possibile, si può sempre chiedere la revoca o la modifica del provvedimento cautelare allo stesso giudice che lo ha pronunciato, ma solo quando si verifichino mutamenti di circostanze;
2. Sì è possibile sempre impugnare il provvedimento cautelare preso dal tribunale in composizione monocratica, proponendo appello alla corte di appello entro 15 giorni dall'ordinanza che ha deciso la questione cautelare;
3. Sì è possibile, per esempio se l'ordinanza è stata presa dal tribunale monocratico, si può proporre reclamo al collegio con ricorso entro il termine perentorio di 15 giorni dall'ordinanza, oppure dalla sua comunicazione se è stata presa fuori di udienza.

14. Poniamo che il procedimento di merito non è iniziato nel termine perentorio di cui all'articolo 669-octies, oppure successivamente al suo inizio si estingue il provvedimento cautelare, questo perde automaticamente la sua efficacia ?

1. No, sarà necessario seguire una procedura davanti al giudice che emise il provvedimento cautelare; il giudice che ha emesso il provvedimento, su ricorso della parte interessata, convocate le parti con decreto in calce al ricorso, dichiara con ordinanza avente efficacia esecutiva, che il provvedimento è divenuto inefficace e dà le disposizioni necessarie per ripristinare la situazione precedente;
2. Sì, il mancato inizio del processo di merito o la sua estinzione comporterà l'inefficacia automatica del provvedimento cautelare;
3. No, sarà necessario seguire una procedura, e infatti entro 15 giorni dalla scadenza dei termini per iniziare il procedimento cautelare, oppure entro 15 giorni dall'ordinanza di dichiarazione dell'estinzione del processo, la parte interessata, con reclamo al collegio, dovrà chiedere che sia dichiarata l'inefficacia del provvedimento cautelare.

15. Nel caso in cui l'istanza cautelare sia stata rigettata, per insussistenza dei presupposti di fumus boni iuris o del periculum in mora, è possibile riproporre istanza di provvedimento cautelare per gli stessi fatti?

1. Sì, ma solo se si adducano dei mutamenti di circostanze, oppure si fanno valere nuove situazioni di fatto di diritto;
2. No, l'unico modo per procedere di fronte a un rigetto della richiesta di provvedimento cautelare, è quello di proporre reclamo;
3. No, una volta rigettata la richiesta, su questa si è formato il giudicato, e quindi non è possibile alcun tipo di riproposizione o impugnazione.

16. È possibile chiedere la revoca o la modifica del provvedimento cautelare? E se sì, davanti a chi?

1. È possibile chiedere tale revoca è tale modifica, quando si allegano fatti anteriori alla concessione del provvedimento cautelare, di cui si è acquisita la conoscenza solo successivamente al provvedimento, oppure quando avvengano mutamenti di circostanze, rispetto al momento in cui è stato concesso il provvedimento; la richiesta è proposta al giudice istruttore della causa di merito, anche quando il provvedimento sia stato concesso prima dell'inizio della causa di merito, ma se il giudizio di merito non è stato ancora iniziato, la domanda di revoca o di modifica la proposta allo stesso giudice che ha emesso il provvedimento cautelare, e ugualmente accade quando il giudizio di merito sì è estinto;
2. È possibile chiedere tale revoca e tale modifica, quando si allegano fatti anteriori alla concessione del provvedimento cautelare, di cui si è acquisita la conoscenza solo successivamente al provvedimento, oppure quando vengano mutamenti di circostanze, rispetto al momento in cui è stato concesso il provvedimento, la richiesta è proposta, in tutti i casi, al giudice istruttore della causa di merito, ma se il processo si è estinto, la richiesta va presentata con reclamo al collegio;
3. Non è mai possibile chiedere la revoca o la modifica del provvedimento cautelare già emesso, visto che l'unica possibilità concessa dal codice di procedura civile e quella dell'impugnazione attraverso reclamo davanti al collegio.

17. Come si attua il provvedimento cautelare?

1. Si seguiranno le forme previste per l'espropriazione, se il provvedimento ha ad oggetto somme di danaro o cose mobili fungibili, quelle previste per l'esecuzione in forma specifica, se a oggetto beni immobili, oppure obblighi di fare o di non fare;
2. Se il provvedimento ha a oggetto somme di danaro, l'attuazione sarà effettuata attraverso le forme del pignoramento, se compatibili, mentre gli altri casi il giudice determinerà le modalità di attuazione del provvedimento cautelare;
3. A seconda del tipo di provvedimento emesso dal giudice, la legge prevede una specifica procedura per la sua attuazione, da seguire in caso per caso.

18. Qual è la differenza fondamentale tra il sequestro giudiziario e il sequestro conservativo?

1. Il sequestro giudiziario è disposto dal giudice quando il ricorrente abbia timore di perdere la garanzia dei beni oggetto di un credito, mentre il sequestro conservativo e chiesto al giudice quando il ricorrente tema che il bene in possesso o in proprietà dell'altra parte, possa essere deteriorato o distrutto;
2. Sono molto diversi fra di loro, anche nella procedura; fermo restando la generale possibilità di applicare il rito cautelare uniforme, nel sequestro conservativo abbiamo un creditore che ha il fondato timore di perdere la garanzia del proprio credito, mentre nel sequestro giudiziario abbiamo l'esistenza di una controversia sulla proprietà o in possesso, che comporta, come conseguenza, l'opportunità di provvedere alla custodia o alla gestione dei beni controversi;
3. Non vi sono differenze fondamentali tra sequestro giudiziario e sequestro conservativo, in quanto entrambi tendono a conservare i beni sottraendoli a chi li detiene, solo che il sequestro giudiziario è chiesto al tribunale in composizione collegiale, mentre il sequestro conservativo e chiesto al tribunale in composizione monocratica.

19. In quali casi è possibile la denuncia di danno temuto?

1. È possibile chiedere questo provvedimento cautelare, quando il comportamento del proprietario o del possessore del bene faccia ritenere la probabile esistenza di un reato; in tal caso, condizione di procedibilità della richiesta, è la presentazione di una denuncia innanzi alle autorità di polizia;
2. È possibile chiedere tale provvedimento cautelare, quando il creditore tema di perdere la garanzia del proprio credito, per le attività fraudolente del suo debitore;
3. È possibile chiedere tale provvedimento cautelare quando si vuole neutralizzare una situazione di pericolo dalla quale potrebbe scaturire un danno grave e prossimo, come ad esempio un muro che sta per crollare su una casa.

20. In che termini si può chiedere il provvedimento di denuncia di nuova opera?

1. Fin quando l'opera è in corso è sempre possibile agire con la denuncia di nuova opera;
2. Il termine è di un anno dall'inizio dell'opera, purché questa non sia terminata;
3. È possibile chiedere tale provvedimento cautelare entro un anno dalla cessazione dell'opera.

21. Qual è la differenza fondamentale tra l'azione di manutenzione e l'azione di reintegrazione?

1. Nell'azione di manutenzione il soggetto vuole essere mantenuto il suo possesso, quando sia molestato turbato in questo, mentre nell'azione di reintegrazione, il possessore è stato violentemente o clandestinamente spogliato del suo possesso;
2. Nell'azione di manutenzione il proprietario vuole che cessino le turbative al suo diritto di proprietà, mentre l'azione di reintegrazione verrà esperita quando il proprietario è stato spogliato dal suo possesso, e chiederà, quindi, che sia riconosciuto come proprietario, e quindi reintegrato nel suo possesso;
3. L'azione di manutenzione è un'azione possessoria che può essere chiesta esclusivamente davanti al giudice monocratico, mentre l'azione di reintegrazione fa sempre riferimento a questioni possessorie, ma può essere proposta solo davanti al tribunale in composizione collegiale.

22. Qual è il termine per agire con l'azione di reintegrazione?

1. Per l'azione di reintegrazione il termine è di un anno dallo spoglio, se violento, o di un anno dalla conoscenza dello spoglio, se è clandestino;
2. Per l'azione di reintegrazione il termine è di sei mesi dallo spoglio, se violento, e di due anni dalla conoscenza dello spoglio, se è clandestino;
3. Fino a quando dura lo spoglio sarà sempre possibile agire con l'azione di reintegrazione, ma quando lo spoglio è cessato, si potrà agire, per i danni, nel termine di sei mesi dalla reintegrazione nel possesso.

23. Nel caso di azioni possessorie, si segue in maniera completa il rito cautelare uniforme?

1. No, il rito cautelare uniforme ha solo una funzione residuale, nel senso che sarà applicato solo per quelle poche parti che non sono espressamente regolate dalla specifica disciplina prevista per le azioni possessorie;
2. In gran parte sì, solo che il giudice pronuncerà il provvedimento possessorio, non con ordinanza ma con decreto, decreto che poi sarà poi modificato, revocato o confermato nella successiva fase del merito con ordinanza;
3. In gran parte sì, ma c'è almeno un'importante differenza, in quanto il giudice una volta ha concesso il provvedimento possessorio, non fissa alcun termine per il prosieguo del giudizio di merito, salvo che non vi

sia stata una richiesta delle parti in tal senso; se la richiesta è stata avanzata il giudice fissa direttamente la data d'udienza, entro 60 giorni, per la prosecuzione del giudizio innanzi a sé.

24. *Nei procedimenti d'istruzione preventiva si segue il rito cautelare uniforme?*

1. Sì, l'identificazione è completa;
2. Pur essendo stati riconosciuti procedimenti cautelari, i procedimenti d'istruzione preventiva hanno un rito speciale che sostituisce quasi completamente il rito cautelare uniforme;
3. Sì, ma la richiesta di procedimenti istruzione preventiva non è proposta al giudice normalmente competente per i provvedimenti cautelari, ma al presidente del tribunale o giudice di pace.

25. *Quale rito si segue nei provvedimenti di urgenza ex articolo 700?*

1. Si seguono alcune regole particolari previste per i provvedimenti ex articolo 700, che vanno a integrare regole generali del rito cautelare uniforme.
2. Si segue la specifica procedura prevista per questo tipo di provvedimenti;
3. Si segue praticamente in maniera completa il rito cautelare uniforme.

26. *È possibile chiedere un provvedimento ex articolo 700 per i diritti credito?*

1. In un primo momento si riteneva che l'articolo 700 potesse essere chiesto solo per i diritti assoluti, ma poi s'è considerato che esigenze cautelari che possono, se non soddisfatte, provocare pregiudizi imminenti e irreparabili, possono verificarsi anche in caso di diritti di credito;
2. No, un pregiudizio imminente e irreparabile non può essere mai provocato dalla lesione di un diritto di credito, perché l'irreparabilità esclusa dal fatto che è sempre possibile il risarcimento del danno.

27. *L'articolo 700 esordisce con questa frase: "fuori dei casi regolati delle precedenti sezioni di questo capo", ciò vuol dire che l'articolo 700 è possibile solo quando non ci sia un provvedimento cautelare specifico previsto dal codice di procedura civile?*

1. No, l'articolo 700 è sempre possibile quando non vi sia un provvedimento cautelare specifico che possa risolvere il problema, sia esso contenuto del codice di procedura civile, sia esso contenuto del codice civile, sia esso contenuto in leggi speciali;
2. Il riferimento dell'articolo 700 è chiaro, quindi questi è utilizzabile solo nei casi in cui non vi sia uno specifico provvedimento cautelare previsto dal codice di procedura civile, ma non negli altri casi.

28. *Nell'articolo 700, una volta che il giudice abbia riconosciuto l'esigenza cautelare, cosa disporrà nel provvedimento cautelare?*

1. Il giudice, a seconda della situazione che gli è stata prospettata, provvederà, circa il contenuto del provvedimento cautelare, prendendo a modello gli altri provvedimenti cautelari tipici del nostro ordinamento;
2. L'articolo 700 è il provvedimento cautelare più atipico nel nostro ordinamento, e infatti è lasciata al giudice la scelta sul contenuto del provvedimento da prendere, basta che sia idoneo, secondo le circostanze, ad assicurare provvisoriamente gli effetti della decisione di merito;
3. La libertà del giudice circa il tipo di provvedimento cautelare da prendere ex articolo 700 è assoluta, e infatti lui può deciderne il contenuto con ordinanza, sentenza o decreto, l'importante è che il provvedimento

che prende sia più idoneo, secondo le circostanze, ad assicurare provvisoriamente gli effetti della decisione di merito.

>>

Processo cautelare: Risposte

1. In che cosa il processo cautelare si distingue da quello di cognizione?

1. Quello di cognizione consiste, fondamentalmente in un accertamento, quello cautelare, invece, è volto a porre rimedio a una situazione che in attesa del provvedimento finale del processo di cognizione, potrebbe ledere la posizione della parte in maniera grave o irreparabile;
2. Il processo di cognizione è basato su un accertamento, quello cautelare serve a tradurre in fatti concreti quanto è stabilito da una sentenza;
3. Il processo di cognizione si aziona in presenza del fumus boni iuris e del periculum in mora, quello cautelare prevede gli stessi presupposti, ma solo se questi sono fondati su un titolo esecutivo cautelare.

2. Cosa s'intende per periculum in mora?

1. E' il pericolo che corre il debitore quando il creditore rifiuti l'adempimento; in tal caso il creditore è in mora, e c'è il pericolo che persistendo nel rifiuto le ragioni del debitore siano lese in maniera grave o irreparabile;
2. E' il pregiudizio che corre il creditore quando il suo debitore, costituito in mora, non adempia alla sua prestazione;
3. E' il pericolo nel ritardo, cioè il pericolo che corre la parte che per far valere il suo diritto con provvedimento definitivo di cognizione rischia di vedere lesa la sua posizione in maniera grave o irreparabile;

3. I provvedimenti cautelari possono passare in giudicato?

1. Sì, solo se lo dispone il giudice;
2. Sì, solo in particolari casi, come nell'ipotesi ex art. 700;
3. No, mai;

4. I provvedimenti cautelari possono conservare efficacia anche se non segue il giudizio di merito?

1. Sì, fermo restando che non hanno efficacia di giudicato, provvedimenti come quello previsto dall'art. 700, o di nuova opera e danno temuto e tutti quelli che sono in grado di anticipare gli effetti della sentenza di merito possono conservare efficacia anche se non segue o si estingue il procedimento di merito;
2. Sì, solo i provvedimenti ex art. 700, possono conservare efficacia anche se non segue o si estingue il procedimento di merito;
3. No, se non possono passare mai in giudicato non possono conservare, in caso di mancato inizio del processo di merito, alcun tipo di efficacia.

5. Il rito cautelare uniforme si applica solo ai provvedimenti cautelari previsti dal codice di procedura civile?

1. Sì, si applica solo ai procedimenti cautelari previsti dal codice di procedura civile;
2. No, ha una portata generale, in quanto si applica sia agli procedimenti previsti dal codice di rito, sia a quelli previsti dal codice civile, sia, infine, a quelli previsti da leggi speciali, sempre che tutti questi procedimenti non abbiano regole particolari da doversi applicare;
3. No, si applica ai procedimenti cautelari previsti dal codice civile e di procedura civile.

6. Il giudice di pace può pronunciare provvedimenti cautelari?

1. No, la competenza spetta solo al tribunale, nel caso in cui la questione di merito fosse di competenza del giudice di pace;
2. Sì, ma solo quando il provvedimento cautelare richiesto durante la pendenza di un giudizio proposto davanti al giudice di pace;
3. Sì, se si tratta di provvedimenti che comunque fanno riferimento a una questione di competenza del giudice di pace, il provvedimento cautelare sarà proposto davanti a lui.

7. Come s'introduce un giudizio cautelare?

1. Con istanza da presentarsi al presidente del tribunale;
2. Con una citazione;
3. Con ricorso.

8. Cosa dovrà accertare il giudice in sede di giudizio cautelare?

1. Fondamentalmente, oltre alla legittimazione delle parti e all'interesse di agire, il fumus boni iuris e soprattutto periculum in mora, ma dovrà anche verificare se è competente a pronunciare il provvedimento cautelare;
2. Il giudice dovrà accertare l'esistenza del diritto vantato da chi chiede il provvedimento cautelare, oltre che verificare se esista in periculum in mora;
3. Il giudice dovrà accertare il fumus boni iuris, e solo in presenza di quest'elemento, che di per sé assorbe anche il periculum in mora, concederà il provvedimento cautelare.

9. Di regola, con quale provvedimento il giudice concederà, o meno, il provvedimento cautelare?

1. Con sentenza;
2. Con decreto;
3. Con ordinanza.

10. Il provvedimento cautelare è stato concesso prima che sia iniziato il giudizio di merito, normalmente, il giudice, che cosa dovrà fare?

1. Il giudice dovrà fissare alle parti un termine non superiore a 60 giorni affinché le parti inizino un giudizio di merito;

2. Il giudice dovrà fissare alle parti un termine non superiore a 90 giorni, affinché le parti inizino un giudizio di merito;
3. Il giudice, una volta pronunciato il provvedimento cautelare, fisserà la data di un'udienza, in un termine non superiore a 60 giorni dalla data dell'ordinanza che ha concesso il provvedimento cautelare, per proseguire il giudizio nel merito.

11. Cosa succede se nei 60 giorni il giudizio di merito non è iniziato?

1. In tutti i casi di provvedimenti cautelari, il mancato inizio entro 60 giorni del procedimento merito, comporterà l'inefficacia del provvedimento cautelare, salvo il caso, però, dell'articolo 700;
2. Per le ipotesi previste dall'art.700, denuncia di nuova opera o di danno temuto, ai provvedimenti di sospensione delle delibere assembleari ex art. 1137 cc. comma 4, provvedimenti che possono anticipare gli effetti di una sentenza di merito previsti o dal codice civile o da leggi speciali, il provvedimento cautelare manterrà la sua efficacia, anche se non passerà in giudicato, negli altri casi diventerà inefficace;
3. Nel caso in cui nei 60 giorni non sia iniziato il procedimento di merito, la parte più diligente con atto notificato all'altra parte riassumerà il procedimento cautelare, chiedendo al giudice di fissare una nuova data per iniziare il procedimento di merito; nel caso in cui, però, dopo la nuova data fissata dal giudice non si dia luogo a procedimento di merito, il giudice cancellerà la causa dal ruolo, e non sarà più possibile chiedere il provvedimento cautelare relativamente a quella situazione.

12. E' possibile che un provvedimento cautelare sia preso con decreto?

1. Sì è possibile, e ciò accade quando la convocazione della controparte potrebbe pregiudicare l'attuazione del provvedimento, e quindi in seguito al ricorso, il giudice decide la questione, senza sentire d'altra parte, con decreto motivato, ma che poi dovrà essere confermato modificato o revocato, nel contraddittorio con l'altra parte, con ordinanza.
2. Sì è possibile, e ciò accade quando la convocazione della controparte potrebbe pregiudicare l'attuazione del provvedimento, e quindi in seguito al ricorso il giudice decide la questione, senza sentire d'altra parte, con decreto motivato chiudendo la procedura.
3. No, anche in casi di estrema urgenza, tanto da non permettere che sia sentita l'altra parte, il giudice pronuncerà sempre ordinanza, anche quando, in seguito all'instaurazione del contraddittorio, dovrà modificare confermare o revocare il provvedimento cautelare già preso.

13. È possibile impugnare il provvedimento cautelare?

1. Sì è possibile, si può sempre chiedere la revoca o la modifica del provvedimento cautelare allo stesso giudice che lo ha pronunciato, ma solo quando si verifichino mutamenti di circostanze;
2. Sì è possibile sempre impugnare il provvedimento cautelare preso dal tribunale in composizione monocratica, proponendo appello alla corte di appello entro 15 giorni dall'ordinanza che ha deciso la questione cautelare;
3. Sì è possibile, per esempio se l'ordinanza è stata presa dal tribunale monocratico, si può proporre reclamo al collegio con ricorso entro il termine perentorio di 15 giorni dall'ordinanza, oppure dalla sua comunicazione se è stata presa fuori di udienza.

14. Poniamo che il procedimento di merito non è iniziato nel termine perentorio di cui all'articolo 669-octies, oppure successivamente al suo inizio si estingue il provvedimento cautelare, questo perde automaticamente la sua efficacia *?*

1. No, sarà necessario seguire una procedura davanti al giudice che emise il provvedimento cautelare; il giudice che ha emesso il provvedimento, su ricorso della parte interessata, convocate le parti con decreto in calce al ricorso, dichiara con ordinanza avente efficacia esecutiva, che il provvedimento è divenuto inefficace e dà le disposizioni necessarie per ripristinare la situazione precedente;
2. Sì, il mancato inizio del processo di merito o la sua estinzione comporterà l'inefficacia automatica del provvedimento cautelare;
3. No, sarà necessario seguire una procedura, e infatti entro 15 giorni dalla scadenza dei termini per iniziare il procedimento cautelare, oppure entro 15 giorni dall'ordinanza di dichiarazione dell'estinzione del processo, la parte interessata, con reclamo al collegio, dovrà chiedere che sia dichiarata l'inefficacia del provvedimento cautelare.

15. Nel caso in cui l'istanza cautelare sia stata rigettata, per insussistenza dei presupposti di fumus boni iuris o del periculum in mora, è possibile riproporre istanza di provvedimento cautelare per gli stessi fatti?

1. Sì, ma solo se si adducano dei mutamenti di circostanze, oppure si fanno valere nuove situazioni di fatto di diritto;
2. No, l'unico modo per procedere di fronte a un rigetto della richiesta di provvedimento cautelare, è quello di proporre reclamo;
3. No, una volta rigettata la richiesta, su questa si è formato il giudicato, e quindi non è possibile alcun tipo di riproposizione o impugnazione.

16. È possibile chiedere la revoca o la modifica del provvedimento cautelare? E se sì, davanti a chi?

1. È possibile chiedere tale revoca è tale modifica, quando si allegano fatti anteriori alla concessione del provvedimento cautelare, di cui si è acquisita la conoscenza solo successivamente al provvedimento, oppure quando avvengano mutamenti di circostanze, rispetto al momento in cui è stato concesso il provvedimento; la richiesta è proposta al giudice istruttore della causa di merito, anche quando il provvedimento sia stato concesso prima dell'inizio della causa di merito, ma se il giudizio di merito non è stato ancora iniziato, la domanda di revoca o di modifica la proposta allo stesso giudice che ha emesso il provvedimento cautelare, e ugualmente accade quando il giudizio di merito sì è estinto;
2. È possibile chiedere tale revoca e tale modifica, quando si allegano fatti anteriori alla concessione del provvedimento cautelare, di cui si è acquisita la conoscenza solo successivamente al provvedimento, oppure quando vengano mutamenti di circostanze, rispetto al momento in cui è stato concesso il provvedimento, la richiesta è proposta, in tutti i casi, al giudice istruttore della causa di merito, ma se il processo si è estinto, la richiesta va presentata con reclamo al collegio;
3. Non è mai possibile chiedere la revoca o la modifica del provvedimento cautelare già emesso, visto che l'unica possibilità concessa dal codice di procedura civile e quella dell'impugnazione attraverso reclamo davanti al collegio.

17. Come si attua il provvedimento cautelare?

1. Si seguiranno le forme previste per l'espropriazione, se il provvedimento ha ad oggetto somme di danaro o cose mobili fungibili, quelle previste per l'esecuzione in forma specifica, se a oggetto beni immobili, oppure obblighi di fare o di non fare;
2. Se il provvedimento ha a oggetto somme di danaro, l'attuazione sarà effettuata attraverso le forme del pignoramento, se compatibili, mentre gli altri casi il giudice determinerà le modalità di attuazione del provvedimento cautelare;
3. A seconda del tipo di provvedimento emesso dal giudice, la legge prevede una specifica procedura per la sua attuazione, da seguire in caso per caso.

18. Qual è la differenza fondamentale tra il sequestro giudiziario e il sequestro conservativo?

1. Il sequestro giudiziario è disposto dal giudice quando il ricorrente abbia timore di perdere la garanzia dei beni oggetto di un credito, mentre il sequestro conservativo e chiesto al giudice quando il ricorrente tema che il bene in possesso o in proprietà dell'altra parte, possa essere deteriorato o distrutto;
2. Sono molto diversi fra di loro, anche nella procedura; fermo restando la generale possibilità di applicare il rito cautelare uniforme, nel sequestro conservativo abbiamo un creditore che ha il fondato timore di perdere la garanzia del proprio credito, mentre nel sequestro giudiziario abbiamo l'esistenza di una controversia sulla proprietà o in possesso, che comporta, come conseguenza, l'opportunità di provvedere alla custodia o alla gestione dei beni controversi;
3. Non vi sono differenze fondamentali tra sequestro giudiziario e sequestro conservativo, in quanto entrambi tendono a conservare i beni sottraendoli a chi li detiene, solo che il sequestro giudiziario è chiesto al tribunale in composizione collegiale, mentre il sequestro conservativo e chiesto al tribunale in composizione monocratica.

19. In quali casi è possibile la denuncia di danno temuto?

1. È possibile chiedere questo provvedimento cautelare, quando il comportamento del proprietario o del possessore del bene faccia ritenere la probabile esistenza di un reato; in tal caso, condizione di procedibilità della richiesta, è la presentazione di una denuncia innanzi alle autorità di polizia;
2. È possibile chiedere tale provvedimento cautelare, quando il creditore tema di perdere la garanzia del proprio credito, per le attività fraudolente del suo debitore;
3. È possibile chiedere tale provvedimento cautelare quando si vuole neutralizzare una situazione di pericolo dalla quale potrebbe scaturire un danno grave e prossimo, come ad esempio un muro che sta per crollare su una casa.

20. In che termini si può chiedere il provvedimento di denuncia di nuova opera?

1. Fin quando l'opera è in corso è sempre possibile agire con la denuncia di nuova opera;
2. Il termine è di un anno dall'inizio dell'opera, purché questa non sia terminata;
3. È possibile chiedere tale provvedimento cautelare entro un anno dalla cessazione dell'opera.

21. Qual è la differenza fondamentale tra l'azione di manutenzione e l'azione di reintegrazione?

1. Nell'azione di manutenzione il soggetto vuole essere mantenuto il suo possesso, quando sia molestato turbato in questo, mentre nell'azione di reintegrazione, il possessore è stato violentemente o clandestinamente spogliato del suo possesso;
2. Nell'azione di manutenzione il proprietario vuole che cessino le turbative al suo diritto di proprietà, mentre l'azione di reintegrazione verrà esperita quando il proprietario è stato spogliato dal suo possesso, e chiederà, quindi, che sia riconosciuto come proprietario, e quindi reintegrato nel suo possesso;
3. L'azione di manutenzione è un'azione possessoria che può essere chiesta esclusivamente davanti al giudice monocratico, mentre l'azione di reintegrazione fa sempre riferimento a questioni possessorie, ma può essere proposta solo davanti al tribunale in composizione collegiale.

22. Qual è il termine per agire con l'azione di reintegrazione?

1. Per l'azione di reintegrazione il termine è di un anno dallo spoglio, se violento, o di un anno dalla conoscenza dello spoglio, se è clandestino;
2. Per l'azione di reintegrazione il termine è di sei mesi dallo spoglio, se violento, e di due anni dalla conoscenza dello spoglio, se è clandestino;
3. Fino a quando dura lo spoglio sarà sempre possibile agire con l'azione di reintegrazione, ma quando lo spoglio è cessato, si potrà agire, per i danni, nel termine di sei mesi dalla reintegrazione nel possesso.

23. Nel caso di azioni possessorie, si segue in maniera completa il rito cautelare uniforme?

1. No, il rito cautelare uniforme ha solo una funzione residuale, nel senso che sarà applicato solo per quelle poche parti che non sono espressamente regolate dalla specifica disciplina prevista per le azioni possessorie;
2. In gran parte sì, solo che il giudice pronuncerà il provvedimento possessorio, non con ordinanza ma con decreto, decreto che poi sarà poi modificato, revocato o confermato nella successiva fase del merito con ordinanza;
3. In gran parte sì, ma c'è almeno un'importante differenza, in quanto il giudice una volta ha concesso il provvedimento possessorio, non fissa alcun termine per il prosieguo del giudizio di merito, salvo che non vi sia stata una richiesta delle parti in tal senso; se la richiesta è stata avanzata il giudice fissa direttamente la data d'udienza, entro 60 giorni, per la prosecuzione del giudizio innanzi a sé.

24. Nei procedimenti d'istruzione preventiva si segue il rito cautelare uniforme?

1. Sì, l'identificazione è completa;
2. Pur essendo stati riconosciuti procedimenti cautelari, i procedimenti d'istruzione preventiva hanno un rito speciale che sostituisce quasi completamente il rito cautelare uniforme;
3. Sì, ma la richiesta di procedimenti istruzione preventiva non è proposta al giudice normalmente competente per i provvedimenti cautelari, ma al presidente del tribunale o giudice di pace.

25. Quale rito si segue nei provvedimenti di urgenza ex articolo 700?

1. Si seguono alcune regole particolari previste per i provvedimenti ex articolo 700, che vanno a integrare regole generali del rito cautelare uniforme.
2. Si segue la specifica procedura prevista per questo tipo di provvedimenti;
3. Si segue praticamente in maniera completa il rito cautelare uniforme.

26. È possibile chiedere un provvedimento ex articolo 700 per i diritti credito?

1. In un primo momento si riteneva che l'articolo 700 potesse essere chiesto solo per i diritti assoluti, ma poi s'è considerato che esigenze cautelari che possono, se non soddisfatte, provocare pregiudizi imminenti e irreparabili, possono verificarsi anche in caso di diritti di credito;
2. No, un pregiudizio imminente e irreparabile non può essere mai provocato dalla lesione di un diritto di credito, perché l'irreparabilità esclusa dal fatto che è sempre possibile il risarcimento del danno.

27. L'articolo 700 esordisce con questa frase: "fuori dei casi regolati delle precedenti sezioni di questo capo", ciò vuol dire che l'articolo 700 è possibile solo quando non ci sia un provvedimento cautelare specifico previsto dal codice di procedura civile?

1. No, l'articolo 700 è sempre possibile quando non vi sia un provvedimento cautelare specifico che possa risolvere il problema, sia esso contenuto del codice di procedura civile, sia esso contenuto del codice civile, sia esso contenuto in leggi speciali;
2. Il riferimento dell'articolo 700 è chiaro, quindi questi è utilizzabile solo nei casi in cui non vi sia uno specifico provvedimento cautelare previsto dal codice di procedura civile, ma non negli altri casi.

28. Nell'articolo 700, una volta che il giudice abbia riconosciuto l'esigenza cautelare, cosa disporrà nel provvedimento cautelare?

1. Il giudice, a seconda della situazione che gli è stata prospettata, provvederà, circa il contenuto del provvedimento cautelare, prendendo a modello gli altri provvedimenti cautelari tipici del nostro ordinamento;
2. L'articolo 700 è il provvedimento cautelare più atipico nel nostro ordinamento, e infatti è lasciata al giudice la scelta sul contenuto del provvedimento da prendere, basta che sia idoneo, secondo le circostanze, ad assicurare provvisoriamente gli effetti della decisione di merito;
3. La libertà del giudice circa il tipo di provvedimento cautelare da prendere ex articolo 700 è assoluta, e infatti lui può deciderne il contenuto con ordinanza, sentenza o decreto, l'importante è che il provvedimento che prende sia più idoneo, secondo le circostanze, ad assicurare provvisoriamente gli effetti della decisione di merito.

Arbitrato: Domande

1. In quali casi è possibile che le parti decidano di far risolvere una loro controversia da arbitri?

1. In un processo avanzato di degiurisdizionalizzazione, come la fase attuale che stiamo vivendo, è sempre possibile far decidere ad arbitri qualsiasi controversia, ma solo quando sia chiara la volontà delle parti circa la rinunzia alla giurisdizione ordinaria;
2. Solo nei casi in cui la legge prevede espressamente, visto che la deroga alla giurisdizione ordinaria può avvenire solo in casi tipici;
3. In tutti i casi in cui le controversie non abbiano ad oggetto diritti indisponibili, salve le eccezioni previste dalla legge;

2. Com'è possibile affidare una controversia ad arbitri?

1. Abbiamo fondamentalmente tre sistemi, il compromesso, la clausola compromissoria, oppure la convenzione in base a rapporti non contrattuali determinati;
2. L'unico modo per affidare una controversia agli arbitri è quella di stipulare un apposito contratto, questo contratto è denominato compromesso;
3. È possibile l'affidamento di una controversia ad arbitri in base ad una qualsiasi volontà espressa dalle parti, anche in base a un negozio unilaterale;

3. Che differenza c'è tra arbitrato rituale e arbitrato irrituale?

1. La distinzione sta nel modo in cui è presa la decisione, nell'arbitrato rituale la decisione deve essere presa necessariamente nella forma dell'atto pubblico o della scrittura privata autenticata, nell'arbitrato irrituale la decisione può essere presa anche con la semplice forma scritta;
2. Fondamentalmente la decisione sulla controversia è comunque presa da arbitri, ma mentre nell'arbitrato rituale la decisione ha lo stesso valore di una sentenza, nell'arbitrato irrituale la decisione degli arbitri a solamente un valore contrattuale;
3. La distinzione sta nel tipo di materie che devono essere trattate, per la precisione in caso di arbitrato rituale dovranno essere decise tutte le controversie che ordinariamente rientrano nella competenza del tribunale, mentre in caso di arbitrato irrituale, potranno essere decise tutte le cause e spettano alla ordinaria competenza del giudice di pace;

4. In caso di arbitrato irrituale si applicano tutte le ordinarie regole, in merito alla decisione degli arbitri, che riguardano l'annullabilità dei contratti?

1. È pur vero che l'arbitrato irrituale ha lo stesso valore di un contratto, ma si tratta pur sempre di un contratto particolare, perché decidere una controversia, ed ha quindi una struttura analoga a quella della transazione, pur se vede l'intervento di soggetti terzi, di conseguenza la decisione arbitrare irrituale potrà essere impugnata per annullabilità negli stessi casi in cui è annullabile la transazione;
2. Essendo l'arbitrato irrituale un contratto, si applicheranno ovviamente solo ed esclusivamente le regole relative all'annullabilità dei contratti;
3. No, sono previste dal codice di procedura civile particolari regole di annullabilità dell'arbitrato irrituale;

5. Nei casi in cui la nomina degli arbitri debba essere effettuata dalle parti, in che modo avviene?

1. Bisogna seguire una particolare procedura, che in sostanza consiste nella notifica di un atto alle altre parti con l'indicazione del nome del proprio arbitro, e contestuale invito alle altre parti di nominare i propri arbitri, ma nel caso in cui passati 20 giorni dalla notifica non vi sia stata l'indicazione del nome degli altri arbitri, ci si può rivolgere al presidente del tribunale, che provvederà alla nomina degli altri arbitri;
2. Bisogna seguire una particolare procedura, la parte che vuole promuovere il giudizio arbitrale notificherà un invito alle altre parti, affinché si tenga una riunione per la scelta degli arbitri; a tal fine notifica tale invito, indicando il luogo e la data della riunione; se nel giorno della riunione non sono presenti le altre parti, pur regolarmente invitate, la parte che ha notificato l'invito si rivolgerà con ricorso al presidente del tribunale, che provvederà alla nomina degli arbitri;
3. Bisogna seguire una particolare procedura, la parte che ha già nominato il suo arbitro, notifica alle altre parti un invito affinché gli comunichino i nomi dei loro arbitri; se entro 20 giorni dall'invito le altre parti non hanno indicato i nomi dei propri arbitri, bisognerà rivolgersi al presidente della corte di appello, che provvederà alla nomina degli altri arbitri;

6. *Una volta nominati gli arbitri devono necessariamente svolgere l'incarico?*

1. Sì, pur non essendo pubblici ufficiali né incaricati di pubblico servizio, come dispone il secondo comma dell'articolo 813, è pur vero che gli arbitri svolgono una funzione particolarmente importante, tanto che la loro decisione ha lo stesso valore di una sentenza; di conseguenza una volta nominati non possono rifiutare l'incarico, salvo che per le ragioni espressamente previste dalla legge;
2. No, una volta nominati gli arbitri devono accettare l'incarico, l'accettazione degli arbitri è data per iscritto, anche mediante sottoscrizione del compromesso o del verbale della prima riunione, ed è accompagnata, a pena di nullità, da una dichiarazione nella quale è indicata ogni circostanza rilevante relativa ai casi di ricusazione degli arbitri oppure alla relativa insussistenza di detti casi;
3. No, pur essendo vero che la decisione degli arbitri possiede valore di sentenza, è anche vero che gli arbitri rimangono dei soggetti privati, tuttavia sono state previste dal codice civile particolari sanzioni di natura pecuniaria nei casi in cui gli arbitri rifiutino l'incarico con dolo o colpa grave.

7. *È possibile che l'incarico sia svolto da un solo arbitro?*

1. È un'ipotesi fuori della realtà, perché se gli arbitri sono indicati dalle parti, implicitamente vuol dire che sono più di uno;
2. Si è possibile;
3. È possibile che l'incarico sia svolto da un solo arbitro, ma per garantire l'imparzialità detto arbitro è previsto che il nome dell'arbitro sia indicato dal presidente del tribunale su ricorso congiunto delle parti;

8. *Che differenza c'è tra compromesso e clausola compromissoria?*

1. Hanno tutte due natura contrattuale, ma mentre il compromesso è un contratto che darà vita ad un arbitrato, la clausola compromissoria e appunto una clausola inserita in diverso contratto attraverso cui le parti stabiliscono di far decidere le loro future ed eventuali controversie da arbitri;
2. Il compromesso è un contratto in base al quale le parti decidono di far risolvere la loro controversia da arbitri, la clausola compromissoria, invece, è un negozio giuridico unilaterale, in base al quale una parte dichiara di essere disposta a risolvere una controversia già insorta dagli arbitri;
3. Con il compromesso le parti risolvono effettivamente la controversia tra loro già insorta, ed ha quindi natura analoga a quella della transazione, mentre con la clausola compromissoria, non fanno altro che stabilire, in diverso contratto, le eventuali controversie che dovessero sorgere tra di loro, saranno risolte da arbitri;

9. *che forma devono avere il compromesso e la clausola compromissoria?*

1. Per il compromesso e la clausola compromissoria valgono i principi generali previsti in tema di contratto, e cioè possono sorgere con una qualsiasi forma, anche attraverso comportamenti concludenti,
2. Il compromesso deve essere redatto in forma scritta ad probationem, e deve determinare l'oggetto della controversia; la clausola compromissoria deve esso essere redatto per iscritto con forma ad probationem come accade per il compromesso;
3. Il compromesso deve essere redatto in forma scritta a pena di nullità, e deve determinare l'oggetto della controversia; la clausola compromissoria deve esso essere redatto per iscritto a pena di nullità come accade per il compromesso.

10. Gli arbitri possono emettere provvedimenti cautelari?

1. No, solo il giudice lo può fare;
2. In effetti le parti anche mediante rinvio a regolamenti arbitrali, possono attribuire agli arbitri il potere di concedere misure cautelari con la convenzione di arbitrato o con atto scritto anteriore all'instaurazione del giudizio arbitrale. La competenza cautelare attribuita agli arbitri è esclusiva.
3. Sì, ma solo quando il giudice si sia dichiarato incompetente perché accerta che agli arbitri era stato attribuito il potere di emettere provvedimenti cautelari.

11. Nel giudizio arbitrale è possibile che si abbia interruzione del processo?

1. In realtà quando la parte viene meno per morte o altra causa, non si ha interruzione automatica del processo, ma gli arbitri prendono le misure idonee a garantire il contraddittorio, ma possono giungere a sospendere il procedimento, con un'attività, quindi, analoga a quella dell'interruzione del processo davanti ai giudici togati;
2. Essendo il giudizio arbitrale sostanzialmente un processo che si svolge davanti ai giudici privati, e dovendo comunque assicurare il principio costituzionale del contraddittorio, quando una parte di meno per morte o altra causa, gli arbitri devono automaticamente sospendere il processo, in attesa che si ricostituisca il contraddittorio;
3. Il giudizio arbitrale si sospende automaticamente in tutti i casi previsti per l'interruzione del processo che si svolge davanti ai giudici togati;

12. E' possibile proporre che gli arbitri possano conoscere dell'eccezione di compensazione relativa a un controcredito non compreso nella convenzione di arbitrato?

1. Sì, è possibile ma solo nei limiti del valore della domanda;
2. Sì, anche oltre i limiti di valore della domanda;
3. No, visto che il controcredito non è compreso nella convezione di arbitrato.

13. In quali termini gli arbitri devono pronunciare il lodo?

1. Il termine per la pronuncia del lodo è stabilito dalle parti; nel caso in cui le parti non l'abbiano fatto, gli arbitri devono pronunciare il lodo nel termine di 240 giorni dall'accettazione della nomina, ma è comunque possibile una proroga;
2. Il termine per la pronuncia del lodo è stabilito dalle parti; nel caso in cui le parti non l'abbiano fatto, gli arbitri devono pronunciare il lodo nel termine di 240 giorni dall'accettazione della nomina, ma non è mai possibile una proroga;
3. Il termine per la pronuncia del lodo è fissato invariabilmente dalla legge, ed è di 240 giorni dall'accettazione della nomina, ma sono possibili delle proroghe;

14. Qual è l'efficacia del lodo?

1. Il lodo potenzialmente alla stessa efficacia della sentenza, compresa quella esecutiva, ma per far riacquistare efficacia sarà necessario depositato presso la cancelleria del tribunale, nel cui circondario è posta la sede del arbitrato.
2. Il lodo alla stessa efficacia della sentenza, ed ha anche efficacia esecutiva;
3. Il lodo ha la stessa efficacia della sentenza, tuttavia non ha efficacia esecutiva.

15. A che serve il deposito del lodo nella cancelleria del tribunale?

1. Serve ad attribuirgli efficacia esecutiva, e renderlo opponibile agli aventi causa;
2. Serve solamente ad attribuirgli efficacia esecutiva;
3. Avendo il lodo la stessa efficacia della sentenza, il deposito in cancelleria del tribunale serve solo a fini fiscali, per far conoscere, quindi, gli aspetti patrimoniali del lodo.

16. La decisione presa attraverso il lodo, è pronunciata secondo diritto, secondo equità, oppure secondo regole stabilite dalle stesse parti nel compromesso?

1. Trovando l'arbitrato la sua fonte nel compromesso o nella clausola compromissoria, sono le parti stesse e possono imporre agli arbitri le regole in base alle quali devono decidere, anche se diverse dal diritto dell'equità; tuttavia le parti non possono imporre agli arbitri regole per la decisione, che siano contrarie a norme imperative, all'ordine pubblico, e al buon costume.
2. Gli arbitri decidono secondo equità sono se, essendo più di uno, sono d'accordo sul fatto di decidere in questo modo, ma se manca l'accordo, oppure se l'arbitro è uno solo, la decisione deve essere presa secondo diritto, salvo che le parti espressamente gli abbiano consentito di decidere secondo equità;
3. Gli arbitri decidono secondo diritto, salvo che le parti abbiano risposto con qualsiasi espressione che gli arbitri decidano secondo equità.

17. Il lodo può essere impugnato? E se sì, come?

1. Il lodo può essere impugnato esclusivamente per nullità, per revocazione, e per opposizione di terzo;
2. Essendo il lodo l'atto degli arbitri, che sono comunque giudici, ma giudici privati, il lodo non è impugnabile, perché essendo comunque un atto privato, non può essere mai impugnato come se fosse una sentenza pronunciata da giudici togati;
3. Il lodo, come più volte detto, alla stessa efficacia della sentenza, e quindi può essere impugnato come una sentenza attraverso i mezzi di impugnazione ordinari, come l'appello, e straordinari.

18. Chi decide sulla impugnazione per nullità del lodo?

1. Decide la corte di appello;
2. Decide il tribunale;
3. Decide un nuovo collegio arbitrale, del quale però non possono far parte gli arbitri che hanno pronunciato il lodo impugnato;

19. Come decide la corte di appello sull'impugnazione per nullità del lodo?

1. La corte di appello decide in due fasi, una fase rescindente, nel caso in cui ritenga di annullare il lodo, e una fase rescissoria, attraverso cui sostituisce la decisione degli arbitri con la propria decisione.

2. La corte di appello decide nel solito modo, cioè sostituendo la decisione presa dagli arbitri con la sua decisione, salvo che le parti non abbiano stabilito diversamente. In quest'ultimo caso la corte di appello dà termine alle parti per nominare i nuovi arbitri, affinché possano decidere sulla base delle indicazioni che la corte ha riportato nella sua sentenza;
3. La corte di appello, nei casi in cui ritenga che vi siano le ipotesi di nullità del lodo, decide in due fasi, e cioè una fase rescindente, in cui annulla il lodo e una fase rescissoria, attraverso cui la corte di appello decide la controversia nel merito, salvo che le parti non abbiano stabilito diversamente nella convenzione di arbitrato oppure con un accordo successivo.

20. *Come visto, il lodo può essere impugnato anche per revocazione e opposizione di terzo, in questi casi davanti a chi è proposta la domanda di revocazione oppure di opposizione di terzo?*

1. In tutti e due i casi i giudizi sono promossi davanti alla corte di appello nel cui distretto ha sede l'arbitrato;
2. L'opposizione deve essere necessariamente proposta davanti alla corte di appello, visto che non è possibile che il giudizio di opposizione, come accade ordinariamente, sia proposto davanti allo stesso giudice che ha pronunciato la sentenza, poiché in questo caso parliamo di arbitri; la revocazione, invece, deve essere proposta innanzi al tribunale del luogo dove ha sede l'arbitrato.

21. *E' possibile che una società decida di far decidere agli arbitri delle controversie interne alla società?*

1. Sì gli atti costitutivi possono prevedere questa eventualità per tutte le società;
2. Sì, ma escluse quelle che fanno ricorso al capitale di rischio e le controversie dove è obbligatorio l'intervento del pubblico ministero;
3. No.

22. *Ma ammesso che sia possibile, la clausola che prevede l'arbitrato è vincolante per tutti i soci, amministratori, liquidatori o sindaci?*

1. No.
2. Sì, escluso però il socio , l'amministratore, il liquidatore o sindaco soggetti della controversia;
3. Sì, anche per il socio , l'amministratore, il liquidatore o sindaco soggetti della controversia, ma per questi ultimi sarà necessario che abbiano accettato l'incarico.

>>>

Arbitrato: Risposte

1. *In quali casi è possibile che le parti decidano di far risolvere una loro controversia da arbitri?*

1. In un processo avanzato di degiurisdizionalizzazione, come la fase attuale che stiamo vivendo, è sempre possibile far decidere ad arbitri qualsiasi controversia, ma solo quando sia chiara la volontà delle parti circa la rinunzia alla giurisdizione ordinaria;
2. Solo nei casi in cui la legge prevede espressamente, visto che la deroga alla giurisdizione ordinaria può avvenire solo in casi tipici;
3. In tutti i casi in cui le controversie non abbiano ad oggetto diritti indisponibili, salve le eccezioni previste dalla legge;

2. Com'è possibile affidare una controversia ad arbitri?

1. Abbiamo fondamentalmente tre sistemi, il compromesso, la clausola compromissoria, oppure la convenzione in base a rapporti non contrattuali determinati;
2. L'unico modo per affidare una controversia agli arbitri è quella di stipulare un apposito contratto, questo contratto è denominato compromesso;
3. È possibile l'affidamento di una controversia ad arbitri in base ad una qualsiasi volontà espressa dalle parti, anche in base a un negozio unilaterale;

3. Che differenza c'è tra arbitrato rituale e arbitrato irrituale?

1. La distinzione sta nel modo in cui è presa la decisione, nell'arbitrato rituale la decisione deve essere presa necessariamente nella forma dell'atto pubblico o della scrittura privata autenticata, nell'arbitrato irrituale la decisione può essere presa anche con la semplice forma scritta;
2. Fondamentalmente la decisione sulla controversia è comunque presa da arbitri, ma mentre nell'arbitrato rituale la decisione ha lo stesso valore di una sentenza, nell'arbitrato irrituale la decisione degli arbitri a solamente un valore contrattuale;
3. La distinzione sta nel tipo di materie che devono essere trattate, per la precisione in caso di arbitrato rituale dovranno essere decise tutte le controversie che ordinariamente rientrano nella competenza del tribunale, mentre in caso di arbitrato irrituale, potranno essere decise tutte le cause e spettano alla ordinaria competenza del giudice di pace;

4. In caso di arbitrato irrituale si applicano tutte le ordinarie regole, in merito alla decisione degli arbitri, che riguardano l'annullabilità dei contratti?

1. È pur vero che l'arbitrato irrituale ha lo stesso valore di un contratto, ma si tratta pur sempre di un contratto particolare, perché decidere una controversia, ed ha quindi una struttura analoga a quella della transazione, pur se vede l'intervento di soggetti terzi, di conseguenza la decisione arbitrare irrituale potrà essere impugnata per annullabilità negli stessi casi in cui è annullabile la transazione;
2. Essendo l'arbitrato irrituale un contratto, si applicheranno ovviamente solo ed esclusivamente le regole relative all'annullabilità dei contratti;
3. No, sono previste dal codice di procedura civile particolari regole di annullabilità dell'arbitrato irrituale;

5. Nei casi in cui la nomina degli arbitri debba essere effettuata dalle parti, in che modo avviene?

1. Bisogna seguire una particolare procedura, che in sostanza consiste nella notifica di un atto alle altre parti con l'indicazione del nome del proprio arbitro, e contestuale invito alle altre parti di nominare i propri arbitri, ma nel caso in cui passati 20 giorni dalla notifica non vi sia stata l'indicazione del nome degli altri arbitri, ci si può rivolgere al presidente del tribunale, che provvederà alla nomina degli altri arbitri;
2. Bisogna seguire una particolare procedura, la parte che vuole promuovere il giudizio arbitrale notificherà un invito alle altre parti, affinché si tenga una riunione per la scelta degli arbitri; a tal fine notifica tale invito, indicando il luogo e la data della riunione; se nel giorno della riunione non sono presenti le altre parti, pur

regolarmente invitate, la parte che ha notificato l'invito si rivolgerà con ricorso al presidente del tribunale, che provvederà alla nomina degli arbitri;
3. Bisogna seguire una particolare procedura, la parte che ha già nominato il suo arbitro, notifica alle altre parti un invito affinché gli comunichino i nomi dei loro arbitri; se entro 20 giorni dall'invito le altre parti non hanno indicato i nomi dei propri arbitri, bisognerà rivolgersi al presidente della corte di appello, che provvederà alla nomina degli altri arbitri;

6. Una volta nominati gli arbitri devono necessariamente svolgere l'incarico?

1. Sì, pur non essendo pubblici ufficiali né incaricati di pubblico servizio, come dispone il secondo comma dell'articolo 813, è pur vero che gli arbitri svolgono una funzione particolarmente importante, tanto che la loro decisione ha lo stesso valore di una sentenza; di conseguenza una volta nominati non possono rifiutare l'incarico, salvo che per le ragioni espressamente previste dalla legge;
2. No, una volta nominati gli arbitri devono accettare l'incarico, l'accettazione degli arbitri è data per iscritto, anche mediante sottoscrizione del compromesso o del verbale della prima riunione, ed è accompagnata, a pena di nullità, da una dichiarazione nella quale è indicata ogni circostanza rilevante relativa ai casi di ricusazione degli arbitri oppure alla relativa insussistenza di detti casi;
3. No, pur essendo vero che la decisione degli arbitri possiede valore di sentenza, è anche vero che gli arbitri rimangono dei soggetti privati, tuttavia sono state previste dal codice civile particolari sanzioni di natura pecuniaria nei casi in cui gli arbitri rifiutino l'incarico con dolo o colpa grave.

7. È possibile che l'incarico sia svolto da un solo arbitro?

1. È un'ipotesi fuori della realtà, perché se gli arbitri sono indicati dalle parti, implicitamente vuol dire che sono più di uno;
2. Si è possibile;
3. È possibile che l'incarico sia svolto da un solo arbitro, ma per garantire l'imparzialità detto arbitro è previsto che il nome dell'arbitro sia indicato dal presidente del tribunale su ricorso congiunto delle parti;

8. Che differenza c'è tra compromesso e clausola compromissoria?

1. Hanno tutte due natura contrattuale, ma mentre il compromesso è un contratto che darà vita ad un arbitrato, la clausola compromissoria e appunto una clausola inserita in diverso contratto attraverso cui le parti stabiliscono di far decidere le loro future ed eventuali controversie da arbitri;
2. Il compromesso è un contratto in base al quale le parti decidono di far risolvere la loro controversia da arbitri, la clausola compromissoria, invece, è un negozio giuridico unilaterale, in base al quale una parte dichiara di essere disposta a risolvere una controversia già insorta dagli arbitri;
3. Con il compromesso le parti risolvono effettivamente la controversia tra loro già insorta, ed ha quindi natura analoga a quella della transazione, mentre con la clausola compromissoria, non fanno altro che stabilire, in diverso contratto, le eventuali controversie che dovessero sorgere tra di loro, saranno risolte da arbitri;

9. che forma devono avere il compromesso e la clausola compromissoria?

1. Per il compromesso e la clausola compromissoria valgono i principi generali previsti in tema di contratto, e cioè possono sorgere con una qualsiasi forma, anche attraverso comportamenti concludenti,

2. Il compromesso deve essere redatto in forma scritta ad probationem, e deve determinare l'oggetto della controversia; la clausola compromissoria deve esso essere redatto per iscritto con forma ad probationem come accade per il compromesso;

3. Il compromesso deve essere redatto in forma scritta a pena di nullità, e deve determinare l'oggetto della controversia; la clausola compromissoria deve esso essere redatto per iscritto a pena di nullità come accade per il compromesso.

10. Gli arbitri possono emettere provvedimenti cautelari?

1. No, solo il giudice lo può fare;
2. In effetti le parti anche mediante rinvio a regolamenti arbitrali, possono attribuire agli arbitri il potere di concedere misure cautelari con la convenzione di arbitrato o con atto scritto anteriore all'instaurazione del giudizio arbitrale. La competenza cautelare attribuita agli arbitri è esclusiva.
3. Sì, ma solo quando il giudice si sia dichiarato incompetente perché accerta che agli arbitri era stato attribuito il potere di emettere provvedimenti cautelari.

11. Nel giudizio arbitrale è possibile che si abbia interruzione del processo?

1. In realtà quando la parte viene meno per morte o altra causa, non si ha interruzione automatica del processo, ma gli arbitri prendono le misure idonee a garantire il contraddittorio, ma possono giungere a sospendere il procedimento, con un'attività, quindi, analoga a quella dell'interruzione del processo davanti ai giudici togati;
2. Essendo il giudizio arbitrale sostanzialmente un processo che si svolge davanti ai giudici privati, e dovendo comunque assicurare il principio costituzionale del contraddittorio, quando una parte di meno per morte o altra causa, gli arbitri devono automaticamente sospendere il processo, in attesa che si ricostituisca il contraddittorio;
3. Il giudizio arbitrale si sospende automaticamente in tutti i casi previsti per l'interruzione del processo che si svolge davanti ai giudici togati;

12. E' possibile proporre che gli arbitri possano conoscere dell'eccezione di compensazione relativa a un controcredito non compreso nella convenzione di arbitrato?

1. Sì, è possibile ma solo nei limiti del valore della domanda;
2. Sì, anche oltre i limiti di valore della domanda;
3. No, visto che il controcredito non è compreso nella convezione di arbitrato.

13. In quali termini gli arbitri devono pronunciare il lodo?

1. Il termine per la pronuncia del lodo è stabilito dalle parti; nel caso in cui le parti non l'abbiano fatto, gli arbitri devono pronunciare il lodo nel termine di 240 giorni dall'accettazione della nomina, ma è comunque possibile una proroga;
2. Il termine per la pronuncia del lodo è stabilito dalle parti; nel caso in cui le parti non l'abbiano fatto, gli arbitri devono pronunciare il lodo nel termine di 240 giorni dall'accettazione della nomina, ma non è mai possibile una proroga;
3. Il termine per la pronuncia del lodo è fissato invariabilmente dalla legge, ed è di 240 giorni dall'accettazione della nomina, ma sono possibili delle proroghe;

14. Qual è l'efficacia del lodo?

1. Il lodo potenzialmente alla stessa efficacia della sentenza, compresa quella esecutiva, ma per far riacquistare efficacia sarà necessario depositato presso la cancelleria del tribunale, nel cui circondario è posta la sede del arbitrato.
2. Il lodo alla stessa efficacia della sentenza, ed ha anche efficacia esecutiva;
3. Il lodo ha la stessa efficacia della sentenza, tuttavia non ha efficacia esecutiva.

15. A che serve il deposito del lodo nella cancelleria del tribunale?

1. Serve ad attribuirgli efficacia esecutiva, e renderlo opponibile agli aventi causa;
2. Serve solamente ad attribuirgli efficacia esecutiva;
3. Avendo il lodo la stessa efficacia della sentenza, il deposito in cancelleria del tribunale serve solo a fini fiscali, per far conoscere, quindi, gli aspetti patrimoniali del lodo.

16. La decisione presa attraverso il lodo, è pronunciata secondo diritto, secondo equità, oppure secondo regole stabilite dalle stesse parti nel compromesso?

1. Trovando l'arbitrato la sua fonte nel compromesso o nella clausola compromissoria, sono le parti stesse e possono imporre agli arbitri le regole in base alle quali devono decidere, anche se diverse dal diritto dell'equità; tuttavia le parti non possono imporre agli arbitri regole per la decisione, che siano contrarie a norme imperative, all'ordine pubblico, e al buon costume.
2. Gli arbitri decidono secondo equità sono se, essendo più di uno, sono d'accordo sul fatto di decidere in questo modo, ma se manca l'accordo, oppure se l'arbitro è uno solo, la decisione deve essere presa secondo diritto, salvo che le parti espressamente gli abbiano consentito di decidere secondo equità;
3. Gli arbitri decidono secondo diritto, salvo che le parti abbiano risposto con qualsiasi espressione che gli arbitri decidano secondo equità.

17. Il lodo può essere impugnato? E se sì, come?

1. Il lodo può essere impugnato esclusivamente per nullità, per revocazione, e per opposizione di terzo;
2. Essendo il lodo l'atto degli arbitri, che sono comunque giudici, ma giudici privati, il lodo non è impugnabile, perché essendo comunque un atto privato, non può essere mai impugnato come se fosse una sentenza pronunciata da giudici togati;
3. Il lodo, come più volte detto, alla stessa efficacia della sentenza, e quindi può essere impugnato come una sentenza attraverso i mezzi di impugnazione ordinari, come l'appello, e straordinari.

18. Chi decide sulla impugnazione per nullità del lodo?

1. Decide la corte di appello,
2. Decide il tribunale;
3. Decide un nuovo collegio arbitrale, del quale però non possono far parte gli arbitri che hanno pronunciato il lodo impugnato;

19. Come decide la corte di appello sull'impugnazione per nullità del lodo?

1. La corte di appello decide in due fasi, una fase rescindente, nel caso in cui ritenga di annullare il lodo, e una fase rescissoria, attraverso cui sostituisce la decisione degli arbitri con la propria decisione.
2. La corte di appello decide nel solito modo, cioè sostituendo la decisione presa dagli arbitri con la sua decisione, salvo che le parti non abbiano stabilito diversamente. In quest'ultimo caso la corte di appello dà termine alle parti per nominare i nuovi arbitri, affinché possano decidere sulla base delle indicazioni che la corte ha riportato nella sua sentenza;
3. La corte di appello, nei casi in cui ritenga che vi siano le ipotesi di nullità del lodo, decide in due fasi, e cioè una fase rescindente, in cui annulla il lodo e una fase rescissoria, attraverso cui la corte di appello decide la controversia nel merito, salvo che le parti non abbiano stabilito diversamente nella convenzione di arbitrato oppure con un accordo successivo.

20. Come visto, il lodo può essere impugnato anche per revocazione e opposizione di terzo, in questi casi davanti a chi è proposta la domanda di revocazione oppure di opposizione di terzo?

1. In tutti e due i casi i giudizi sono promossi davanti alla corte di appello nel cui distretto ha sede l'arbitrato;
2. L'opposizione deve essere necessariamente proposta davanti alla corte di appello, visto che non è possibile che il giudizio di opposizione, come accade ordinariamente, sia proposto davanti allo stesso giudice che ha pronunciato la sentenza, poiché in questo caso parliamo di arbitri; la revocazione, invece, deve essere proposta innanzi al tribunale del luogo dove ha sede l'arbitrato.

21. E' possibile che una società decida di far decidere agli arbitri delle controversie interne alla società?

1. Sì gli atti costitutivi possono prevedere questa eventualità per tutte le società;
2. Sì, ma escluse quelle che fanno ricorso al capitale di rischio e le controversie dove è obbligatorio l'intervento del pubblico ministero;
3. No.

22. Ma ammesso che sia possibile, la clausola che prevede l'arbitrato è vincolante per tutti i soci, amministratori, liquidatori o sindaci?

1. No.
2. Sì, escluso però il socio , l'amministratore, il liquidatore o sindaco soggetti della controversia;
3. Sì, anche per il socio , l'amministratore, il liquidatore o sindaco soggetti della controversia, ma per questi ultimi sarà necessario che abbiano accettato l'incarico.